第2版前言

近几年，我国的汽车生产量和销售量迅速增大，全国汽车保有量大幅度上升，世界知名汽车企业纷纷进入国内汽车市场，促进了国内汽车技术的发展。汽车保有量的急剧增加和汽车技术的不断更新，使得汽车销售服务行业发生了新的变化，各类高校的汽车技术服务与营销专业师生及从事汽车营销的专业人员，都需要汽车市场与营销方面的实用性知识。

本书从实际应用的角度出发，通过对汽车市场、汽车销售以及汽车4S销售服务模式的运作程序等方面的详细论述，帮助学生加强市场意识，掌握重要的管理知识和技能。书中详细介绍了汽车市场与营销环境、消费者与汽车市场、汽车销售渠道、汽车市场销售策略、汽车服务管理、汽车销售业务、汽车营销综合实务等内容。

本书由吉林交通职业技术学院的夏志华、汲羽丹，内蒙古交通职业技术学院张子波担任主编；河南职业技术学院姬虹，长春汽车工业高等专科学校高一强，吉林交通职业技术学院的姜晓担任副主编；河南职业技术学院王海宝参编。本书由吉林交通职业技术学院刘锐教授担任主审，由夏志华统稿。本书编写分工如下：王海宝编写项目1，张子波编写项目2，姬虹编写项目3，汲羽丹编写项目4，高一强编写项目5，夏志华编写项目6，姜晓编写项目7。

本书建议教学学时为56～64学时，各学校可按照自身专业设置的具体情况灵活分配。

在本书的编写过程中，参阅了大量的文献、资料，在此对这些文献、资料的作者表示诚挚的感谢！同时，对于长春市吉刚汽车4S店的销售人员的大力帮助和支持，一并深表谢意。

限于编者的水平，书中难免有不足之处，敬请广大读者批评指正。

编　者
2015年2月

目　　录

项目1　汽车市场与营销环境 1
　1.1　汽车市场与营销 2
　1.2　汽车营销环境 11
　小结 26

项目2　消费者与汽车市场 28
　2.1　消费者需求分析 29
　2.2　细分市场与目标市场选择 44
　2.3　汽车市场调研与预测 50
　小结 59

项目3　汽车销售渠道 60
　3.1　汽车市场分销渠道理论 61
　3.2　汽车市场分销渠道的模式 62
　3.3　汽车市场分销渠道的表现形式 73
　3.4　汽车销售渠道的管理 77
　3.5　库存车管理 85
　小结 91

项目4　汽车市场销售策略 92
　4.1　汽车市场产品策略 93
　4.2　汽车市场价格策略 99
　4.3　汽车市场促销策略 103
　4.4　汽车服务策略 110
　小结 111

项目5　汽车服务管理 112
　5.1　汽车4S店展厅管理 113
　5.2　客户关系管理 122
　5.3　汽车售后服务 131
　小结 135

项目6　汽车销售业务 136
　6.1　汽车销售工作简介 137

6.2	客户开发	141
6.3	接待	146
6.4	需求分析	159
6.5	产品介绍	165
6.6	试乘试驾	169
6.7	协商	173
6.8	成交	176
6.9	交车	179
6.10	跟踪	186

小结 …… 191

项目7　汽车营销综合实务 …… 192

7.1	汽车销售谈判实务	193
7.2	汽车营销与合同法	198
7.3	网络营销与电子商务	207

小结 …… 220

参考文献 …… 221

项目 1

汽车市场与营销环境

通过本项目的学习，要求了解市场及汽车市场的含义、市场营销及汽车市场营销的概念；了解汽车市场营销观念的演变过程及各阶段的主要特点；了解我国汽车工业的发展历程及汽车市场营销的发展现状；理解汽车市场营销环境的概念和特点；掌握汽车市场营销宏观环境所包括的内容和具体的分析方法；理解汽车市场营销微观环境是指与汽车企业市场营销活动有密切关系的环境因素，对汽车企业当前或今后的经营活动产生直接影响。

能力目标	知识要点	权重	自测分数
熟悉汽车市场，了解汽车市场营销观念	汽车市场及市场营销观念	40%	
掌握汽车市场营销环境分析方法	汽车市场营销环境含义	60%	

引 例

1970年,美国发布了限制汽车排放废气的"马斯基法",而丰田早在1964年就把省油和净化技术列为自己的技术发展战略,并一直进行相应的技术研究。为了研制废气再循环装置和催化剂转换器,丰田在当时的7年间投入了10 000亿日元的资金和10 000人的力量。仅废气处理系统就开发出丰田催化方式、丰田稀薄燃烧方式、丰田触媒方式三种,并很快在"追击者"高级轿车上安装了这些装置,从而在这一技术领域把美国人远远甩在了后面。同时,丰田还与其他日本汽车厂家一起开发了节约燃料25%~30%的省油车,以后又开发出了防止事故发生和发生事故后保证驾驶人员安全的装置。这些对受石油危机冲击后渴望开上既经济又安全轿车的美国人来说,无异于"久旱逢甘露"。5年间,在其他厂家的汽车销售直线下滑的情况下,丰田美国的销售却增加了2倍。一位美国汽车行业人士事后对照丰田的做法和当时美国汽车公司的反应,发表了这样的看法:"在1973年阿以战争和接着出现的石油危机之后,对一些问题的回答是非常清楚的。整个世界陷于一片混乱之中,对这种局势我们必须立即作出反应。小型的、节油的、前轮驱动的汽车是今后的趋向。""作出这样的推测不必靠什么天才,只需要看看对底特律来说最可怕的1974年的销售数字就行了。通用汽车公司的汽车销售总数较上年下降了150万辆,福特公司的销售数也减少50万辆。小型车大多来自日本,而且销路极好。""在美国要提高生产小型车的效率是很费钱的事情。但是,有些时候,你除了作出巨额投资之外,没有任何其他的选择。通用汽车公司耗资数十亿来生产小型汽车。克莱斯勒公司也对节油型号的汽车投入了一大笔钱。但是,对亨利(福特的董事长)来说,生产小型车是没有出路的。他最喜欢用的说法是'微型汽车,低微利润'。"

"你又不能靠小型汽车赚钱,这毕竟是对的——至少在美国是这样。这一点,一天天变得更正确。但是这并不意味着我们就不应该制造小型汽车,即使不出现第二次石油短缺的前景,我们也必须使我们的经销商保持心情舒畅。如果我们不向他们提供消费者需要的小型车,这些经销商便会与我们分道扬镳,另谋出路,甚至去为本田或丰田公司工作。"

"严酷的现实是,我们必须照顾购买力较低的那部分市场。如果再加上爆发石油危机的因素,这种论点就更是正确无疑了。我们不提供小型节油的汽车,就像开一家鞋店而告诉顾客:对不起,我们只经营9号以上的鞋。"

"制造小型汽车已成为亨利不愿意谈及的事。但是我坚持我们必须搞一种小型的、前轮驱动的汽车——至少在欧洲搞一种小型车的确很有意义。"

"于是我们派遣高级产品的设计师到大西洋彼岸去工作,很快就装配出了一辆崭新的假日型汽车。它是一种前轮驱动和配有横置发动机的型号很小的汽车,简直妙不可言,也很受市场欢迎。"

请思考:丰田汽车在美国市场取胜的原因是什么?

1.1 汽车市场与营销

1.1.1 汽车市场与汽车市场营销

在现代社会中,几乎所有的经济现象或经济活动都与市场有关,几乎所有经济方面的学科也都不同程度地涉及市场,市场是商品经济的产物,哪里有商品生产和商品交换,哪里就会有市场。市场成为整个社会经济的主宰者,是社会经济的指挥棒和调节器。

1. 汽车市场

汽车市场是将汽车作为商品进行交换的场所,是交换关系的总和,是汽车的买方、卖方和中间商组成的一个有机的整体。汽车市场的起点是汽车产品的生产者,终点是汽车产品的消费者(最终用户)。它将原有市场概念中的商品局限于汽车及其相关的商品,汽车市场是将市场这一概念具体化。

2. 汽车市场营销

市场营销是在创造、沟通、传播和交换产品过程中,为顾客、客户、合作伙伴以及整个社会带来价值的一系列活动、过程和体系。市场营销是以满足人类各种需要和欲望为目的,通过市场变潜在交换为现实交换的活动。按照现代经营观念,企业并不只是考虑如何把生产出来的东西卖出去,更主要的是考虑如何生产适销对路、能在市场上卖出去的东西。

汽车市场营销是汽车企业为了更大限度地满足市场需求、为达到企业经营目标而进行的一系列活动。其基本任务有两个:一是寻找市场需求;二是实施一系列更好地满足市场需求的活动(营销活动)。

汽车市场营销是一种从汽车市场需求出发的管理过程。它的核心思想是交换,是一种买卖双方互利的交换,即卖方按买方的需要提供汽车产品或服务,使买方得到满足,而买方则付出相应的货币,使卖方得到满足,双方各得其所。汽车市场营销是一门经济学方面的、具有综合性和边缘性特点的应用学科,是一门将汽车与市场营销结合起来的"软科学"。在某种意义上说,它不仅是一门学科,更是一门艺术。其研究对象是汽车企业的市场营销活动和营销管理,即如何在最适当的时间和地点,以最合理的价格和最灵活的方式,把适销对路的汽车产品送到用户手中。因此,汽车企业必须面向汽车市场,并善于适应复杂多变的汽车市场营销环境。汽车企业的营销管理过程,也就是汽车企业同营销环境相适应的过程。

1.1.2 汽车市场的营销观念

1. 汽车市场营销观念的含义

汽车市场营销观念是汽车企业对于汽车市场的根本态度和看法,是一切汽车经营活动的出发点。其核心问题是:以什么为中心来开展汽车企业的生产经营活动。所以,汽车市场营销观念的正确与否,对汽车企业的兴衰具有决定性作用。美国著名管理学家德鲁克说过:"产品销售的最终效果是企业管理水平的综合反映,它必须由顾客来进行评判,顾客的观点是衡量产品销售是否成功的唯一标准。"汽车市场营销观念是汽车企业在组织和谋划汽车企业的营销管理实践活动时所遵循的指导思想和行为准则,也是一种商业哲学或思维方法。简而言之,汽车市场营销观念是一种观点、态度和思想方法。

2. 汽车市场营销观念的演变

汽车市场营销观念是随着汽车市场的形成而产生，并随着汽车市场的发展而逐步演变的。它的发展大致经历生产观念、产品观念、推销观念、市场营销观念和社会市场营销观念等五个阶段的演变。

1) 生产观念阶段

生产观念是指导销售者行为的最古老的观念之一。这种观念产生于20世纪20年代前的欧洲。在当时，西方经济处于一种卖方市场的状态。市场产品供不应求，选择甚少，只要价位合理，消费者就会购买。市场营销的重心在于大量生产，解决供不应求的问题，消费者的需求与欲望并不受重视。

生产观念虽然是卖方市场的产物，但它却时常成为某些公司的策略选择。例如，一个公司可以以生产观念作为指导，进行标准化的批量生产，以提高生产效率，降低生产成本，最后以低价竞争扩大市场。不过以生产观念为指导的企业只能在市场上产品基本相同（产品同质性）的情况下有一定的竞争力，一旦供不应求的市场状况得到缓和，消费者对产品质量产生了不同层次的要求，企业就必须运用新的观念来指导自己的竞争。

2) 产品观念阶段

产品观念也是一种较早的企业经营观念。其认为，在市场产品有选择的情况下，消费者会欢迎质量最优、性能最好和特点最多的产品。因此，企业应该致力于制造优质的产品，并不断地对其加以改进以提高其质量。这种观念与生产观念一样，无视消费者的需求和欲望。所谓优质产品往往是企业技术人员依照相关理论法则设计制造出来的，而这些产品在上市之前从来没有征求过消费者的意见。美国通用汽车公司的总裁就曾说："在消费者没有见着汽车之前，他们怎么会知道需要什么样的汽车呢？"这种思想观念无疑曾使日后通用汽车公司在与日本汽车制造商的较量中陷入困境。

产品观念在汽车市场营销上至少有两个缺陷：其一，企业技术人员在设计产品时并不知道消费者对其产品的价值衡量标准，结果生产出来的产品很可能低于或不符合消费者的预期价值，从而造成滞销；其二，一味追求高质量往往会导致产品质量和功能的过剩。高质量多功能往往附带着高成本，消费者的购买力并不是无限的，如果产品质量过高，客户就会拒绝承担为这些额外的高质量所增加的成本，从而转向购买其他企业的产品。

 应用案例 1-1

20世纪30年代，美国以生产大型轿车著称，而且车越大利润越高，逐利的美国老板一味求大，从来没有碰过钉子。1957年，丰田在美国开设第一家全资子公司，开始正式进入美国市场，陆续推出"丰田""皇冠""光冠"等系列车型，表现非常不理想，直至1966年，8年间丰田几乎一无所获，第一轮进军美国市场失败了。于是，丰田准备开始第二轮进军。首先，丰田展开大规模的市场调查，委托美国当地的专业市场调查公司访问大量的"大众"汽车的消费者，调查了美国特性、道路条件和顾客对物质生活用品的兴趣所在等几个方面，发现了美国市场由于需求趋势变化而出现的产销差距。1966年10月，丰田推出了"花冠"车型，1967年进入美国市场，立即引起巨大的反响，销量直线上升，20世纪60年代后半期，在美国的销量达到百万辆以上。1973年10月，第四次中东战争爆发，阿拉伯石油输出国组织(OPEC)发出了原油产量削减25%的通告，石油价格上涨了近3倍。突如其来的石油危机给美国汽车工业带来沉重的打击，1979年，第二次石油危机接踵而来，石油价格又一次大幅上涨，丰田充分利用这次机遇，发挥自己节能价廉的优势，一路高歌，当年在美国的市场占有率就达到了17%，1980年上升到24%。在日本汽车的冲击下，美国一些小厂损失惨重，纷纷倒闭，美国汽车公司依靠雷诺公司的追加投资才勉强维持生计，克莱斯勒公司处于破产的边缘。从此以后，丰田登上了世界第二的宝座。日本通产省认为，日本汽车的成功主要是由于美国汽车厂对于美国汽车市场偏好小型车的快速变化没能及时做出反应所致。美国通用汽车公司总裁就曾说过："在消费者没有见到汽车之前，他们怎么会知道需要什么样的汽车呢？"这种典型的产品观念无疑使美国通用汽车公司在日本汽车进入美国市场的较量中丧失了机会：石油价格飞涨时期，美国设计师们仍然忙于把车做得更长，忙于设计更多闪闪发光的镀件，忙于设计更大排量的汽车，完全不顾消费者的使用成本和产品需求的变化。

3）推销观念阶段

自20世纪30年代以来，由于科学技术的进步、科学管理的应用和在"生产观念"驱动下产生的大规模生产，产品产量迅速增加，产品质量不断提高，买方市场开始在西方国家逐渐形成。在激烈的市场竞争中，许多企业的经营管理思想开始从生产观念或产品观念转移到了推销观念。推销观念认为，要想在竞争中取胜，就必须卖掉自己生产的每一个产品；要想卖掉自己的产品，就必须引起消费者购买自己产品的兴趣和欲望；要想引起这种兴趣和欲望，公司就必须进行大量的推销活动。企业销售人员认为，企业产品的销售量总是和企业所做的推销努力成正比的。因此，许多企业在产品过剩时，常常奉行推销观念，以提高自己的产品的知名度，并以此使之被消费者所接受。

推销观念虽然强调了产品的推销环节，但仍然没有逾越"以产定销"的框框。消费者的需求和欲望仍然没有成为产品设计和生产过程的基础。事实上，推销只是市场营销策略中的一小部分。一个企业要想达到预定的销售目标，还需要营销策略的其他部分充分配合。我国目前仍有许多企业将销售与市场营销混为一谈，只有供销部门，而没有市场营销部门。也就是说，这些企业的经营观念基本上还停留在西方社会20世纪40年代的水平。

4）市场营销观念阶段

市场营销观念产生于20世纪50年代中期。第二次世界大战以后，欧美各国的军用工业很快地转向民用工业，工业品和消费品生产的总量剧增，造成了生产相对过剩，随之导致了市场的激烈竞争。在这一竞争过程中，许多企业开始认识到传统的推销观念已不再适应市场的发展，他们开始注意消费者的需求和欲望，并研究其购买行为。这一观念上的转变是市场营销学理论上的一次重大变革，企业开始从以生产者为中心转向以消费者为中心，从此结束了以产定销的局面。

美国市场营销学家奥多·李维特(Odore Levitt)曾就市场营销观念和推销的区别作过以下简要的说明：推销观念以卖方需要为中心，市场营销观念以买方需要为中心；推销从卖方需要出发，考虑的只是如何把产品变为现金，市场营销考虑的是如何通过产品研制、传送以及最终产品的消费等有关的所有活动，来满足顾客的需要。

在这里，消费者的需求是市场营销活动的起点和中心。以市场营销观念作为自己的策略导向的公司应遵循以下几个基本宗旨：

（1）顾客是中心。没有顾客，公司的存在毫无意义。公司的一切努力在于满足、维持及吸引顾客。

（2）竞争是基础。公司必须不断地分析竞争对手，把握竞争信息，充分建立和发挥本公司的竞争优势，以最好的产品或服务来满足顾客的需求。

（3）协调是手段。市场营销的功能主要在于确认消费者的需要及欲望，将与消费者有关的市场信息有效地与公司其他部门相沟通，并通过与其他部门的有机协作，努力达到满足并服务于消费者的目的。

（4）利润是结果。利润不是公司运作的目的，公司运作的目的是极大地满足顾客，而利润是在极大地满足顾客后所产生的结果。

 应用案例 1-2

日本本田汽车公司要在美国推出一种雅阁牌新车。在设计新车前，他们派出工程技术人员专程到洛杉矶地区考察高速公路的情况，实地测量路长、路宽，采集高速公路的柏油，拍摄进出口道路的设计。回到日本后，他们专门修了一条 9 mile 长的高速公路，就连路标和告示牌都与美国公路上的一模一样。在设计行李箱时，设计人员意见有分歧，他们就到停车场看了一个下午，看人们如何放取行李。这样一来，意见马上统一起来。结果本田汽车公司的雅阁牌汽车一到美国就备受欢迎，被称为全世界都能接受的好车。

5）社会市场营销观念阶段

在市场营销观念得到西方工商界广泛的接受以后，人们一定程度上对市场营销观念持怀疑态度。人们对市场营销观念的主要批评在于：尽管一个公司的最大利益的获取是建立在极大地满足顾客的基础上，该公司很可能在满足自己的顾客和追求自己最大利益的同时损害他人以及社会的利益。例如，随着汽车技术的不断发展，汽车已逐渐成为每个家庭的必需品，随着汽车用户的增加，全球气候开始变暖。

社会市场营销观念的决策主要由四个组成部分：用户的需求、用户利益、企业利益和社会利益。事实上，社会市场营销观念与市场营销观念并不矛盾。问题在于一个企业是否把自己的短期行为与长期利益结合起来。一个以市场营销观念为自己指导思想的企业，在满足自己目标市场需求的同时，应该考虑到自己的长期利益目标和竞争战略，把用户利益和社会利益同时纳入自己的决策系统。只有这样，这个企业才会永久立于不败之地。

以上五种市场营销观念，其产生和存在都有其历史背景和必然性，都是与一定的条件相联系、相适应的。企业为了求得生存和发展，必须树立具有现代意识的市场营销观念、社会市场营销观念。但是，必须指出的是，由于诸多因素的制约，当今企业并非都树立了市场营销观念和社会市场营销观念。事实上，还有许多企业仍然以产品观念或推销观念为导向。

 应用案例 1-3

在世界汽车工业的发展史上，亨利·福特（Henry Ford，1863—1947）是一位叱咤风云的大人物。他对人类的贡献不仅在于他发明的汽车生产流水线使得寻常百姓买得起汽车，更在于他的生产实践推动了人们对生产方式和管理科学的研究，使管理从经验走上了科学。然而就是这样一位在历史上抹不去的世界级人物，也只能辉煌一时，未能辉煌一世。福特和他的汽车王国到底发生了一些什么？

美国汽车大王福特曾先后于 1899 年及 1901 年与别人合伙经营汽车公司，但均因产品（高价赛车）不适合市场需要，无法销售而告失败。

福特汽车公司创办于1903年，第一批福特汽车因实用、优质和价格合理，生意一开始就非常兴隆。1906年，福特又重蹈覆辙，面向富有阶层推出豪华汽车，结果大众都买不起，福特车的销售量直线下降。1907年，福特总结了过去的经验教训，及时调整了经营指导思想和经营战略，实行"薄利多销"，于是生意又奇迹般回升。当时，全国经济衰退已露头角，许多企业纷纷倒闭，唯独福特汽车公司生意兴隆，赢利125万美元。到1908年初，福特按照当时大众（尤其是农场主）的需要，做出了明智的战略性决策，从此致力于生产规格统一、品种单一、价格低廉、大众需要而且买得起的"T型车"，并且在实行产品标准化的基础上组织大规模生产。此后十余年，由于福特车适销对路，销售迅速增加，产品供不应求，福特在商业上获得了巨大成功，产销量最高一年达100万辆。到1925年10月30日，福特汽车公司一天就能造出9 109辆"T型车"，平均每10秒生产一辆。

在20世纪20年代前期的几年中，福特汽车公司的纯收入竟高达5亿美元，成为当时世界上最大的汽车公司。到20世纪20年代中期，随着美国经济增长和人们收入、生活水平的提高，形势又发生了变化。公路四通八达，路面大大改善，马车时代坎坷、泥泞的路面已经消失，消费者也开始追求时髦。简陋而千篇一律的"T型车"虽价廉，但已不能招揽顾客，因此福特"T型车"销量开始下降。面对现实，福特仍自以为是，一意孤行，坚持其生产中心观念，置顾客需要的变化于不顾，诚如他自己宣称："无论你需要什么颜色的汽车，我福特只有黑色的（卖给你）。"生产观念体现得多么淋漓尽致。1922年，他在公司推销员全国年会上听到关于"T型车"需要根本改进的呼吁后，静坐了两个小时，然后说："先生们，根据我看，福特车的唯一缺点是我们生产得还不够快。"就在福特固守他那种陈旧观念和廉价战略的时候，美国通用汽车公司(GM)却时时刻刻注视着市场的动向，并发现了良机，意识到有机可乘，并及时地做出了适当的战略决策：适应市场需要，坚持不断创新，增加一些新的颜色和式样的汽车（即使因此须相应提高销售价格）上市。于是"雪佛兰"车开始排挤"T型车"。1926年，"T型车"销量陡降。到1927年5月，福特汽车公司不得不停止生产"T型车"，改产"A型车"。这次改产，福特汽车公司不仅耗资1亿美元，而且这期间通用汽车公司乘虚而入，占领了福特汽车市场的大量份额，致使福特汽车公司的生意陷入低谷。后来，福特汽车公司虽力挽狂澜，走出了困境，但福特汽车公司却从此失去了车坛霸主地位，让通用汽车公司占据了车坛首席宝座。

老福特说他的缺点并没有说对，他并没有认识到：在动态市场上，顾客的需要是不断地变化的，正确的经营指导思想是制订正确经营战略和企业兴旺发展的关键。如果经营观念正确，战略得当，即使具体计划执行得不好，经营管理不善，效率不高，也许尚能赢利；反之，如果经营指导思想失误，具体计划执行得越好，就会赔钱越多，甚至破产倒闭。

从老福特的身上可以看到，任何一个企业家，纵然他曾是多么耀眼的明星，如果他不能高瞻远瞩，洞察事物发展的客观规律，及时形成一些新的理念、新的观念，并在实践中自觉应用之，制订正确的发展战略，也终将难免失误，损失明星的风采。但对身处实践的企业家来说，要做到这些，远不是我们如今在别人实践基础上进行理论总结那么容易。而上述综合能力正是一个企业家应有的才干，它要求企业家必须坚持理论学习，善于总结实践经验和具有过人的智慧。

1.1.3 汽车营销的核心技能

汽车营销的核心技能包括：汽车市场客户需求调查技能；汽车市场和环境分析技能；汽车售前、售中、售后服务技能；汽车营销策划和组织的技能等。具体来说有五个方面。

1. 要善于观察市场

汽车营销技能不可能通过遗传获得，必须通过后天的实践和训练得到。目前的汽车市场很大，但竞争也异常激烈。"行商"时代已经到来，要求汽车销售员善于观察市场，在各种信息中敏锐地发现汽车销售机会，并进行合理有序地开发；要求汽车销售员注意观察汽车行业的各种信息与动态，以便更好地与客户沟通交流，把握销售机会。

2．要确立客户利益至上

汽车销售应该倡导"以客户为中心"的销售，时时处处注意重视客户的利益。在产品介绍中通过利益的陈述和介绍使客户明确购买汽车能带来所需要的利益。这是汽车销售员获得客户信任的有效方法。

3．要树立顾问形象

顾问的作用在于提供有价值的参考信息和意见。汽车销售员为客户购车提供建议，必须对汽车的销售流程有充分的了解；必须全方位地了解准备销售的汽车知识；必须有比较广泛的相关知识；针对性地对顾客的需求提出客观的解决办法，从而树立顾问形象。

4．了解沟通交流的技能

汽车销售中的沟通目的在于传递汽车产品知识，倾听客户的需求，建立互相信任的良好的销售商和消费者之间的关系。汽车销售员在与顾客的沟通交流中必须真诚（真心、诚信）和实事求是（言而有据）；必须学会谦卑和赞扬他人；必须有决心和毅力。俗话说，"谦卑是销售的基石""决心是营销的行动保证""销售始于拒绝"。

5．要建立长期的客户关系

汽车销售员首先要建立顾客档案，有效地维持长久的顾客关系（巩固忠诚的老顾客）；其次，要会利用客户资源发现潜在顾客（挖掘和发现新顾客）；通过好的人际关系，建立销售网络。

1.1.4 我国汽车工业与汽车市场的发展

我国汽车工业自新中国成立以来经历了从无到有、由小到大、自弱变强的过程，汽车市场营销发展也经历了计划分配、计划向市场经济转变和买方市场三个阶段。

1．我国汽车工业的发展历程

我国汽车工业经过50多年的发展，产品从单一的中型载货汽车发展到货车、客车和轿车等多种产品系列，"缺重少轻、轿车空白"的产品结构基本得到缓解并日趋合理；汽车产品和制造技术水平得以不断提高，建成了一汽、东风汽车、上汽、重汽等几大集团和一大批零部件骨干企业，形成了我国比较完整的产品系列和生产布局，汽车工业的实力明显增强。

1) 创建阶段(1949—1965年)

1953年7月，第一汽车制造厂开始在长春市兴建。该厂仅用3年时间建成，并于1956年7月15日建厂三周年之际12辆解放牌4t中型货车下线，结束了中国不能生产汽车的历史。同年10月开始大批量生产载重量为4t的解放牌CA10系列货车。1958年，第一汽车制造厂又试制出我国第一辆东风牌CA71轿车，1958年7月，该厂自行设计并制造的红旗牌 CA72 高级轿车下线，中国从此拥有了自己的高级轿车。在第一汽车制造厂逐步扩大生产的同时，一批汽车修配企业相继改建成汽车制造厂，逐渐在南京、上海、北京、济南建成四个新的汽车生产企业和一批汽车零部件生产点。据统计：1950—1965年我国汽车工业投入资金9.44亿元，大体形成了10个基本车型，年产6万辆的生产能力。1965年共生产汽车40520辆。虽然我国汽车品种和数量在当时有了较大发展，但是，由于技术和条件的限制，质量经受不住考验，不少汽车制造企业被迫停产，从而使我国第一次大办汽车企业热潮告一段落。

2）成长阶段（1966—1980年）

随着社会经济的发展，第一汽车制造厂的批量生产和其他一些汽车厂的相继投产仍无法满足国民经济发展和国防建设对汽车品种和数量的需求，汽车工业蕴藏着很大的发展潜力。于是在中央建设三线汽车厂思想的指导下，1968年在湖北省十堰市开始动工兴建我国规模最大的第二汽车制造厂，随后又建成了生产重型汽车的四川汽车制造厂和陕西汽车制造厂。这三个汽车基地以中、重型载货汽车和越野汽车为发展重点，同时适当发展矿用自卸车。它们的建成，标志着我国已具备了独立开发载货汽车产品及主要依靠自己力量设计和装备大中型载货汽车厂的能力，并带动了一大批地方汽车企业的发展，形成了我国第二次大办汽车企业的热潮。

据统计：1966—1980年，我国汽车工业总投资51亿元，15年中产量由1965年的5.6万辆增加到1980年的22.2万辆，产值由20.1亿元增加到88.4亿元。1980年全国汽车保有量169万辆，其中载货汽车148万辆，基本形成了我国汽车工业体系。

3）全面发展阶段（1981年至今）

改革开放以后，随着国民经济的快速发展，汽车客、货运输快速增长，汽车在经济和社会发展中的战略作用崭露头角，汽车工业也步入了全面发展阶段。

这一时期，我国汽车工业发展的主要特征如下。

（1）单一计划经济模式逐渐被突破，市场配置资源的作用逐渐明显，汽车工业开始出现竞争。

（2）汽车行业形成了一批骨干企业集团，开始走上了联合发展的道路，部分地区打破了"小而全、大而全"的发展模式，促进了汽车企业之间的协作和专业化生产。

（3）调整了汽车产品结构，改变"缺重少轻，轿车空白"的生产格局。

（4）引进技术，建设轿车工业。

（5）随着管理体制和企业经营机制的改革，汽车产品在品种、数量、质量及生产能力上都有了大幅增长。

2. 我国汽车市场营销的发展历程

1994年以前，我国的汽车市场营销只是简单地卖车，汽车市场营销体系是建立在卖方市场基础上的。随着改革开放的不断深入，社会主义市场经济体制的日渐完善，从1994年开始，汽车市场从卖方市场变成了买方市场，为企业创造了一个公平竞争的营销环境，使企业成为市场主体，并享有作为相对独立的商品生产者和经营者应有的各种权利。原先那种供不应求的时代已经一去不复返，只管收费不管服务、不管用户利益、只要车卖出去就完事的时代也已经一去不复返。

伴随着汽车的生产制造，必然产生汽车工业的营销体系。我国汽车工业营销体系的发展大致经历了三个阶段。

1）计划分配阶段（1978年前）

1978年前是第一阶段——计划分配阶段。这一阶段是在计划经济体制下，主要特点是汽车卖到最终用户手中后销售工作即告结束，根本没有其他的销售服务。这一阶段的营销体系为：汽车由专门成立的国营汽车销售公司负责销售，以批发形式为主，从主批发渠道分配到下面各地区级省市公司，再面向各地区的用户市场，然后由各地区根据用户单位申请的控办指标申请予以具体分配、销售，最后由用户自行办理行车的一切手续。它的缺点是：随着改革开放和市场经济的深入发展，供求矛盾更趋突出，渠道过长导致的价格扭曲、政府职能形式的国营主渠道管理方式以及由此带来的服务水平低下，造成了用户人、财、物上的巨大浪费，也制约了我国汽车工业的良性发展。

2）计划分配向市场经济转变阶段（1978—1994年）

1978—1994年是第二阶段——计划分配向市场经济转变阶段。在这一阶段，计划分配开始向市场经济过渡，计划分配逐年下降，汽车厂家开始意识到销售服务的重要性，并开始借鉴国外先进经验摸索着建立自己的营销体系。在初期，生产厂家认识到市场调控的重要性，纷纷与有多年关系的国营汽车销售公司成立合资公司，并向社会广泛地提供配件，主要车型的维修站网点逐步铺开，为今后提供更多的售后服务打下基础。但总体还是以卖方市场为主。

3）买方市场阶段（1994年后）

1994年后是第三阶段——买方市场阶段。国外厂商不断进入所带来的先进营销方式，促进了我国汽车工业营销体系的不断调整和进一步完善。自1998年以来，采取"四位一体"经营模式的汽车服务企业在我国越来越多，尤其是上海别克、广州本田及一汽奥迪等在短期内创造了优异的销售业绩，除车型新颖、先进外，符合国际潮流的新型营销模式和完善的营销体系也得到了用户和业内人士的普遍认可。

3. 我国汽车市场营销的现状

面对势不可挡的经济全球化大趋势，竞争将更加激烈，我国汽车市场营销模式和营销体制都会受到巨大冲击，无论汽车的生产、销售、维修和服务等领域都将面临挑战。

1）经营模式变化给汽车市场营销带来新的契机

在市场经济建立初期，汽车市场营销环境的变化主要来自于汽车经营模式的变化。汽车经营模式是指令性计划的行政方式，经营模式按"产—供—销"、以产定销的方式运作。

加入WTO后，我国汽车市场营销模式已进一步显现出多层化特征。市场是导向，它以"无形的手"配置资源，经营企业根据市场调查，了解市场需求（品种、数量、规格），独立自主制订生产计划，增添设备，生产高质量、高水平的汽车，参与市场竞争。谁的汽车性能强、价格合适、质量可靠、售后服务好，谁就能在优胜劣汰的竞争中站稳脚跟，扩大知名度，扩大规模，不断盈利。经营模式的变化给汽车工业带来新的契机，创造了一个公平竞争的营销环境，也使一些长期阻碍汽车工业健康发展的因素得到了解决，给汽车工业发展带来新的动力。

2）产业政策变化将赋予汽车市场营销新的特色和内涵

在社会主义市场经济建设中，我国不会再采取过去那种传统的汽车工业发展模式，也不会像美国那样通过上百年的残酷竞争；而会借鉴新兴工业化国家的先进经验，通过政府制定汽车产业发展政策，尽快振兴汽车工业。目前，汽车产业发展政策正在付诸实施，其中最大的变化是汽车市场将迅速地向完全的买方市场转变，这一根本转变将为汽车市场营销活动赋予新的特色和内涵。

3）我国汽车市场营销将面临残酷的竞争和挑战

由于我国汽车工业的生产规模、成本价格、品牌效应、经济效益与美、欧、日等汽车生产大国相比差距较大，加入WTO以后，国外的汽车厂商在中国获得贸易权和分销权，"洋车"大举进入中国市场；跨国汽车集团通过合资合作等形式，参与我国的轿车销售服务体系，国际厂商一方面物色国内的汽车零售商，使入选者成为他们的品牌经营代理人，一方面加强自身营销网络对中国市场的渗透力度。国际厂商的这些做法，客观上也使国内汽车企业的危机感陡增，促进轿车的销售、流通体制改革。为了我国汽车工业的振兴和发展，我们必须做到以下几点。

（1）树立品牌意识，构建品牌经营体系。

（2）树立服务意识，构建"四位一体"的专营店网络体系。

（3）树立商业信誉，构建完整的服务贸易体系。

（4）树立效率意识，加快建设电子商务体系。

（5）树立"保姆"意识，建立健全相关的售后服务体系。

目前，为了提高各自的竞争实力，国外一些汽车公司纷纷改组、合并，世界汽车工业进一步走向集中和垄断。国际汽车工业列强们基于现实的困境和长远战略考虑，早已垂涎中国这个巨大的潜在市场，中国大陆被认为是世界上最大的一块"处女地"，就是一些曾不愿与中国打交道的国外汽车公司也纷纷开始来投资建厂或设销售维修服务网点，试图瓜分成长中的中国汽车市场。一场没有硝烟的世界汽车工业大战，已经围绕争夺中国汽车市场展开。中国汽车工业被迫在国际、国内两个汽车市场上同国外汽车厂商短兵相接，展开营销大战。

1.2 汽车营销环境

1.2.1 汽车市场营销环境概述

汽车的市场营销活动，是在不断发展、变化的环境下进行的。这个环境既对汽车市场产生影响，又对汽车营销造成制约，这就是汽车市场营销环境，它包括宏观环境和微观环境。汽车市场营销环境分析的目的，一是要发现汽车市场环境中影响汽车营销的主要因素及其变化趋势；二是要研究这些因素对汽车市场的影响和对汽车营销的制约；三是要发现在这样的环境中的机会与威胁；四是要善于把握有利机会，避免可能出现的威胁，发挥汽车市场营销者的优势，克服其劣势，制订有效的汽车市场营销战略和策略，实现汽车市场营销目标。

1. 汽车市场营销环境的概念

企业作为社会的经济细胞，其营销活动不可避免地受到企业内、外部因素的影响，这些因素构成市场营销活动的前提。美国著名市场学家菲利普·科特勒（Philip Kotler）将市场营销环境定义为："企业的营销环境是由企业营销管理职能外部的因素和力量组成的。这些因素和力量影响营销管理者成功地保持和发展同其目标市场顾客交换的能力。"也就是说，市场营销环境是指与企业有潜在关系的所有外部力量与机构的体系。

汽车市场营销环境就是指那些对汽车企业的营销活动产生重要影响的全部因素。按照这些因素对企业营销活动的影响不同，汽车市场营销环境可以分为汽车市场营销宏观环境和汽车市场营销微观环境。

汽车市场宏观环境是指那些对汽车企业营销活动产生重要影响而又不为汽车企业的营销职能所控制的全部因素，一般包括政策与法律环境、经济和市场环境、自然和人口环境等。宏观环境对汽车企业的营销活动具有强制性、不确定性和不可控性等特点。一般地说，汽车企业对各种宏观环境因素只能适应，而不能改变宏观环境。

汽车市场微观环境是指汽车企业的内部因素和汽车企业外部的活动者等因素。内部因素是指那些对于汽车企业来说是内在的，可以控制的环境因素，如汽车企业的经济实力、经营能力、企业文化等。外部活动者主要包括供应商、营销中介组织、竞争者、用户及有关公众等。一般地说，汽车企业对各种微观因素可以施加不同的影响。上述营销环境与企业营销活动之间的关系如图 1.1 所示。

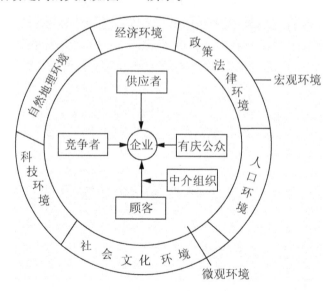

图 1.1　营销环境与企业营销活动之间的关系

汽车营销管理者的任务不但在于适当安排营销组合，使之与外部不断变化着的营销环境相适应，而且要创造性地适应和积极地改变环境，创造或改变顾客的需要。这样才能实现潜在交换，扩大销售，更好地满足目标顾客的日益增长的需要。

2. 汽车市场营销环境的特点

概括地说，汽车市场营销环境具有以下特点。

1）不可控性

汽车市场营销环境是指与汽车企业市场营销活动有联系的企业外部因素的总和，因此是客观存在的，不以企业意志为转移的，其发展变化也是企业不可控制的。如几家企业不可能改变国家的政策法令和社会的风俗习惯，也不可能控制人口增长等。一般来说，汽车企业营销管理的任务就是要以汽车企业可控制的营销组合因素去适应不可控制的外部环境，以满足目标顾客的需要，实现企业目标。

在20世纪80年代以前，人们认为宏观环境属于不可控因素，只有那些存在于企业内部的因素才是企业可以控制的因素。但是，在20世纪80年代后期，美国市场营销学家菲利普·科特勒提出了"大营销"的概念，认为当代营销者越来越需要借助政治力量和公共关系，在进军某一个特定市场时，冲破各种贸易壁垒和公众舆论方面的障碍，使企业在市场上有效地开展工作。从这个意义上说，企业的外在环境已经不是完全不可控了，它们多多少少可以通过"大营销"活动来加以影响和改变。

2）动态多变性

汽车市场营销环境是在不断发生变化的。从总体上说，当今汽车市场营销环境的变化速度呈加快趋势。可以说，每一个汽车企业作为一个小系统都与市场营销环境这个大系统处于动态的平衡之中。一旦环境发生变化，平衡便被打破，汽车企业必须积极地反应和适应这种变化，用动态的观点去研究市场营销环境的影响，把握其变化趋势，从中发现和挖掘有利的市场机会。

3）相关性

汽车企业市场营销环境各因素不是孤立的，而是相互联系、相互依赖、相互作用的。如国家宏观调控政策中的财政与税收政策、通货膨胀、需求过旺、原材料短缺等因素都能导致商品价格的上涨；科技、经济的发展会引起政治、经济体制的相应变革或变更，影响企业产品的质量及其更新换代的速度等。这种相关性给企业开展市场营销带来了更加复杂的客观环境。

4）差异性

尽管各个汽车企业所面临的宏观环境总体来说是一致的，但由于汽车企业所处地理位置不同、企业营销性质不同、政府管理体制不同等方面的原因，各个企业直接面对的具体环境又具有明显的差异性，而且同样一种环境因素的变化对不同企业会造成不同程度的影响。因此，汽车企业为适应营销环境的变化所采取的营销策略也各不相同。如东南亚金融危机给进口东南亚国家商品的企业增加了活力，但同时也给出口东南亚的企业带来了困难。这就要求企业认真分析自身所处的环境特点，制订切合实际的营销策略。

5）可利用性

营销环境的发展变化对企业营销活动的影响无非是两个方面：一是提供新的营销机会；二是造成新的环境威胁。机会和威胁往往并存，且在一定条件下可以相互转化。营销环境的变化虽然不以企业的意志为转移,但却可以为企业所利用。企业可以根据环境因素的变化积极主动地调整市场营销战略,甚至可以通过众多的联合力量去冲破环境制约。只要企业能主动地把握营销环境的发展变化趋势,就能抓住有利的市场机会得以发展。

1.2.2 汽车市场营销微观环境

市场营销微观环境是指与企业紧密相联,直接影响其营销能力的各种参与者。可分为企业内部环境和外部环境。

企业内部环境是指企业的类型、组织模式、组织机构及企业文化等因素。企业的组织机构,即企业职能分配、部门设置及各部门之间的关系,是企业内部环境最重要的因素。

一般而言,企业内部基本的组织机构包括高层管理部门、财务部门、研究与发展部门、采购部门、生产部门、营销部门。营销部门必须与其他部门密切合作;营销计划必须经高层管理层同意方可实施;财务部门负责寻找和使用实施营销计划所需的资金;研究与开发部门研制适销对路的产品。用营销概念来说,就是所有这些部门都必须"想顾客所想",并协调一致的提供上乘的顾客服务。

企业内部环境是企业提高市场营销的工作效率和效果的基础。因此,企业管理者应强化企业管理,为市场营销创造良好的内部环境。

企业的外部环境包括生产供应者、营销中介、顾客(用户)、竞争者及有关公众。

1. 生产供应者

生产供应者是指向企业提供生产经营所需资源(如设备、能源、原材料、配套件等)的组织或个人。供应商的供应能力是营销部门需要关注的,包括供应成本的高低(由原材料价格变化所引起)、供应的及时性(由供应短缺或延迟、工人罢工所引起),这些因素短期将影响销售的数额,长期将影响顾客的满意度。

对汽车企业的市场营销而言,企业的零部件(配套协作件)供应者尤为重要。汽车企业不仅要选择和规划好自己的零部件供应者,而且还应从维护本企业市场营销的长远利益出发,配合国家有关部门对汽车零部件工业和相关工业的发展施加积极影响,促其发展,以改变目前我国的汽车零部件工业和相关产业发展相对滞后的状况,满足本企业生产经营及未来发展的配套要求。特别是现代企业管理理论非常强调供应链管理,汽车整车生产企业应认真规划自己的供应链体系,将供应商视为战略伙伴,不要过分牺牲供应商的利益,而应按照"双赢"的原则实现共同发展。

2. 营销中介

营销中介是指协助汽车企业从事市场营销的组织或个人。它包括中间商、实体分配公司、营销服务机构和财务中间机构等。

中间商是销售渠道公司,能帮助公司找到顾客或把产品销售出去。寻找合适的中间商并与之进行有效地合作并不是一件容易的事。制造商不能像从前那样从很多独立的小型经销商中任意挑选,而必须面对具备一定规模并不断发展的销售机构。这些机构往往有足够的力量操纵交易条件，甚至将某个制造商拒之门外。

实体分配公司帮助企业完成从原产地至目的地之间存储和移送商品。在与仓库、运输公司打交道的过程中，企业必须综合考虑成本、运输方式、速度及安全性等因素，从而决定运输和存储商品的最佳方式。

营销服务公司包括市场调查公司、广告公司、传媒机构、营销咨询机构，它们帮助公司正确地定位和促销产品。由于这些公司在资质、服务及价格方面变化较大，公司在做选择时必须认真考察。

财务中间机构包括银行、信贷公司、保险公司及其他金融机构，它们能够为交易提供金融支持或对货物买卖中的风险进行保险。而大多数公司和客户都需要借助金融机构为交易提供资金。

营销中介对企业市场营销的影响很大，如关系到企业的市场范围、营销效率、经营风险、资金融通等。因而企业应重视营销中介的作用，以获得它们的帮助，弥补企业市场营销能力的不足并不断地改善企业的财务状况。

3. 顾客（用户）

顾客是企业产品销售的对象，是企业赖以生存和发展的根本。企业市场营销的起点和终点都是满足顾客的需要，汽车企业必须充分研究各种汽车用户的需要及其变化。

一般来说，顾客市场可分为五类：消费者市场、企业市场、经销商市场、政府市场和国际市场。消费者市场由个人和家庭组成，他们仅为自身消费而购买商品和服务。企业市场购买商品和服务是为了深加工或在生产过程中使用。经销商市场购买产品和服务是为了转卖，以获取利润。政府市场由政府机构组成，购买产品和服务用以服务公众，或作为救济物资发放。最后是国际市场，由其他国家的购买者组成。每个市场都有各自的特点，销售人员需要对此作出仔细分析。

4. 竞争者

任何企业的市场营销活动都要受到其竞争者的挑战，这是市场营销的又一重要微观环境。现代市场营销理论认为，竞争者有各种不同的类型，企业应针对不同类型的竞争者分别采取不同的竞争策略。

5. 有关公众

公众是指对企业的营销活动有实际的潜在利害关系和影响力的一切团体和个人，一般包括融资机构、新闻媒介、政府机关、协会、社团组织及一般群众等。

公众对企业市场营销的活动规范、对企业及其产品的信念等有实质性影响：金融机构影响一个公司获得资金的能力；新闻媒体对消费者具有导向作用；政府机关决定有关政策的动态；一般公众的态度影响消费者对企业产品的信念等。现代市场营销理论要求企业采取有效措施与重要公众保持良好关系、树立良好企业形象。为此，企业应适时开展正确的公共关系活动。

1.2.3 汽车市场营销宏观环境

企业的市场营销活动除了应重视研究本企业微观营销环境的具体特点外，更重要的是要研究市场营销的宏观环境。宏观环境包括政治、经济、科技、社会、自然条件和消费者状况等诸多方面，涉及面广，诸因素间又相互制约、相互影响，形成十分复杂的因果关系。宏观环境是企业生存的总体综合环境，对企业发展有极大的影响。

1. 人口环境分析

人口形成劳动力市场和需求消费市场。汽车营销市场就是由那些有购车欲望并有购车经济能力的人所构成的。人口环境体现在人口数量、人口结构、人口素质和人口分布等方面。

人口环境对汽车企业的经营活动具有总体性和长期性的影响。

1) 人口数量

当今世界人口超过71亿，我国人口已达到13亿以上，人口的增长带来了各项消费需求的扩大，诸如住房、教育、文化、交通、穿着、饮食、娱乐、通信等方面。我国年经济增长超过7%，消费也同步不断上升。生产的扩大和进出口增长使就业岗位不断增加，就业人员及其家庭构成我国汽车市场的潜在消费者，并逐次地参与汽车消费。

2) 人口分布

人口的地理分布对消费者有很大的影响。一方面生活方式和风俗习惯的差异，会形成地域间在消费需求和消费方式上的不同；另一方面人口密度的大小、人口流动量的多寡、人们的富裕程度都会影响不同地区市场需求的大小。

人口分布的划分方法主要有两类：按城市、农村人口分类和按各地区人口分类，不同等级的城市及广大农村形成了不同需求的消费群体。

2013年我国城市人口占总人口的53.73%，城市是各种车辆消费的大户。国家政策鼓励发展各类小城镇以加速农村人口向城市的转移，预计到2020年我国城市常住人口城镇化率将达到60%左右。

我国地区的划分通常分为华北、东北、华东、中南、西南、西北六大区，近来也常分为东部、中部和西部三部分。

家庭是社会的基本单位，也是商品购买和消费的基本单位。统计数据常常以百户家庭对某商品的拥有量来表示，标志着该项消费的普及程度。我国共有家庭约3.45亿户，其中农村约2.2亿户。城市家庭平均人口不足3.4人，农村家庭的平均人口近3.8人。随着不同家庭经济状况的改善，各档次的轿车将同时或逐次的成为各消费层家庭的必备用品。对汽车企业而言，全国每个家庭均属于潜在的汽车市场，理想的总保有量可达3.45亿辆（当然在能源、交通环保等问题未妥善解决之前是不可能达到的）。从发展的眼光来看，这确实是一个极大的市场。2013年，我国汽车产销2 211.68万辆和2 198.41万辆，其中乘用车产销1 808.52万辆和1 792.89万辆，同比增长16.50%和15.71%，是各类车型中最高的。由此，轿车开始大量地进入家庭。汽车企业应深入研究各类家庭的收入和消费状况，对车辆的偏爱和要求，从而最大限度地从消费角度来开发、生产、销售各型车辆。

3) 人口结构

人口结构包括自然结构和社会结构。

人口自然结构是指年龄结构和性别结构。不同年龄、性别的消费者对包括汽车在内的各种商品的需求各不相同。我国汽车消费市场目前以青年和中年消费群为主体，随着私家车的普及，汽车消费市场会向老年和学生消费群延伸。不同性别的消费者对汽车和各类商品的需求是不同的。例如，男性消费者喜欢动力性强的汽车，要求车型大一些、粗犷一些；女性则偏爱小巧或华丽一些的汽车。目前我国驾驶人员以男性为主，家庭轿车则大多男女均有驾照。在人均轿车拥有量达到 5 辆/百人时是家庭复式用车的高速发展时代，亦即每户逐渐拥有两辆轿车，这时汽车市场应充分考虑男女不同性别的要求。

人口社会结构包括民族结构、宗教结构、职业结构和教育结构等。我国有 56 个民族，由于各民族的文化、习惯和生活方式不同，其消费需求和特点也有很大的差异。宗教信仰有佛教、道教、伊斯兰教、基督教、天主教等。不同的宗教信仰者对汽车品牌名称、色彩、款式等都有不同的偏好和忌讳。人口职业结构在三大产业的不同体系下又可细分为若干行业，从而构成不同的消费阶层和群体。例如，工人、农民、白领阶层、业主、干部、军人等有着不同的需求特点，购买行为也有很大差异。

4）人口素质

2012 年全国高等教育总规模达到 3 300 多万人，高等教育毛入学率达到 30%，预计到 2020 年毛入学率将达到 40%，进入发达高等教育时代。教育结构的重大变化大大促进了生产力的发展，加速了经济的提升，同时也促进了消费，这也是汽车市场不断发展扩大的重要保证。

2. 经济环境分析

经济环境是指企业营销活动所在的国家或地区的宏观经济状况。宏观经济中的各项因素都在不同程度上影响汽车企业的营销活动。为此，各企业应加强对宏观经济形势的研究分析，并制订相应的营销策略来与之相适应。

汽车市场营销宏观经济环境主要包括宏观经济发展状况、消费环境等方面。

1）宏观经济发展状况

21 世纪初的 20 年间正处于我国全面建设小康社会的大环境下，经济和消费都有很大的发展。以交通运输的消费而言，到 2020 年我国的高速公路里程将增加到 10 万 km 以上，城市、乡镇、农村间将形成世界上最大的公共交通网络；全国汽车保有量将超过 1 亿辆，货运车辆将以数千万辆计，私人汽车消费将占总量的六成以上，从而形成了一个巨大的汽车消费市场。我国加入 WTO 后，汽车行业参与了全球竞争和合作，国外汽车公司纷纷进入我国汽车制造业和营销市场。汽车工业处于高速发展时期，2014 年上半年全国汽车市场销售同比增长超过 9.6%。在如此有利的宏观环境下各大汽车企业都制订了长期的发展战略，部署着当前的开发、发展、联合、兼并及市场营销策略。

2）消费环境

消费环境主要包括消费者收入和消费者支出两方面的情况。

(1) 消费者收入

消费者收入是指消费者个人所得的总收入。消费者收入形成了社会购买力，但并非全部收入都可用于购买商品和劳务。消费者收入分为个人可支配收入和个人可任意支配收入。个人可支配收入是指消费者收入中扣除税款和非税性负担后的余额，个人可任意支配收入是指个人可支配收入去除维持个人及家庭生活必须费用后的余额。

我国各地区、各城市的人均可支配收入差距是比较大的。沿海经济发达城市特别是上海、深圳、广州、北京等人均可支配收入为全国平均值的2～3倍以上。农村也不均衡,各大城市城郊农民收入很高,浙江省农民人均纯收入已超过全国城镇平均值。消费者收入研究中的重点是分析个人可任意支配收入,这是消费需求中活跃、机动、可吸引性强的部分,所形成的需求弹性较大。特别是汽车消费,在持币待购的消费群体中企业应加强宣传、广告和推销工作。平均收入只反映总体状况,企业应细分特定消费群体的具体收入水平。例如,我国10%的国民拥有40%的财富,这些先富起来的群体是当前汽车消费的主力军;70%的国民拥有53%的财富,他们的需求如何满足,开发什么样的车型可以进一步激发该群体的汽车消费欲望,都应该具体问题具体分析,做出对策。

国内各地区、各阶层消费群体收入差异很大,在国际市场上消费者的收入更为多样,企业在研究市场营销环境时必须予以充分调查。

(2) 消费者支出

消费者支出的模式决定消费结构。消费结构是指人们在消费过程中各类消费的构成。我国居民消费结构有鲜明的特点。食品开支占收入的百分率不断下降,储蓄占收入的百分率明显上升,住房、教育方面支出所占收入的百分率迅速上升。我国许多居民喜欢买的用品十分集中,如电视机、电冰箱、洗衣机、手机、摩托车等方面支出比例远远高于经济发达国家。汽车消费也不例外,因此企业营销决策不仅要研究居民消费的结构状况,还必须注意到居民消费的倾向性。

消费者支出模式主要取决于消费收入的变化。德国统计学家恩格尔(Engel)于1857年提出了恩格尔定律:随着家庭收入的增加,用于购买食品的支出占家庭收入的比重(恩格尔系数)下降,用于住房和家庭经营的开支占家庭收入的比重大体不变,用于服装、交通、教育、卫生、娱乐等方面的支出和储蓄占家庭收入的比重上升。恩格尔系数可以简明地衡量一个国家、地区居民的生活水平的高低。按联合国划分标准:恩格尔系数在60%以上为饥寒层次,50%～60%为温饱层次,40%～50%为小康层次,40%以下为富裕层次。如美国的恩格尔系数为11%,韩国为29%,我国已低于45%(部分城市已低于30%)。

消费者收入中用于储蓄的部分会削弱购买力,储蓄逐步地释放可以增加未来的购买力。消费者的收入不可能全部花掉,特别是我国的居民倾向于储蓄,这和美国人喜欢提前消费截然不同。支出的总消费率世界平均值在77.7%～78.6%之间,美国高达84%～85%,印度为76%～79%,我国则为59%～62%。2013年8月底我国居民储蓄余额超过40万亿元。汽车业界各项营销活动正围绕持币待购的消费者展开,中国汽车工业协会公布2013年全国汽车销量增长率达到13.9%。

消费信贷是指消费者凭信用先取得商品的使用权,再按期归还贷款。此种购买商品的方式为消费者提供了提前消费的机会,在美国十分普及,它促进了经济增长,创造了更多的就业机会。我国消费信贷在安居工程中迅速展开,并日趋规范化。在汽车信贷方面,主要汽车大企业已与金融界联手展开工作,国外汽车金融公司已开始进入我国开展业务,这种消费形式的规范化将大大加快汽车消费的进程。

3. 自然环境分析

从总体上来看，人类面临着自然资源减少和自然环境恶化的威胁。对企业而言，既是制约，又是营销发展的机遇。

1）自然资源

自然资源的减少将对汽车企业的市场营销活动构成一个长期的约束条件。由于汽车生产和使用需要消耗大量的自然资源，汽车工业越发达，汽车普及程度越高，汽车生产消耗的自然资源也就越多，而自然资源总的变化趋势是日益短缺。由于汽车保有量增长迅速及其他部门用油量的增加，我国从1993年起成为石油进口国，2013年我国石油原油进口量达到2.6亿t。天然气和水力集中在西部，我国当前的大型工程中，西气东送、西电东（南）输成为瞩目的项目，各个汽车企业对天然气车、电动车的开发予以足够的关注。随着煤转换甲醇、汽油技术的成熟，汽车动力能源将趋于多样化。

2）生态环境

生态与人类生存环境总的变化趋势是日趋恶化，环境保护将日趋严格，而汽车的大量使用又会污染环境，生态环境的恶化对汽车的性能提出了更高的要求。这对企业的产品开发等市场营销活动将产生重要影响。环境的污染与保护，在一定程度上限制了企业的发展，但也为企业提供了营销机遇：一是为治理污染的新技术和装置提供了一个大的市场；二是为不破坏生态环境而研发的新生产技术提供了强有力的竞争能力；三是为新的回收、再生材料技术的发展提供了很大的推动力。企业如掌握了这些高新技术，就能在营销活动中取得主动，从而进入竞争激烈的高回报市场。

汽车企业为了适应自然环境的变化，应采取的对策包括：一是发展新型材料，提高原材料的综合利用，例如，二战以后，由于大量采用轻质材料和新型材料，每辆汽车消耗的钢材平均下降10%以上，自重减轻达40%；二是回收利用工业品类可再生资源，例如，若干经济发达国家要求汽车企业实施全部报废汽车的回收和处理，日本规划今后汽车上的所有零部件予以回收，并均可再生后重新用作新产品零部件的原材料或其他用途；三是开发汽车新产品，加强对汽车节能、改进排放新技术的研究，例如，汽车燃油电子喷射技术、主动和被动排气净化技术等都是汽车工业适应环境保护的产物；四是积极开发新型动力和新能源汽车，例如，国内外目前正在广泛研究和推广汽车、燃料电池汽车。

3）地理环境

地理因素主要包括一个地区的地形地貌、山川河流等自然地理因素和交通运输结构等经济地理因素。汽车是所有机械设备中对地理环境最为依赖的机器，只有适应当地地理环境的汽车才会受到消费者的欢迎。

华东是我国经济发达地区，轿车的需求量很大。同时，由于地域的关系，上海轿车的产品销售在这里占据了明显的优势。一汽投放华东地区的奥迪轿车，上海市的购买量就占了近一半，江、浙两省的销售量也明显上升。显然，奥迪的成功，是与其目标市场的高层次定位分不开的。但是，对于华北、西北和青藏高原来说，二汽生产的东风卡车却具有不可动摇的地位。显然，东风的成功，也是与其目标市场的高性能定位分不开的。

4）公路与城市道路交通

公路交通是指一个国家或地区公路运输的作用，各等级公路的里程及比例，公路质量、公路交通量及紧张程度，公路网布局，主要附属设施如停车场、维修网、加油站及公路沿线附属设施等因素的现状及其变化。

公路交通对汽车营销的影响有：一是良好的公路交通条件有利于提高汽车运输在交通运输体系中的地位。公路交通条件好，有利于提高汽车运输的工作效率，提高汽车使用的经济性，从而有利于汽车的普及；反之，公路交通条件差，则会减少汽车的使用。二是汽车的普及程度增加也有利于改善公路交通条件，从而对企业的市场营销创造更为宽松的公路交通使用环境。

城市道路交通是汽车尤其是轿车使用的又一重要环境。它包括城市的道路面积占城市面积的比例、城市交通体系及结构、道路质量、立体交通、车均道路密度及车辆使用附属设施等因素的现状及其变化。这一使用环境对汽车市场营销的影响，与公路交通基本一致。但由于我国城市的布局刚性较大，城市布局形态一经形成，改造和调整的困难很大；加之人们对交通工具选择的变化，引发了对汽车需求的增加，中国城市道路交通的发展面临着巨大的压力。因而，使用环境对汽车市场营销的约束作用就更为明显。

4．政治法律环境分析

政治与法律环境的改变会显著地影响企业的营销活动和利益。企业的一切营销活动都必须受到政府的方针、政策和法律环境的强制制约和约束，都要符合 WTO 所规定的运行规则。在遵纪守法的基础上，企业可以充分利用法律、法令、规则中有利于企业发展的因素，规避或控制其不利因素，从而能在其保障下取得发展。

国家的汽车政策主要包括汽车产业政策、汽车企业政策、汽车产品政策和汽车消费政策四个方面。

1）汽车产业政策

一般来说，国家的汽车产业政策可分为促进汽车产业发展的政策和抑制汽车产业发展的政策。我们国家的汽车产业政策带有计划经济过渡到市场经济的显著特点。1984 年 4 月之后，国家才允许汽车生产企业有一定比例的产品自销权。但是到 1989 年 1 月，国家计委却又发出了《关于加强小轿车销售管理实施办法的通知》，制定了轿车专营的产业政策。直至 1994 年 1 月，财政部才通知取消购买小轿车及旅行车、越野车和工具车的控购审批政策。1994 年 7 月，国务院颁发了《汽车工业产业政策》，转而采取鼓励个人购买汽车的策略，并鼓励汽车企业按照国际惯例自行建立销售和售后服务体系。以此为开端，中国的汽车工业才开始走上健康发展的道路。随着市场的发展，2004 年，新的《汽车工业产业政策》出台，继续以鼓励汽车消费、支持汽车产业发展为方向，并且更为理智、更为灵活、更从实际出发，以人性化作为基本，对国内汽车行业的发展具有重要的影响。

2）汽车企业政策

无论是西方发达国家，还是东方发展中国家，对重点汽车企业都实行优待和保护政策。1997 年，我国推出了优待重点汽车企业的政策。政策规定，凡国家规定重点汽车企业，享受以下六条优惠政策：固定资产投资方向调节税为零税；优先安排其股票和债券的发行与上市；银行在贷款方面给予积极支持；在利用外资计划中优先安排；对经济型轿车、轿车关键零部件的模具、锻造工具，适当安排政策性贷款；企业集团的财务公司，经国家有关部门批准，可以扩大业务范围。

3）汽车产品政策

国家的汽车产品政策主要集中在以下两方面：一是对汽车的宏观机构进行调整的政策。1999年10月31日，两次被全国人大常委会否决的《公路法》（修正案）终于获得通过。有关专家在研讨"费改税"实施之后汽车工业将面临的形势和问题时指出，《公路法》（修正案）的实施将促使汽车的产品机构进一步得到改善；二是对汽车的微观结构进行调整的政策。

4）汽车消费政策

一般来说，汽车消费政策可以分为鼓励汽车消费的政策和鼓励汽车更新的政策两种类型。例如，德国政府制定刺激汽车消费的政策，有以下四个方面：尽量简化购车手续；尽量降低消费税率；支持顾客灵活付款；实施道路畅通工程。我国政府制定了许多鼓励汽车发展的政策，但是，却又执行着抑制汽车消费的策略，这种看似相互矛盾的政策，其实又是高度统一的。鼓励汽车更新的政策主要有以下两种：新车更换政策和旧车报废政策。对愿意更换新车的消费者给予一定的经济补助，执行严格的汽车报废标准以促进汽车的更新。

5）法律环境

改革开放以来，我国多次进行了宪法修改，并颁布了《民法》等重大法律，制定了各种有关企业发展的经济法规，诸如《公司法》《商标法》《广告法》《反不正当竞争法》《消费者权益保护法》《中外合资经营企业法》等。我国加入WTO后废除了各类不适宜的行政规定、法令等2 000多份，以与国际接轨的新规则、条例来指导、支持企业的经营发展。

我国的法律、法令和各级执法机构加强了对消费者权益的保护，国家监督部门、环保部门、工商部门、物价管理部门、审计部门及各类新闻媒体都加强了对企业的监督，相关机构在接受投诉和发现问题后均会进行严正的处理。汽车召回制度就是对汽车企业生产的缺陷汽车的严格管理方式。这些充分体现了市场经济的公正、公平性，能够为消费者提供满意的商品和服务的企业才有充分的发展机会。

5. 科学技术环境分析

科学技术环境是指一个国家和地区整体科技水平的现状及其变化。科学技术环境与其他环境相互依存，直接影响经济环境和社会环境，对企业的营销环境有着重要的制约和促进作用。

科学技术在汽车生产中的应用，改善了产品的性能，降低了产品的成本，使得汽车产品的市场竞争能力提高。而今，世界各大汽车公司为了满足日益明显的差异需求，汽车生产的柔性多品种乃至大批量定制现象日益明显，这都是现代组装自动化、柔性加工、计算机网络技术发展和应用的结果。再从汽车产品看，汽车在科技进步作用下，已经经历了原始、初级和完善提高等几个发展阶段，汽车产品在性能、质量、外观设计等方面获得了长足的进步。

科技进步促进了汽车企业市场营销手段的现代化，引发了市场营销手段和营销方式的变革，极大地提高了汽车企业的市场营销能力。企业市场营销信息系统、营销环境监测系统及预警系统等手段的应用，提高了汽车企业把握市场变化的能力。现代设计技术、测试技术及试验技术加快了汽车新产品开发的步伐。现代通信技术、办公自动化技术提高了企业市场营销的工作效率和效果等。对于消费者来说，实现"坐地日行八万里，巡天遥看一千河"不是梦想，坐在家里就可以阅尽天下汽车、比完天下价格，买到自己满意的汽车。互联网上赢得未来市场竞争的主动。相对世界汽车工业而言，我国汽车工业科技水平的落后状况尚很明显，科技进步的潜力十分巨大。我国汽车企业应不断地加强科技研究和加大科技投入，缩小同世界汽车工业先进水平的差距，以谋求更多的营销机会。

6. 社会文化环境分析

世界各地的文化是多姿多彩的，每个国家或地区的全体社会成员都共有其核心文化。各个国家都有着各自不同的生活方式、价值观念、风俗习惯和审美观念。

1）价值观念

价值观念是指人们对社会生活中各种事物的态度和看法。消费者由于价值观念相差甚大，对商品的需求和购买行为亦不相同。美国人喜欢提前消费，不尚储蓄，通行分期付款，偏爱产品的新颖性和时尚性，具有较多的激进的前沿消费群体。中国人喜欢存钱，留有余地，消费观念偏于传统，偏爱商品耐久实用，但现在，也出现了大量新潮青、中年消费群体，他们崇尚个性，形成了新消费风尚。

2）风俗习惯

不同文化环境中的人们生活方式迥异，世代相传形成人们的行为和思维习惯的不成文规范，主要表现在饮食、服饰、居住、婚丧、信仰等方面拥有其独特的心理特征、道德规范、行为方式和生活习惯。

企业应充分了解目标市场上消费者的禁忌、习俗、避讳、流行。例如，美国通用公司曾生产以NOVA命名的汽车，含义为"神枪手"，但在拉丁美洲的语言里其意是"跑不动"，所以该车型无法在拉美寻得销路。

3）审美观念

审美观是指人们对商品的好与坏、美与丑、喜欢与嫌恶的不同评价。不同国家、地区、民族、宗教、阶层、年龄和个人，常常具有不同的审美标准。而人们的审美观念也会随着时间变化而改变。对于企业而言生产大批量的雷同产品不能满足不同的市场需求，必须根据不同社会文化背景下的消费者审美观念及其变化趋势来开发产品，制订市场营销策略。

在西方发达国家，作为代步工具的汽车被称之为"乘用车"，作为运载工具的汽车被称之为"商用车"。但是，在中国人眼里，作为代步工具的东西就是"轿车"。显然，轿车是由轿子派生而来，是与身份和权势密切相关的。这种文化传统根深蒂固，强烈地影

项目1 汽车市场与营销环境

响了桑塔纳和富康两种轿车的命运。桑塔纳有"轿",威风凛凛,尽管在国际市场上已经淡出,却在中国轿车市场独领风骚;富康车无"尾",小巧玲珑,尽管在国际市场上领先一步,却在中国轿车市场上知音难觅。究其原因,是因为中国的集团消费者认为它"不气派,生意人认为它"有头无尾"(不吉利),结婚者认为它"断后"(断香火)。只是后来添了尾巴,而且将"东风"改为"神龙",将"富康"改为"神龙-富康"或"神龙-富康988",既得天助,又送吉祥,才渐渐得到了国人的青睐。

1.2.4 汽车市场营销环境分析方法及应对策略

1. 汽车市场营销环境分析意义

环境对企业的影响若是积极的,称之为机遇,即影响企业市场营销的有利因素;若是消极的,称之为风险,即影响企业市场营销的不利因素。无论是机遇或是风险,都是不以企业意志为转移的客观存在。因而企业应对每种营销环境的变化给企业带来的营销机遇或营销风险,在数量上或在程度上予以分析,从而对各种营销环境变化作出科学鉴别,并找出和抓住最有吸引力的营销机遇,避开最严重的营销风险,这种分析就是环境分析。

在一般情况下,市场营销环境分析可按照下列程序进行。

(1) 利用市场情报和市场调研等方法科学收集关于营销环境的信息。

(2) 采用定性分析与定量分析相结合的方法对环境因素的变化趋势及不连续变化的转折点作出科学预测。

(3) 进一步分析环境因素的变化对企业可能造成的影响,从而预测企业在未来一个时期内可能受到的威胁以及可以利用的机会。

(4) 结合企业现状,提出营销环境分析的结论及企业适应未来环境变化的设想,为企业制订营销战略提供有价值的参考意见。

汽车市场营销环境分析的意义有如下几点。

1) 汽车市场营销环境分析是汽车企业市场营销活动的立足点

汽车企业的市场营销活动,是在复杂的市场环境中进行的。社会生产力水平,技术进步变化趋势,社会经济管理体制,国家一定时期的政治经济任务,都直接或间接地影响着汽车企业的生产经营活动,左右着汽车企业的发展。

1983年,美国经济从石油危机的影响中摆脱出来,汽车市场需求大增。而对美国汽车出口最多的日本却因"自愿出口限制"配额影响,每年只能向美国出口10万辆汽车,造成美国国内进口车供需之间存在巨大差距。加上此时日元升值,日本汽车制造商采取了向高档车转移方针。而美国三大汽车厂商对低价车毫不重视,并趁日本车涨价之机调高同类车售价。引进日本三菱技术的韩国现代汽车公司,立足于对当时美国汽车市场营销环境的详细调查、预测和分析,确定了质优价廉的产品战略,提出"日本车的质量、韩国车的价格"的营销推广口号,进军美国汽车市场。韩国现代汽车公司1986年进入美国市场当年,汽车销量就达到168 882辆,是同期日本铃木汽车公司60 983辆销量的2.5倍。

2) 汽车市场营销环境分析使汽车企业发现经营机会，避免环境威胁

汽车企业通过对汽车市场营销环境的分析，在经营过程中就能发现经营机会，取得竞争优势；同时，避免环境威胁就是避免汽车营销环境中对企业营销不利的因素。如果没有适当的应变措施，则可能导致某个品牌、某种产品甚至整个企业的衰退或被淘汰。

在开创汽车市场的时代，许多人扔掉马车，换用汽车。对于这样一种市场来说，福特车顺应这一潮流，敞开式的"T型"汽车自然是完美无缺的。但是到了20世纪20年代中期，市场上的买主已经有了一辆车，他们对汽车的要求已不仅仅局限于经济实惠，而是要求有漂亮的颜色、四轮驱动、减振器、变速器、低压大轮胎和流线形车体。这时福特公司只是对"T型"汽车进行局部的改进；而通用公司已通过对汽车市场营销环境的研究分析，转向提供多姿多彩、线条优雅的新型汽车。通用的汽车既有方便的取暖器，又用自动离合器代替手柄，即使女性驾车，也会感到舒适惬意。由于福特汽车公司忽视了对变化了的汽车市场营销环境的分析，没能及时把握经营机会，又没有对来自通用汽车公司的竞争威胁作出有效的反应，当通用汽车公司推出新型车雪佛兰时，福特汽车公司的"T型车"只能黯然退出历史舞台。

3) 汽车市场营销环境分析使汽车企业经营决策具有科学依据

汽车市场营销受着诸多环境因素的制约，是一个复杂的系统，企业的外部环境、内部条件与经营目标的动态平衡，是科学决策的必要条件。企业要通过分析找出自己的优势和缺陷，发现由此给企业带来汽车市场上相对的有利条件和不利因素，使企业在汽车营销过程中取得较好的经济效益。

2. 营销环境分析的方法

企业只有不断地适应各种营销环境的变化，方可顺利地展开营销活动。为此，企业除了应在技术上建立预警系统，监视环境变化以加强营销环境变化的预测外，还必须掌握分析环境变化的具体方法，从而主动调整营销策略，使企业的营销活动不断地适应营销环境的变化。

环境分析的具体方法可以通过选择"潜在吸引力（或危害性）"和"成功可能性（或出现威胁的可能性）"两个指标，根据这两个指标的具体特点去评价某种环境变化的具体特点，如图1.2所示。如果某种环境变化对企业营销机会的"潜在吸引力"大，而企业营销活动"成功可能性"也大，即处于图1.2(a)中阴影部分，表明该种环境变化将对企业的营销活动非常有利，企业应当抓住这样的机会。反之，如果某种营销环境变化对企业营销活动的"潜在危害性"大，而这种"威胁出现的可能性"也大，即处于图1.2(b)中阴影部分，表明该种环境变化将对企业的营销活动产生非常不利的影响，企业应及时调整营销策略，甚至改变营销战略，以避开或减轻营销环境变化对企业营销活动的威胁。

弄清楚自己的营销机会和环境威胁，是企业取得营销业绩和谋求发展的基本前提。综合地考察企业面临的营销机会和环境威胁，企业在营销环境的变化过程中所处的地位和类型分别可能是以下哪种。

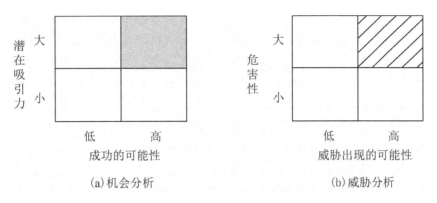

图 1.2 营销环境分析方法

(1) 理想企业。
(2) 风险企业。
(3) 成熟企业。
(4) 困难企业。

如图 1.3 所示，显然，理想企业所处的环境最好，困难企业所处的环境最差。对于进入新的历史时期的我国汽车企业而言，大型汽车企业(集团)更多的可能属于风险企业，而某些中小型企业，尤其那些经营思想不端正、市场营销能力差的企业，则更多的可能属于困难企业。因此，各汽车企业对自己所处的地位和类型应保持清醒地认识。

图 1.3 营销环境变化时企业的类型

3. 汽车企业应对环境变化的策略

1) 汽车企业面对环境威胁的策略

对汽车企业市场营销来说，最大的挑战莫过于环境变化对汽车企业造成的威胁。而这些威胁的来临，一般又不为汽车企业所控制，因此汽车企业应做到冷静分析、沉着应付。面对环境威胁，汽车企业可以采取以下三种策略。

(1) 对抗策略。这种策略要求尽量限制或扭转不利因素的发展。比如，企业通过各种方式促使或阻止政府或立法机关通过或不通过某项政策或法律，从而赢得较好的政策法律环境。显然企业采用此种策略时必须要以企业具备足够的影响力为基础，一般只有大型企业才具有采用此种策略的条件。此外企业在采取此种策略时，其主张和所作所为，不能倒行逆施，而应同潮流趋势一致。

（2）减轻策略。此种策略适合于企业不利因素发展时采用。它是一种尽量减轻损失程度的策略。一般而言，环境威胁只是对企业市场营销的现状或现行做法构成威胁，并不意味着企业就别无他途。俗话说"天无绝人之路""东方不亮西方亮"。企业只要认真分析环境变化的特点，找到新的营销机会，及时调整策略，不仅可以减轻营销损失，而且可以谋求更大的发展。

（3）转移策略。这种策略要求企业将面临环境威胁的产品转移到其他市场上去，或者将投资转移到其他更为有利的产业上去，实行多角经营。例如 KD 方式转移生产、产品技术转移等都是转移市场的做法。但转移市场要以地区技术差异为基础，即在甲地受到威胁的产品，在乙地市场仍有发展前景。企业在决定多角经营（跨行业经营）时，必须要对企业是否在新的产业上具有经营能力作审慎分析，不可贸然闯入。

总之，当企业在遇到威胁和挑战的时候，营销人员尤其是管理者，应积极寻找对策，率领全体职工努力克服困难，创出光明前景。

2）汽车企业调节市场需求的策略

面对环境变化，调节市场需求的水平、时间和特性，使之与供给相协调，是营销管理者的重要任务。现代市场营销理论总结出多种调节市场需求的方法。

（1）扭转性营销。扭转性营销即采取适当的营销措施，改变用户对本企业产品的信念和态度，把否定需求改为肯定需求。此策略适合于用户对本企业产品存有偏见或缺乏了解等情况下采用。

（2）刺激性营销。刺激性营销即设法引起用户的注意和兴趣，刺激需求，扩大需求规模。此策略一般适合于企业成功的新产品在推向市场时采用。

（3）开发性营销。当用户对现有产品已感到不满足，希望能有一种更好的产品取代时，即意味着某种产品就有了潜在的需求。企业应该尽快推出适合用户需要的新产品，将用户的潜在需求变为现实需求。

（4）维持性营销。当产品呈现供求不平衡时，企业可以通过宣传引导、提价等措施，以抑制部分需求，实行维持性营销。

（5）限制性营销。当产品供过于求时，企业可以加强促销，以扩大需求，必要时还必须减少产品的供给，实行限制性营销。有人说市场营销管理的实质就是需求管理，这说明了调节市场需求对企业市场营销的重要性。

小　结

本项目通过对汽车市场营销各方面的分析，说明了我国搞好汽车市场营销的重要性，同时也说明了今后我国汽车市场营销将面临的机会和挑战并存的局面。为了能应对这样的挑战，必须确立正确的汽车市场营销观念，认识新的汽车市场营销特点，探索新的汽车市场营销规律，创造新的汽车市场营销方法，开展新的汽车市场营销活动，促进汽车市场及汽车市场营销活动的发展。同时从汽车市场营销环境的概念入手，阐述了汽车市场营销环境的特点及其对汽车企业的影响。汽车市场营销环境可分为宏观环境和微观环境。宏观环境主要有政治法律、经济、自然、人口、社会文化及科技等环境因素；微观环境主要有企业内部环境、供应商、营销中介、顾客、竞争者和公众等环境因素。汽车企业必须研究营销环境，以寻找机遇，规避威胁。

项目 2

消费者与汽车市场

通过本项目的学习，要求能够简单叙述消费者购买行为过程；正确描述消费者购买行为模式与类型；正确描述汽车消费者购买行为的一般过程及影响其购买行为的主要因素；了解汽车消费者购买行为的要素及其影响汽车消费者购买行为的各种因素；把握我国汽车消费者购买行为的特点；掌握汽车市场调研所涉及的内容、调研步骤；了解汽车市场预测对于提高汽车市场营销水平具有重要的现实意义，为每个市场开发适销对路的产品。

能力目标	知识要点	权重	自测分数
熟悉汽车营销实践中影响消费者购买行为的主要因素	消费者需求分析	35%	
熟悉汽车营销实践中消费者购买行为的分析问题，学会把握用户的心理需求	汽车市场细分、目标市场策略和定位	35%	
熟悉汽车市场调研所涉及的内容、调研步骤	汽车市场调查和预测	30%	

项目 2　消费者与汽车市场

> **引　例**
>
> 张先生夫妇都是 40 岁左右的大学教师,现在月收入 8 000 元左右,他们的儿子刚满十周岁。目前一家三口,刚买了新房,新房有三室一厅,100 多 m²。买新房花去了夫妻俩多年的积蓄,但尚无任何债务。只是新房在市郊,离单位路程较远,小孩上学也不是很方便。夫妻生活稳定,无其他后顾之忧。夫妻俩从网络、电视及各方面信息分析,认为近年来国家大力鼓励私人汽车消费,限制汽车消费的各项不利因素将得以有效解决,诸如各项汽车消费费用将降低、限制私车牌照。因此,夫妻俩很想购买一辆私家车,以解决上班路远和小孩上学不便的问题,但又觉得目前车型太多,自己又不懂汽车方面的专业知识,怕上当受骗,故一直犹豫不决。
>
> 请思考:如果你是一位汽车营销人员,你打算如何说服这一家庭购买你的汽车?

2.1　消费者需求分析

2.1.1　汽车消费者购车行为分析

消费者的购买行为总是受各种因素的影响,并表现出一定的特征。消费者购买行为分析就是对消费者的购买需求、动机进行分析,并且分析这些需求和动机是如何影响消费者的购买行为,在此基础上指出消费者购买行为的模式,分析影响消费者购买行为的因素,从而为汽车营销寻找机会,提供帮助。

私人消费汽车市场由汽车的消费者个人构成。现代市场营销学对普通消费者市场研究的许多成果,在我们研究汽车的私人消费市场时可以参考借鉴,但由于汽车商品本身的使用特点、产品特点及价值特点与一般商品又有很大差别,因而一般性结论是不可简单套用于汽车消费者市场的,必须研究其特殊的市场特点和购买行为。

1. 消费者购买行为一般过程

消费者购买行为是一种满足需求的行为,其购买过程是经由客观刺激引起的,在用户心理产生复杂的思维活动,形成和产生购买行为,最后达到需求的满足。因此,一个完整的购买行为过程,可以看成是一个刺激、决策、购后感受的过程,这也是用户的一般购买行为过程。这一过程如图 2.1 所示。

图 2.1　用户购买行为过程图

1) 刺激

消费者的购买行为过程都是消费者对客观现实刺激的反应,消费者接受了客观事物的刺激,才能产生各种需求,形成决策,最后导致购买行为的发生。客观事物的信息刺激,既可能由消费者的内部刺激引起,也可能由外界因素刺激产生。例如,企业要搞运输，就必须有一定数量的汽车。内部的刺激一般比较简单，而外界的刺激则要复杂得多，这是因为消费者作为一个社会组成单位，它的行为不仅要受到自身因素的影响，而且还受到社会环境的制约，家庭及相关群体的消费时尚与风俗习惯等方面，都会从不同程度对消费者的购买行为产生影响。另外，消费者购买的对象——商品，也会从它的质量、款式、包装、商标及服务水平等方面对消费者的购买行为产生影响。

2）决策过程

不论是内部刺激还是外部刺激，它们的作用仅仅是引起消费者的购买欲望。消费者是否实施购买行为，购买的具体对象是什么，在什么地方购买等，就需要消费者进行决策。由于决策过程极其复杂，并且对于营销者来说又难以掌握，因此又称做黑箱。对于消费者来说，实质上就是一种心理活动过程，具体可概括为产生需求、形成动机、收集信息、评价方案和形成决策等过程。

3）购后感受

消费者购买行为的目标是选购一定的商品或服务，使自己的需要得到满足。消费者实施购买行为之后，购买行为过程并没有结束，还要在具体使用中去检验、评价，以判断需要满足的程度，形成购后感受。它对消费者的重复购买行为或停止购买行为会产生重要影响。

2. 个人汽车消费市场的基本特征

1）需求具有伸缩性

一方面，汽车的个人消费需求具有较强的需求价格弹性，即价格的变动对汽车的个人需求影响很大。另一方面，这种需求的结构可变。当客观条件限制了这种需求的实现时，它可以被抑制，或被转化为其他需求，或最终被放弃；反之，当条件允许时，个人消费需求不仅能得以实现，甚至会发展成为流行性消费。

2）需求具有多样性

消费者由于在个人收入和文化观念上的差别，以及在年龄、职业、兴趣、爱好等方面的差异，会形成不同的消费需要，从而使个人消费者的需求表现出多层次性或多样性。就这种意义而言，汽车企业如果能够为消费者提供多种多样的汽车产品，满足消费者多样化的需求，无疑会为企业争取更多的营销机会。如20世纪90年代中期，当时人们都认为我国的"家用轿车"应当是某种经济实用型的。但一项调查表明并非如此，人们对家用轿车的需求是多样化的，从高档轿车到微型轿车都拥有消费者。

3）需求具有可诱导性

对大多数个人消费者而言，他们对汽车缺乏足够专业的知识，往往会受到周围环境、消费风气、人际关系或宣传等因素的影响，对某种特定的车型产生较为强烈的需求。因此，企业应注意引导、调节和培养某些被细分后的个人购买市场，强化广告和促销手段的应用，提高企业的市场占有率。

4）需求具有替代性

个人消费者在面临多种选择时，往往会对能够满足自己需要的商品进行比较、鉴别，只有那些对个人消费者吸引力强、引起的需求强度高的汽车产品才会导致消费者的最终购买。也就是说，同时能够满足消费者需要的不同品牌之间具有竞争性，需求表现出相互替代的特性。

5）需求具有发展性

个人购买需求一般从简单到复杂、由低级向高级发展。在现代社会中，各类消费方式、消费观念、消费结构的变化总是与需求的发展性和时代性息息相关的。所以汽车产品个人购买需求的发展也会永无止境，如在不过分增加购买负担的前提下，消费者对汽车的安全、节能和环保等性能要求总是越来越高。

6）需求具有集中性和广泛性

一方面，由于私人汽车消费与个人经济实力关系密切，在特定时期内，经济发达地区的消费者或者收入相对较高的社会阶层，对汽车（或某种车型）的消费比较明显，需求表现出一定的集中性。另一方面，高收入者各地都有（尽管数量上的差异可能较大），而且随着经济发展会不断增多，所以需求又具有地理上的广泛性。

3.汽车个人购买行为的类型

汽车营销者不仅要研究这些特点，还要研究私人汽车消费者的购买行为模式。研究汽车的个人购买行为时，一般需要从不同角度做相应的分类，但较为普遍的分类方法是以购买态度为基本标准。因为购买态度是影响个人购买行为的主要因素。按照这种标准划分，汽车的个人购买行为可分为理智型、冲动型、习惯型、选价型和情感型等几种。

1）理智型

这是指以理智为主作出购买决策的购买行为。具有这类行为特点的消费者，其购买思维方式比较冷静，在需求转化为现实之前，他们通常要做广泛的信息收集和比较，充分了解商品的相关知识，在不同的品牌之间进行充分地调查，慎重挑选，反复权衡比较。也就是说，这类消费者的购买过程比较复杂，通常要经历信息收集、产品和品牌评估、慎重决策和购后评价等阶段，属于一个完整的购买过程。现阶段，我国的私人汽车消费者的购买行为多属于这种类型。因为他们多数是初次购买私人轿车的用户，购买汽车要花费他们较多的资金，且汽车结构复杂，专业性较强，普通消费者的汽车知识较少。对于这类顾客，营销者应制订策略帮助顾客掌握产品知识，借助多种渠道宣传产品优点，发动营销人员乃至顾客的亲朋好友对顾客施加影响，简化购买过程。

2）冲动型

这是容易受别人诱导和影响而迅速作出购买决策的购买行为。冲动型的购买者，通常是情感较为外向，随意性较强的顾客。他们一般较为年轻（30多岁者居多），具有较强的资金实力。对于冲动型购买者来说，易受广告宣传、营销方式、产品特色、购买氛围、介绍服务等因素的影响和刺激，进而诱发出冲动性购买行为。这种需求的实现过程较短，顾客较少进行反复比较挑选。但是这类顾客常常在购买后会因认为自己所买的产品具有某些缺陷或其他同类产品有更多的优点而产生失落感，怀疑自己购买决策的正确性。对于这类购买行为，营销者要提供较好的售后服务，通过各种途径，经常向顾客提供有利于本企业和产品的信息，使顾客相信自己的购买决定是正确的。

3）习惯型

这是指购买者个人对品牌偏好的定向购买行为。这类购买行为较少受广告宣传和时尚的影响，其需求的形成，多是由于长期使用某种特定品牌并对其产生了信赖感，从而按习惯重复购买。所以，这种购买行为实际上是一种"认牌型"购买行为。

4）选价型

这是指对商品价格变化较为敏感的购买行为。具有这类购买态度的个人，往往以价格作为决定购买决策的首要标准。选价型购买行为又有两种截然相反的表现形式，一种是选高价行为，即个人购买者更乐意选择购买高价优质商品，如那些豪华轿车购买者多是这种购买行为；另一种是选低价行为，即个人购买者更注重选择低价商品，多数工薪阶层的汽车用户以及二手车的消费者主要是这种购买行为。

5）情感型

情感型指容易受感情支配作出购买决策的行为。持有这类购买态度的顾客，其情感体验较为深刻，想象力特别丰富，审美感觉灵敏。在情感型购买的实现过程中，较易受促销宣传和情感的诱导，对商品的选型、色彩及知名度都极为敏感，他们多以商品是否符合个人的情感需要作为研究购买决策的标准。国外家庭以女性成员为使用者的汽车用户多属于这种购买行为。

总体上讲，我国现阶段的汽车个人消费者，其购买行为类型以理智型为主导，其余类型只是在西方经济发达国家才经常见到，这也说明汽车营销者在开发国内国外两个市场时，应采取不同的营销模式。

2.1.2 影响消费者购车行为的因素

1. 政治因素

影响市场购买活动的政治因素主要是国家政策。每个国家都有不同的政策。如，为了保护环境，欧盟许多国家对汽车的排放量都做出了详细的规定，不符合环保规定的汽车在这些国家不允许生产，也不允许销售。国家政策会对消费者的购买行为产生极大的影响。例如，近期以来，为了推动我国汽车工业的发展，我国政府通过降低购置税来鼓励私人购车，这对私人购车行为会产生巨大影响。

2. 经济因素

影响市场购买行为的经济因素主要是社会生产力水平和消费者经济收入这两个方面。

1）社会生产力水平对市场购买活动的影响

购买行为的对象——商品的提供，归根到底要受到社会生产力发展水平的影响。它决定着一个社会所能提供的商品的种类、数量和质量，同时也影响人们的消费观念。例如，在卡尔·本茨发明汽车以前，无论多么富裕的组织和个人都不可能产生购买汽车的想法，也不可能购买到汽车这样的产品。

2）消费者的经济收入对市场购买活动的影响

对于大多数企业来说，真正关心的并不是整个社会的生产力发展水平，而是它所面对的消费者的经济收入。

轿车的私人购买与人均 GDP 之间有着必然的联系。如前所述，人们用 R 值来表示这两者之间的关系，一般来说，当 R 值在 2～3 之间时，私人最倾向于购买轿车。

消费者的收入是有差异的，同时又不断变化着，因此，会影响消费的数量、质量、结构以及消费方式，从而影响市场购买行为。

（1）消费者绝对收入的变化影响购买行为。引起消费者绝对收入变化的主要因素是消费者工资收入变化、财产价值意外变化等，同时，政府的税收政策变化，企业经营状况的变化，都会导致消费者绝对收入的变化。同样是在购买汽车的问题上，当该消费者收入较低时，第一关注的往往是汽车的价格和耗油量，而一旦收入提高，可能就会对汽车的安全性能和外观提出要求，对汽车售后维修、零部件的供给更为关注。

（2）消费者相对收入的变化影响购买行为。消费者相对收入变化是指当其绝对收入不变时，由于其他社会因素，比如商品价格、分配方式等产生变化，而使收入发生变化。

（3）消费者预期收入的变化影响购买行为。消费者在购买贵重商品时，往往要对往后的收入情况做出一定的预期，尤其是打算采用贷款或者分期付款的购买方式时，这种行为的影响会更明显。现今，对于大多数中国消费者来说，汽车仍然属于一种奢侈品，因此，汽车生产企业必须考虑到消费者对未来收入的预期可能对其购买行为产生比较大的影响。除了消费者自身的工作环境和自身能力，总体经济环境和社会的稳定程度以及社会保障体制的健全与否都会影响到消费者对未来收入的预期。

3. 社会因素

1）相关群体

相关群体是指那些直接或间接影响一个人的看法和行为的群体。由于人们往往有迎合所处群体的倾向，因此，相关群体会产生某种趋于一致的压力，会影响个人的实际产品选择和品牌选择。例如，几个感情特别融洽并且经常一同购物的女孩，可能会选择相同品牌的服装或化妆品，同样的情况也会发生在轿车的购买过程中。

当一个人希望加入到某一群体中时，也会在购买行为上和他所崇拜的群体接近。现今，许多厂家喜欢选择影视或者体育明星作为产品的形象代言人，就是针对消费者这种崇拜性购买行为的。

2）家庭

家庭是社会上最为重要的消费者购买组织，消费者家庭成员对购买者行为影响很大。一个家庭所处的不同状态，例如单身、新婚、满巢、空巢等，都会影响家庭成员的消费行为。例如，收入良好的年轻夫妻可能会倾向于选择时尚、美观的高档车，而一旦他们有了孩子，因为考虑到孩子日后的受教育等问题，他们的预期支出就会降低，对汽车档次的选择可能也会下降。美国通用公司建立了客户信息系统之后，对销售人员提出这样的要求：当你的客户新添了一个孩子之后，应当向客户寄发大型轿车的资料，因为，这些客户很可能会为了使孩子能够在车上有一个舒适的座位而换掉家中现有的经济型轿车。

在汽车营销中，还必须考虑到家庭中谁具有支配权，所面对的家庭是属于丈夫支配型、妻子支配型还是共同支配型。应当说，在大多数情况下，类似汽车、家具、住房等高消费品以及价格昂贵的耐用品通常属于丈夫支配型。但是，美国最新的市场调查反映，妇女购车的比例也在明显上升,她们不仅成为购买者和使用者,而且在购车中占支配地位。为此,轿车营销应根据不同的支配者采取不同的策略。

3) 角色和地位

一个人在同一个时期也往往扮演着不同的角色,每一个角色往往都伴随着一种地位,从而对消费行为产生影响。例如,很长一段时期以来,法国总统的座车都是法产"雪铁龙",以至于法国人将"雪铁龙"称为"法国的第二夫人"。作为一个总统,选车上更多考虑的往往是国家的声誉和对总统的安全保护,而非自己的品牌偏好。

4. 文化因素

文化是人类欲望和行为的最基本决定因素。生活在一定社会环境中的人,会因此而产生一套基本的价值、偏好和整体行为,并因此而影响消费行为。

1) 消费者文化背景的影响

文化对于消费行为的影响通常是间接的,不同的文化背景下的消费者会出现不同的偏好,即使在一个国家或地区之中,由于年龄、民族的影响,也会使消费者的行为有差异。

2) 消费者文化水平的影响

社会教育文化的发展程度,消费者受教育程度,消费者掌握的知识结构等都反映着消费者的文化水平。一般来说,消费者受教育程度越高,对精神生活方面的消费需求就越多,同时,其消费行为也会显得越理智。受教育程度高的消费者在购买汽车时可能会更重视该汽车的功能、安全性能以及外观设计和时尚程度,而不是单纯关心其价格。

日本铃木汽车公司在美国市场推出铃木武士车时,为了为该车寻找合适的细分市场,在加拿大进行过一次调查,该项调查中特别关注了不同的年龄和教育程度的消费者对铃木武士车的态度。最后得出结论,武士车的潜在消费者主要是 18～30 岁之间的单身年轻人,包括年轻女士,且主要为首次的购车者;该年龄段的消费者的受教育程度不影响他们对铃木车的评价和取向;但是,30 岁以上的购买者受其教育程度的影响较大。

3) 社会习俗的影响

习俗是社会上长期形成的风尚、礼节和习惯等的总称。习俗的力量是相当强大的,会造成一类消费者的共同购买行为,是研究文化因素对购买行为影响中一个不容忽略的因素。

(1) 喜庆性的消费习俗。这是指人们在特定的节日,或者在一些喜庆事件发生后,实施的购买行为。特别是节日里人们常会因为约定俗成而在很长时期内反复出现相似或相同的购买行为。例如,春节购买烟花爆竹,中秋购买月饼等。同时,在节日里,其他消费也会相应增大。根据统计,这几年来,春节、五一、国庆节等期间,北京、上海等大城市的轿车租赁业务陡然火爆。

(2) 纪念性的消费习俗。这是指人们为了表示对重大历史事件或者重要人物的纪念而形成的消费习惯。例如,在端午节,中国人习惯吃粽子和划龙舟。

(3) 信仰性的消费习俗。这是指由于某种信仰而引起的消费习俗。对于汽车营销来说,这种习俗的影响并不明显,但是,对于有些民族或者宗教来说,一些颜色或特定的日子可能会成为禁忌,在这些地方进行销售时必须注意到这些禁忌。

(4) 亚文化的影响。从社会群体内分化出的许多较小的群体就是亚群体。亚文化是亚群体成员所具有的独特的生活方式、道德标准、行为规范等。亚文化群体包括民族群体、宗教群体、宗族群体和地理区域。亚文化对消费者的影响有时会比社会文化更为直接、强大。

(5) 社会阶层。必须承认，一切人类社会都存在社会层次，至少，在现代的社会是如此。层次往往以社会阶层的形式出现。社会阶层是指在一个社会中具有相对的同质性和持久性的群体，每一个阶层的成员具有类似的价值观、兴趣爱好和行为方式。不同的社会制度，划分阶层的依据不同，可能是按照出生来划分，也可能是按照职位或者金钱。

在汽车的购买行为中，各社会阶层显示出不同的产品偏好和品牌偏好。汽车行业中的营销行为也往往是将注意力集中于一个或少数几个阶层之上，可以说，没有一种汽车品牌或型号可以满足所有阶层的需要。有些品牌，比如劳斯莱斯，被视为是身份和地位的象征，英国王室在很长一段时间内使用劳斯莱斯品牌。

5. 个人因素

个人因素是指对消费者购买行为产生影响的个人特征，主要影响因素有年龄、职业、个性和自我观念。

1) 年龄

人们在一生中购买的商品和服务是不断变化的，同时，处于不同年龄阶段的同一个人，审美观、价值观也会不同，从而表现出不同的购买行为。

例如，年轻人通常容易接受新生事物，喜欢标新立异，讨厌一成不变的生活。如果一辆汽车的目标市场是年轻人的话，相应的广告策略和促销策略都要符合年轻人求新、求变的性格特征。

1999年，萨奇兄弟公司在欧洲推出Yaris车，该车的目标市场是"欧洲市场上20～30岁的非丰田车车主"。为了迎合当时欧洲年轻一代的喜好，萨奇兄弟公司将Yaris车定义为"违背逻辑的轿车"，形容它：外观娇小玲珑，内部宽敞舒适。相应的广告画面也强调了"违背逻辑"，比如让玩具飞机载着一个男孩腾空飞翔。

2) 职业

职业往往决定着一个人的地位以及他所扮演的角色，同时也决定着他的经济情况，因而会影响消费模式。教授、律师及政府官员大多喜欢购买黑色轿车，代表庄重、沉稳与威严；年轻的艺员则喜爱红色的及色彩鲜艳的轿车，代表青春、活力。

3) 个性和自我观念

个性是指一个人所特有的心理特征，它导致一个人对他所处的环境的持续不断的反应。虽然个性是千变万化并且难以准确掌握的，但是，具有某一方面相同个性的人，会表现出相似的购买行为，或者对同一类产品感兴趣，而这正是企业所要掌握的信息。

许多汽车销售企业正在使用客户关系管理系统(CRM)，用户数据库，数据库中的大量资料，包括客户的个人资料以及购买资料，给企业分析顾客个性提供了数据上的支持，可以帮助企业掌握客户的个性特征。

6. 心理因素

消费者的购买行为会受到四种主要心理因素的影响，即动机、知觉、学习以及信念和态度。

1）动机

动机是在需求刺激下直接推动人进行活动的内在动力。动机产生的内在条件是需求，外在条件是诱因。在个体有强烈需求，又有诱因的条件下，就能引起个体强烈的动机，并决定他的行为。因此，对汽车企业来说，必须了解消费者的需求，并提供适当的诱因。

有时候，消费者购买某种商品所满足的并不是生理上的需求，而是心理上的需求。例如，对于汽车这种商品来说，最根本的作用就是代步，如果单纯满足生理上的需求，那么消费者只需要选择能够起到代步作用，也可以保证安全的车就可以了。事实上，消费者在选购一辆车时，所考虑的因素远远不止这两点，他会关心诸如颜色、外观、时尚度，以满足其审美上的愉悦。甚至有些消费者在购车时更关注的是该车是否能作为其身份、地位的象征，使其得到被重视、被尊重的感觉。

马斯洛的需求层次理论在分析心理动机中有重求的地位。马斯洛认为，人的需求，按照迫切程度，可以依次分为五个层次：生理需求、安全需求、社会需求、尊重需求和自我实现需求（图2.2）。一个人会首先寻求满足最重要的需求，当该需求获得满足时，才会转向高一层的需求。因此，当我们观察世界汽车保有量的数据时会发现，越是发达的地区，汽车的保有量就越高，反之，则越低。这和马斯洛的需求层次理论是相一致的。

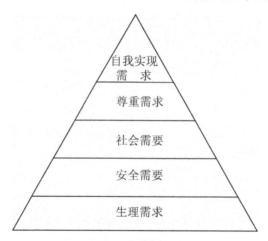

图2.2　马斯洛的需求层次理论

值得注意的是，马斯洛的需求层次理论所反映的是人类社会的一般情况，并不能运用于每一个人，有时候，人们在满足需求时会出现跳跃现象，也就是当低层需求尚未满足时，就出现高层需求。

2）知觉

知觉是个人选择、组织并解释信息投入，以便创造有意义的个人世界图像的过程。对于同一个刺激物人们会产生不同的知觉。通常认为人们会经历三种知觉过程，即：选择性注意过程、选择性扭曲过程和选择性保留过程。

（1）选择性注意。人们不可能对生活中所有的刺激物都产生注意，这一筛选的过程就是选择性注意过程。人们通常注意与当前需要有关的刺激物和正在期待的刺激物，同时，也会更多地注意和其他刺激物有明显差别的刺激物。当汽车企业参加车展，进行陈列现场布置时必须要研究人们的选择性注意，从而将人们的注意力从其他企业的广告或产品吸引到自己的广告或产品上。这也就是为什么每次汽车展览时，厂商的展台都布置得美轮美奂，厂商们都期待能够在此类场合显得出类拔萃，以吸引参观者的注意。

（2）选择性扭曲。即使是消费者注意到刺激物，也并不一定会与创作者预期的方式相吻合。当消费者已经倾向于某一种汽车品牌时，即使他了解到该品牌车的某一些缺点，也可能会无视这些缺点的存在。对于这种选择性扭曲，厂商只能进行适当的引导。

（3）选择性保留。这一点和选择性扭曲有相似之处，人们会倾向于保留那些能够支持其态度和信念的信息。因此，对于新产品来说，第一印象是至关重要的，大多数整车生产厂在推出新车时都会花费大量的心力，举办一些大型公关活动或销售促进活动。

应用案例2-1

20世纪70年代，我国台湾地区摩托车市场竞争激烈，其中，三阳工业推出125CC重型摩托车时的广告策略堪称经典。1974年3月6日，在台湾最主要的日报，刊出没有注明厂牌的摩托车广告，中间是一片空白，文案为："今天不要买摩托车，请您稍候6天。买摩托车您必须慎重地考虑，有一种意想不到的好车就要来了。"

此后三天，广告一成不变，只将文案中的天数加以变动。

第四天，将文案改为："请再稍候三天。要买摩托车，您必须考虑到外形、耗油量、马力、耐用度等。有一部与众不同的好车就要来了。"

随着广告的推进，台湾摩托车市场上的销售量锐减，甚至三阳自己的经销点都怨声载道。第六天的广告，内容改为："对不起，让您久候的三阳野狼125摩托车，明天就要来了。"第七天，也就是4月1日，产品正式上市，刊登全版彩色广告，造成巨大轰动。三阳的第一批货品立刻卖完，而三阳在市场中的声誉也随之改观，该厂出品的其他型号摩托车销路也连带趋好。

3) 学习

当消费者有购买某一种商品的意向，尤其是购买耐用品时，往往会收集有关该商品的资料，加以对比，当其购买该商品后，会根据自己使用后的感受对该商品作出评价，这整个的过程就是学习的过程。消费者所得到的经验会作为以后购买的参考。

对于营销人员来说，可以将学习与强烈的驱动力联系起来，运用刺激性暗示及强化等手段来建立消费者对产品的需求，也就是说，给消费者创造一个学习的机会。

4) 信念和态度

信念和态度是从实践和学习中得来的，又转而对购买行为产生影响。我们常说，汽车品牌是具有生命力和象征性的，认为"奔驰"象征着成功人士，"福特"代表着勤勉的中产阶级，"宝马"则是活力的体现。事实上，这些象征就是消费者对这些汽车品牌的信念。对于营销者有利的信念，营销人员应当通过各种手段加强，而有时，信念是错误的，并且影响了购买行为，厂商就必须通过促销活动来纠正。

态度是指人们对外界事物反应的心理倾向,是某些事物或观念长期持有人对事物的评价、情感上的感受和行为倾向。态度一旦产生,就很难改变,并常常体现出一致性的模式。一般情况下,厂商不要试图改变消费者的态度,而应当考虑如何改变自己的产品或形象,以迎合消费者的态度。当消费者已经对某种品牌产生良好印象时,厂商必须努力维持或提升这个形象,不能出现会损害这个形象的事件,以免消费者出现否定该品牌的态度。

1989年,美国福特汽车公司斥资16亿英镑收购了美洲虎,这个数字相当于美洲虎实际资产的将近5倍。福特收购美洲虎的主要原因是,当时汽车行业的人已经预感到,随着经济的稳定乃至复苏,豪华车市场将再度掀起热潮。欧洲用户普遍对欧洲自己生产的豪华车有相当的好感,而不愿意购买福特的豪华车。为了能够在欧洲创立自己的顶级豪华车品牌,福特才斥巨资收购了美洲虎。

2.1.3 汽车消费者购车行为分析

1. 汽车消费市场的主要特点

汽车市场主要可以分为消费者市场和业务市场。汽车产品不同于服装或日用品,本身具有消费品和生产品的双重特征。研究汽车营销的市场行为,必须同时研究消费者市场行为和业务市场行为。消费市场具有如下特点。

1) 消费需求的多样性

由于各个消费者的收入水平、文化程度、职业、年龄和生活习惯等的不同,自然会有千差万别的爱好和兴趣,对于轿车的需求也是不同的。这就是消费需求的多样性特征。

2) 消费需求的发展性

人们对商品的需求会随着生产力的发展和人民生活水平的改善而不断提高。20多年前,中国居民还未曾想到过可以拥有私家车,而今天,大力发展家用轿车,已经成为我国汽车工业的一个目标。

3) 消费需求的层次性

人们的需要是具有层次性的,虽然各个层次之间难以截然划分。一般来说,总是遵循着马斯洛的需求层次理论,先满足最基本的生活需求,再满足高层次的社会需求和自我实现需求。在社会经济水平比较低下时,人们首先需要的是满足基本的生活,而当经济发展后,购买商品时将更多地满足社会性、精神性。20世纪80年代初期,中国的汽车购买者最关心的是汽车这种商品的实用性,至于式样、外观、时尚程度基本上不被重视;而今天,这些因素都成为购车者所关注和用以判断的因素。

4) 消费需求的时代性

消费需求常常受到时代精神、风尚、环境等的影响。对于美国来说,每当经济处于发展期的时候,豪华型轿车就会成为汽车市场的主流产品;而当经济衰退或者石油价格上升时,低耗油的经济型轿车就会成为市场的宠儿。

5) 消费需求的可诱导性

企业可以通过营销活动的努力,来转移或改变人们的消费需求。潜在的消费需求可以通过诱导，使之成为现实的消费。甚至，企业可以通过营销活动创造出消费需求。20多年前，还不了解家庭轿车的中国消费者，通过这20多年来从不间断的广告、宣传，当然，还很大程度上受到影视作品的影响，不但开始希望拥有家庭轿车，同时也接受了将私家车作为人生价值判断的一项标准。

应用案例2-2

广告在诱导消费者消费中的作用

正因为消费需求是可以诱导的，因而各大汽车公司都在广告上投入很大。2000年，在美国市场上通用公司平均每销售一辆轿车的广告投入为501美元，福特为240美元，戴-克为601美元，宝马为410美元，丰田为457美元，日产为579美元，本田为501美元，大众为965美元。各大汽车公司庞大的广告费用投入表明了对消费者的争夺，同时也可以看出各公司广告策略的不同。大众公司对北美市场十分重视，亟待改变市场份额低的局面，因此在2001年，平均每销售一辆轿车的广告投入增至1 012美元；福特公司虽然本土车的广告费用最低，但是为了将性价比都十分好的美洲虎、陆虎车型引回本土来让消费者认同，所以这两款车型平均每销售一辆的广告费用分别达到1 341美元和2 017美元。

6）消费需求的互补性和替代性

许多消费品之间具有互补的作用，也有一些可以互相替代。互补性的商品具有"一荣俱荣，一辱俱辱"的特点；而对于互相替代的商品，一旦一种商品销量上升，其他的就会下降，也就是处于竞争状态。比如说，汽车销量上升时，汽车装潢业、维修保养业的业绩也会上升；但是，如果一段时间内，二手车市场相对繁荣的话，不可避免会使一手车市场的销售量下降。

2. 汽车消费者购买动机分析

消费者的购买动机，直接影响其购买行为。消费者主要的购买动机有以下几项。

1）生存性购买动机

这是指由人的基本生存需要产生的购买动机，是每一个人都具有的购买动机。在生存性购买动机的支配下，人们很少对购买行动产生犹豫，并且不注重商标、品牌。生存性购买动机下购买的通常都是生活必需品，因此，汽车商品不包括在内。生存型的购买动机经常会和其他购买动机混合，共同发挥作用。

2）习惯性购买动机

具有习惯性购买动机的人，对于所购买的商品有充分的了解，并报以特殊的信任，一般不会轻易改变所选品牌。这种购买动机在普通生活必需品、嗜好品以及一些奢侈品和高档用品中都比较容易出现。一些为大众所熟悉并赞赏的耐用品和奢侈品的品牌，容易受到人们的信任，从而形成习惯性购买。正如上文提到的，福特公司收购美洲虎，也就是因为欧洲的消费者对本地所生产的豪华车有习惯性购买的动机。

3）理智性购买动机

具有理智性购买动机的人，在购买商品前一般经过深思熟虑，了解所购买商品的特性，在选购商品时，不会受周围环境和言论的影响。

4) 自信性购买动机

具有自信性购买动机的人，同样会事先了解所要购买商品的特征、用途等，收集广泛的信息；同时，他们有很强的自信心，有自我确定的标准和理由，不容易受外在因素的影响。具有这种购买动机的人容易成为某一种品牌的忠诚用户，会为自己所喜欢的品牌辩护。对于销售人员来说，这些顾客很难通过他们的推销活动而改变原先的计划。

5) 冲动性购买动机

具有冲动性购买动机的消费者，在购买商品时，容易被某样商品的某一个特征，比如外观、包装、式样等吸引，从而在缺乏必要的考虑比较的时候，就出现购买行为。这种购买动机通常容易在购买生活必需品或者价格较低廉的商品时出现，在汽车这种耐用品购买上比较少见。

具有冲动性购买动机的消费者容易对它所作出的选择表示后悔，也就是说，容易出现退货。尤其是在仅支付定金的情况下，更容易出现购买意向的反复波动。

6) 诱发性购买动机

诱发性购买动机的产生通常是因为对商品或商品的某些特征产生好奇，从而购买。与冲动性购买动机最大的不同是，它的后悔程度和退货率没有冲动性购买动机那样高。

当一种新产品上市时，容易成为这种购买动机的诱导对象。但是，在汽车行业中因为这种动机而产生购买的可能性较小，在国内冲动性购买动机和诱发性购买动机都是少见的。

7) 时髦性购买动机

时髦性购买动机是指由于外界环境的影响或社会风尚的变化而引起的购买心理。消费者力图通过自己所购买的商品引人注目，或者借此提高自己的身份和地位等目的。这种购买动机带有强烈的炫耀目的。

在公众的心目中，汽车这种商品一向被认为是可以反映拥有者身份、地位、财富、品位的一种商品，它既是一种具有代步作用的耐用品，同时又具有某些类似高档时装、珠宝首饰之类奢侈品的特征。因此，汽车行业完全可以利用消费者的时髦性购买动机，来增加销售额。

 应用案例 2-3

1964 年是美国消费者追逐跑车的一年，福特汽车公司生产了一种经济型的跑车，并且命名为"野马"。该车外观上体现了主题"带有野性，显示车的速度和性能"，设计上集豪华与经济于一体。

该车问世以前，福特公司选择了底特律地区 52 对夫妇，邀请他们到陈列馆，这些家庭全部都已经拥有了一辆标准型汽车，收入处于中等水平。这些夫妇中，一部分收入较高的白领夫妇，表示对车的样式感兴趣；而一些蓝领夫妇认为这部车可以代表地位和权势，并且觉得有点不敢问津。他们都估计购买该车至少需要 10 000 美元，并表示，由于家中已经有了一辆车，因此不打算买该车。

当福特的负责人员表示，该车的价格在 2 500 美元以下后，几乎所有的夫妇都表示："我们要买这部车。我们把这车泊在自家的汽车道上后，所有的邻居都会认为我们交了好运。"

这些接受测试的夫妇最终表现出的购买动机就是时髦性购买动机。

8) 保守性购买动机

商品种类越是丰富，市场上的竞争产品越多，就越容易出现保守性购买动机。和理智性购买动机最大的不同，保守性购买动机仍然带有一定的盲目性。消费者并非充分了解和掌握所购买商品的特征和信息，只是因为市场供应的繁荣促使他们采取等待的态度。

当同一种商品生产中的大部分竞争者都开始采用某种促销策略，比如降价时，有时候，市场的反应并不像厂家所期望的那样火暴，这个时候，消费者所抱有的可能就是保守性购买动机，他们在继续等待，等待厂家在价格上做出更大的让步，只有当他们认为这种让步可能已经达到尽头时，才会采取行动。

 应用案例 2-4

"普桑"是桑塔纳轿车系列中的老车型，虽然属于淘汰车型，但每年仍可销售 10 万辆左右，市场占有率很大。这就是具有保守性购买动机的消费群体的消费区域。价格已下降了一半，属于经济型轿车的消费；生产十分成熟，品质十分稳定，维修市场零配件充足便宜，维修工对车型最为熟悉，车型老、不起眼，但用得安心、放心。

3. 汽车消费者购买行为分析

消费者的购买行为会因为购买决策类型的不同而变化，在购买日常生活用品和购买耐用品时会存在很大的不同。越是复杂的决策，参与决策的人就可能越多。消费者本身在购买决策的过程中会发生复杂的心理活动，这种复杂的心理活动，支配着消费者的行为。美国学者阿萨尔根据消费者购买过程中参与者的介入程度和品牌的差异程度，将消费者的购买行为分为以下四种类型，见表 2-1。

表 2-1 购买行为的四种类型

品牌间差异	高度介入	低度介入
品牌间差异很大	复杂的购买行为	寻求品牌的购买行为
品牌间差异小	减少失调的购买行为	习惯性购买行为

1）复杂的购买行为

汽车商品属于价格昂贵、有风险的商品，消费者在购买时，往往会格外谨慎，并且注意现有各品牌或各品种汽车商品之间的差别，这就是复杂的购买行为。由于通常情况下，购买汽车的消费者不可能完全熟悉汽车行业或者熟悉汽车构造，因此，当他们在选购汽车之前往往要有一个学习、了解汽车的过程。当所购买的汽车价格越昂贵，占其收入的比重越高，这个学习的过程就越长，越复杂。

这个过程可以分为以下三个步骤。首先，消费者产生对产品的信念；其次，对产品和品牌形成态度；最后，采取购买行动。

上海大众对于帕萨特汽车销售人员提出了这样的要求，要求销售人员在和客户接触过程中必须了解消费者需求，其服务内容主要为以下几项。

（1）通过与消费者初步沟通，明确消费者对帕萨特汽车的认知和偏好。

（2）有针对性地介绍帕萨特汽车的基本知识和帕萨特助理式的基本知识。

(3) 帮助消费者明确对产品的需求，包括型号、颜色、车型、基本装备和选装件等。而在车辆介绍服务中又提出了强调专业化的要求。

(4) 介绍车辆时语言表述应当简洁，专业术语使用得当，并辅以通俗性的解释。

(5) 介绍帕萨特汽车特点时，应当注意连贯性，不能跳跃。

(6) 进行全面的现场介绍，包括销售公司的基本经销战略、帕萨特汽车的销售政策、历史、产品特点、相关的技术指标以及一些售后服务的内容。

在复杂的购买行为中，朋友和亲属的意见也会影响消费者的购买决定。曾经有美国学者做出统计，企业每得罪一位顾客就会直接或者间接失去 25 位顾客。在汽车营销活动中，企业应当注意这个统计数据。

2) 减少失调的购买行为

当品牌之间差异很小，但是该类商品的价格又比较高或者风险高的时候，消费者也会在购买时持谨慎态度。此类产品的营销，重点在于介绍产品的用途和特征，帮助消费者建立购买信心。

3) 习惯性的购买行为

许多产品的购买是在消费者低度介入，并且所购买商品的不同品牌没有多大差别的情况下完成的。绝大多数食品和日用消费品都属于此类商品。消费者往往会因为习惯而长期购买统一品牌的产品，但是，他们对该品牌并不了解，也称不上是品牌忠诚者。他们对该品牌的好感或者习惯，会很容易因为外界刺激的产生或改变而改变。比如，当别的品牌的产品进行折扣销售时，消费者会很容易放弃原先习惯的品牌。此类商品的营销活动中，广告和销售促进都是转移消费者注意的一种有效手段，尤其是电视广告。

4) 寻求品牌的购买行为

这是指一些以消费者低度介入，但是品牌差异很大为特征的购买行为。在这种情况下，消费者被看成是会经常改变品牌选择的，并且，消费者改变品牌选择并非因为对产品不满意，而是由于市场上有大量可选择的品种，消费者的好奇心在这种购买行为中起了很大作用。

虽然，消费者有这四种比较典型的购买行为，但是对于汽车生产和销售企业来说，需要研究的只是第一种购买行为，这是由汽车商品本身的特征所决定的。

4. 汽车消费者购买过程分析

1) 参与购买的角色

对于许多产品来说，识别购买者是相当容易的，比如说，购买日用品的通常都是女性。但是，对于其他的商品，比如汽车，即使是现场销售人员，可能也需要经过一段时间的观察才能确定，谁在这笔交易中占主导地位。

在很长一段时间内，人们主观认为，在汽车购买中占据决定地位的是男性，因此，大多数汽车广告的表现主题是"成功男士"。然而，随着女性家庭地位的提高，女性在购车过程中占决策地位的比例越来越高。

2) 消费者的购买程序

一个典型的购买程序可以分为以下五个阶段，如图 2.3 所示。

图 2.3　购买过程的五个阶段

（1）产生需求。任何购买行为都是由动机支配的，而动机又是由需求所引发的，因此，需求是购买过程的起点。

积极的营销活动可以唤起需求。尤其是当一个新产品问世时，要通过一系列营销活动使消费者认识到该产品的作用，从而引发需求。例如，安全气囊从发明至今，并没有确切的试验或调查数据可以证明其对于减低车祸时的伤亡率有多大帮助，但是，经过各个生产厂家的宣传，人们已经认定安全气囊对于行车安全有十分重要的作用，所以，时至今日，安全气囊已经成为中高档汽车的必备配件。

（2）信息收集。消费者的需求一旦被唤起，同时，他又有满足这个需求的能力，消费者就会转入信息收集阶段。通过信息的收集来确定他是否需要实行购买行动，以及购买什么样的品牌或品种。由于汽车商品的特征，消费者在产生购买汽车的需求时，对信息的收集会比较注重，所耗费的时间也会较长。

营销人员需要关注的是，消费者通常通过什么样的渠道来获得信息。常见的信息来源有以下四种。

① 个人来源：家庭、朋友、邻居、同事等。
② 商业来源：广告、推销员、展览会、包装等。
③ 公共来源：大众传媒、权威评审机构。
④ 经验来源：检查和使用产品。

（3）方案评估。在信息收集过程中，消费者会自然形成一组备选方案，再根据所收集的信息加以细分、对比，从而作出选择。

消费者在方案评估中的心理活动以及用以评估各方案的依据，对于营销人员来说是十分重要的。例如，一个消费者在收集资料后可能初步确定在大众、通用或者丰田这三家公司的产品中选择其需要的汽车。最终，该消费者选择了大众。汽车营销人员所感兴趣的就是，该消费者选择大众的理由，是因为品牌的知名度、产品的功能恰好符合他的要求或者是受到朋友的影响？营销人员如果能够掌握这些信息，就可以改进营销手段，厂家也可以根据这些信息考虑是否要改进现有的产品或者开发新品种的汽车。

（4）购买决策。在评价阶段，消费者最终只是在被选择的各品牌之间产生一种偏好。但是，在这种偏好和最终的购买决策之间仍然会出现改变。其他人的态度，以及消费者自身对于未来情况的预测都可能改变最终的决策。例如，消费者在评估阶段已经产生对大众奥迪车的偏好，但是，由于其工作的行业突然出现不景气现象，许多同行业的公司开始裁员，那么该消费者可能由于对未来经济状况的预期降低而放弃这次购买，或者选择价格相对低些的经济型轿车。购买决策还包括购买地点、时间、支付方式等方面的决策。

（5）购买后行为。消费者购买产品后最终会投入使用，并且通过使用产生某种程度的满意或者不满意。这是消费者对自己购买决策的检验过程，在使用中判断自己的购买决策是否正确，从而积累经验，为以后的购买决策服务。例如，消费者对自己购买的大众桑塔纳车高度满意,今后,当他打算另一次购买汽车,比如,打算购买某种高档轿车时,他很可能根据以往的经验,很自然地继续选择大众的产品,比如帕萨特或者奥迪。

2.2 细分市场与目标市场选择

社会和经济的发展,使得任何企业都深深地感受到,凭借自己的力量要为整个市场服务,是不可能的,或者是顾客人数太多、分布太广,或者是顾客习惯和要求差别太大。实际上,每个企业的服务对象,都只是市场上的部分顾客。因此,从顾客中寻找、辨认对企业最有吸引力,并能为之提供最有效的服务的特定部分,把它作为自己的目标市场,千方百计地在目标市场上比竞争者服务得更好,就需要市场细分与目标市场决策。目前,除了个别车型外,我国汽车市场已经进入买方市场,消费者的选择余地大大增加,汽车生产、销售企业之间的竞争也日趋激烈化。企业要想在整个汽车市场上占据一席之地,必须在进入市场之前,通过对整个市场的细分,找准适合自己发展的目标市场,确定自己在市场中的竞争地位。

现代市场营销的核心可以概括为 STP 营销,即细分市场(Segmenting)、选择目标市场(Targeting)和市场定位(Positioning),如图 2.4 所示。生产什么样的产品,满足哪一部分顾客需求,其前提是对市场进行细分并选择相应的目标市场。

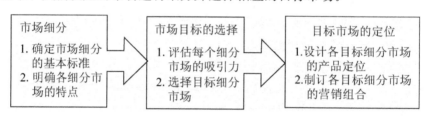

图 2.4 目标市场营销的内容和基本步骤

2.2.1 汽车市场细分

市场细分,是企业选择目标市场实行目标市场营销的前提和基础,同时也是企业进入市场的有效途径和策略。

1. 市场细分的概念

所谓市场细分就是企业在对市场进行充分调研分析后,根据消费者对产品和营销组合的不同需求,把市场分割为具有不同需要、性格或行为的购买者群体,并勾画出细分市场的轮廓,针对每个购买者群体采取独特的产品或市场营销组合策略,使企业找到适合自己的目标市场,确定针对目标市场的最佳营销策略以求获得最佳收益。对市场细分概念的理解应注意以下几点。

(1) 不同消费者群的不同需要、欲望与购买行为是由一系列具体因素引起的,因此企业在实施市场细分时,就应以影响消费者需要、欲望与购买行为等有关因素为基本线索和依据。

(2) 一个细分市场是由若干独立消费者构成的群体,分属于同一细分市场的消费者具有相近的需求倾向，分属于不同细分市场的消费者则在需求倾向上存在着明显的差异性。当然，这并不是说各个不同的市场部分在消费需求上毫无共同之处。但是，各个不同的市场部分在消费需求上必须存在着明显的不同点。

（3）不同的细分市场在需求倾向上的差异性，不仅可以表现在对产品的要求上，而且可以表现在对市场营销组合其他构成因素的要求上，甚至综合表现在对企业整个市场营销组合要求的异同上。因此，企业在选择某一细分市场为目标市场之后，需要注意从整体营销活动和整个营销组合的角度与其保持适应性。

（4）市场细分不是简单分解，而是一个分类组合过程。市场细分，从某种意义上可以说是企业从更具体的角度寻找和选择市场机会，以使企业能够将具有特定需要的顾客群与企业的营销组合对策有机地衔接起来。

2. 市场细分的作用

通过对市场进行细分，实行目标市场营销战略，不仅可以改善企业经营、提高经营效果，而且也能起到对社会资源优化配置，避免大量重复建设和重复投资所造成的资源浪费。它的作用主要体现在以下几个方面。

1）有利于选择目标市场

市场细分有利于企业巩固已有市场并发现新的市场机会，恰当选择目标市场。企业通过市场细分来分析研究市场，认识到消费需求的差异性，从而获得发展的机会。

2）有利于制订营销策略

市场细分有利于企业针对目标市场需求特点，开发适销对路的产品，制订更有效的营销策略。企业通过市场细分，有利于根据市场需求及竞争等方面的变化情况及时地调整自己的营销对策，提高应变能力。

3）有利于满足消费需要

市场细分有利于满足千差万别、不断变化的消费需要。在众多企业实行市场细分化策略的情况下，尚未满足的社会消费需要就会逐一被不同的企业选为自己的市场机会和目标市场。

4）有利于营销组合决策

科学的市场细分对企业在产品定位、价格制订、渠道规划和促销策略等营销要素的组合决策有着重要的指导意义。

3. 市场细分的依据

一种产品的整体市场之所以可以细分，是由于消费者或用户在需求上存在差异，而对一种产品的多样化需求通常是由多种因素造成的，因而这些因素也就成了市场细分的依据。从消费者市场来看，影响需求倾向的因素归纳起来主要有地理环境、人口统计、消费心理、消费行为、消费受益这几个方面。以这些因素为依据进行市场细分，就形成了以下五种市场细分的基本形式。

1）按地理环境细分

按地理环境细分就是按照消费者所处的地理位置、自然环境来细分市场，具体的细分变量包括地区、城市、乡村、城市规模、人口密度、不同的气候带、不同的地形地貌等。

2）按人口统计细分

按人口统计细分就是按照人口统计因素来细分市场，具体的细分变量包括年龄、性别、职业、收入、教育、家庭人口、家庭生命周期、国籍、民族、宗教、社会阶层等。

3）按消费心理细分

按消费心理细分就是按照消费者的心理特性来细分市场，具体的细分变量有个性、价值取向、生活方式、购买动机等。

4）按消费行为细分

按消费行为细分就是根据消费者的消费或购买行为来细分市场，具体的细分变量包括消费者进入市场的程度（如经常购买、初次购买、潜在购买等）、消费者所处购买过程的阶段、购买或使用产品的时机与方式、消费的数量规模、对品牌的忠诚程度、对产品的信念和态度等。

5）按消费受益细分

按消费受益细分就是根据消费者期望获得的利益或使用目的的不同来细分市场，而消费者期望获得的利益与使用的目的，又从其对产品内容的某一方面或多个方面的特定要求上反映出来。

一般地说，对需求差异小的产品市场可以使用较少的因素和变量进行细分，对需求差异大的产品市场则需要使用较多的因素和变量进行细分，对某些产品的整体市场还要运用多种因素和变量逐级、逐层进行细分，这样才能从中筛选出适当的细分市场。

4. 有效市场细分的条件

为了使细分市场有效，营销人员在进行市场细分时，必须要把握好以下条件。

1）差异性

差异性是指按照所选择的划分依据，各细分市场客观上必须存在明确的差异。如果细分后各市场之间仍模糊不清，则这样的市场细分就是失败的。

2）可衡量性

可衡量性是指细分市场现有的和潜在的需求规模或购买力是可以测量的。如果细分的结果导致市场容量难以评估，则这样的市场细分也是失败的。

3）可盈利性

可盈利性是指企业在细分市场上要能够获得期望的盈利。如果容量太小，销售量有限，则这样的细分市场对企业就缺乏吸引力。因此，市场细分并不是越细越好，而应科学归类，保持足够容量，使企业有利可图。

4）可进入性

可进入性是指企业必须有能力进入那些拟作为自己目标市场的细分市场，能够为之服务，并能占有一定的份额。否则，细分的结果导致企业不能在任何细分市场上有所作为，这样的市场细分当然也是失败的。

5）相对稳定性

相对稳定性是指细分市场必须具有一定的稳定性。否则，企业还未实施其销售方案，目标市场早已面目全非，则这样的市场细分同样也是失败的。

6) 独特性

企业进行市场细分应尽可能地区别于已有的或竞争对手的市场细分,突出自己的特色和个性,以便发现更多的有价值的市场机会。这涉及市场细分变量的选择问题,通常可供选择的变量很多,但其中却有一些变量是人们习惯使用的,人们进行市场细分时,思维上容易受习惯约束,往往细分不出特色,这无疑会影响企业市场机会的发现和把握。有效的市场细分,必须突出本企业的特色,只有这样才可以在以后的营销活动中另辟蹊径,出奇制胜。

2.2.2 汽车目标市场策略

在现代营销活动中,对任何企业而言,并非所有的环境机会都具有同等的吸引力,而且由于资源的有限性和稀缺性,企业的营销活动必然局限在一定范围内,只能根据自身实际情况选择目标市场。所谓目标市场,就是企业决定要进入的市场部分,即企业拟投其所好为之服务的顾客群。企业的整个营销活动都是围绕其目标市场进行的,因此正确地选择目标市场,明确企业具体的服务对象,关系着企业任务和目标的落实,是企业制订营销策略的首要内容和基本出发点。

1. 选择目标市场的方法

市场细分是企业选择和确定目标市场的前提和基础。企业确定目标市场的方式有两种。一是在一种产品的整体市场为同质市场或企业认为可以将其视为同质市场时,企业无须进行市场细分,可以将该产品的整体市场作为自己的目标市场。二是在一种产品的整体市场为异质市场时,企业通常要先进行市场细分,然后再选择其中的一个或数个细分市场作为自己的目标市场。

在企业以市场细分为基础选择目标市场时,可以借助"产品-市场矩阵图"进行,如图2.5所示。该图是一个以市场类型(产品整体市场的各个市场部分)为横坐标,以产品类型(产品的各种具体类型或者说各个细分市场对产品的具体要求)为纵坐标的二维平面图。企业在对各个市场部分进行认真的分析评价后,便可以根据战略计划的要求、自身的生产经营条件、市场销售潜量、市场竞争状况及其他有关因素,选择和确定本企业要进入的细分市场。下面以轿车产品为例进行说明。轿车产品可以分为微型轿车、中档轿车和豪华轿车,对不同的用户需求如家庭、企业和政府进行不同市场细分,利用不同档次的轿车对应不同需求的客户进行目标市场锁定。

市场		家庭	企业	政府
产品	微型轿车			
	中档轿车			
	豪华轿车			

图2.5 汽车产品-市场矩阵图

2. 目标市场的评价

在对目标市场选择以后,应对选择方案进行评价。一般评价主要从以下几个方面进行展开。

1) 市场规模和增长潜力评估

主要对目标市场的规模与企业规模和实力进行比较以及市场增长潜力的大小等方面进行评估。

2) 市场吸引力评估

所谓吸引力是指企业在目标市场上长期获利能力的大小,它主要取决于现行竞争者、潜在竞争者、替代产品、购买者和企业生产供应商对企业所形成的机会和威胁等因素。

3) 企业自身目标和资源

对于具有一定规模、增长潜力和吸引力的市场,企业还应对自身是否具有充足资源来进入并在该市场中获胜等方面进行评估。企业对目标市场进行科学评估以后,在进入之前还应根据实情选择目标市场的具体实施的营销战略。

3. 目标市场的营销策略

在市场细分、选择目标市场之后,企业还要确定目标市场营销策略,即企业针对选定的目标市场确定有效地开展市场营销活动的基本方针。企业确定目标市场的方式不同,选择的目标市场范围不同,其营销策略也就不一样。可供企业选择的目标市场营销策略主要有以下几种。

1) 无差异性营销策略

当企业面对的是同质市场或同质性较强的异质市场时,便可以采用这一策略开展市场营销活动。这种策略的基本特点是:企业不进行市场细分,将某一产品的整体市场作为自己的一个大的目标市场;营销活动只注意市场需求的共同点,而不顾及其存在着的差异性;企业只推出一种类型的标准化产品,设计和运用一种市场营销组合方案,试图以此吸引尽可能多的购买者,为整个市场服务。

2) 差异性营销策略

差异性营销策略是企业面对异质市场时可以选择的一种目标市场营销策略。这种策略的基本特点是:企业在对异质市场进行细分的基础上,从产品的整体市场中选择多个乃至全部细分市场作为自己的目标市场,并根据每个目标市场的需要分别制订相应的市场营销组合方案,提供特定的产品,在多个市场部分上有针对性地开展营销活动。

3) 集中性营销策略

集中性营销策略,这也是企业面对异质市场时可以选择的一种目标市场营销策略。这种策略与前两种策略有较大的不同,它不是面向产品的整体市场,也不是把力量分散地使用于若干个细分市场,而是集中力量进入一个细分市场或是对该细分市场进一步细分后同时进入其中几个更小的市场部分,为目标市场开发一种理想的产品,实行高度专业化的生产和营销,集中力量为之服务。

2.2.3 汽车目标市场定位

选定目标市场后,由于汽车目标市场的需求仍是多方位的,不同方位的需求强弱程度不同,而且被同类汽车所满足的程度也不一样,因此仍需采取进一步的汽车市场定位策略,才有可能制订出针对性更强的有效的汽车市场营销组合。

项目2 消费者与汽车市场

1. 目标市场定位的概念

汽车产品在市场上品牌繁多,各有特色,而广大用户又都有着自己的价值取向和认同标准,企业要想在自己的目标市场取得竞争优势,就必须在充分了解用户和竞争对手两方面情况的基础上,确定本企业产品的市场位置,树立产品特色,这个过程即是目标市场定位。由此可见,目标市场定位就是指企业以何种产品形象和企业形象出现,达到给目标客户留下深刻印象的效果。

产品形象和企业形象是指用户对产品和企业形成的印象,例如大家经常所说的"物美价廉""经济实惠""技术先进"等都属于产品形象的范畴。国内外大公司都十分重视市场定位,精心地为企业及其每一种汽车产品赋予鲜明的个性,并将其传达给目标消费者。例如,像吉利、夏利、羚羊、佳宝、哈飞等品牌的汽车,主要针对的是中低收入人群,其定价一般在10万元以下;像别克、帕萨特等主要针对的是中高收入的城市人群,其定价一般在20万元左右;像奥迪以及一些进口汽车,如宝马、奔驰等针对的是高收入人群,定价一般在30万元以上。当然,上述所列的仅仅是市场定位中价格的因素。对于除价格因素外的功能因素、质量因素、销售渠道因素和促销因素等也可以进行同样的分析。

2. 目标市场定位的步骤

对于某一特定的汽车产品,在进行市场定位时所面临的是将要参与竞争的整个汽车产品市场,这是市场定位的前提。市场定位的实际操作步骤见表2-2。

表2-2 市场定位的实际操作步骤

步 骤	问 题
整体市场的分析	① 全局观念的市场到底有多大? ② 这个市场的增长率是多少? ③ 当前的市场是如何被细分的? ④ 当前的市场趋势是否能指明近期细分市场的主要变化? ⑤ 目前本公司参与竞争的是哪一细分市场,所占份额有多大? ⑥ 竞争者所占有的市场份额有多大?
竞争对手的分析	① 谁是我们的主要竞争者? ② 他们的目标是什么? ③ 他们的实力如何? ④ 他们目前以哪些细分市场为目标? ⑤ 他们将来可能参与哪些细分市场? ⑥ 他们的产品质量、价格、分销、广告和促销等方面的情况如何?
公司内部分析	① 从公司规模、市场份额、资金来源、历史记录和现行市场定位来看,公司在市场中所处的地位如何? ② 公司是处于领导地位还是仅仅是一个追随者? ③ 经营管理目标和策略是什么? ④ 与竞争者相比,公司的优势和弱点各是什么? ⑤ 为实现目标,有哪些资源可供使用? ⑥ 公司所处行业的关键性成功因素是什么?

续表

步骤	问题
产品的市场定位	① 市场上的品牌定位。 ② 消费者购买动机和购买方式。 ③ 分销渠道和真正决定消费者有效购买产品的因素。 ④ 广告策略和大量吸引购买力的促销手段。 ⑤ 影响分销商和消费者对产品反应的可能定价抉择。

3. 目标市场定位策略

企业在进行目标市场定位过程中，一方面要了解竞争者产品的市场定位，另一方面要研究目标用户对产品的各种属性的重视程度，然后选定本企业产品的特色和独特形象，从而完成市场定位。在准确做到市场定位的基础上，还必须采取适当的市场定位策略。市场定位策略包括以下几种类型。

1）产品差别化策略

产品差别化策略的根本是通过提高顾客的认可效用来提高产品价值。如果顾客能够感知到一种产品的独特性，总会有一部分顾客愿意为此支付较高的溢价。产品差别化策略即从产品质量、产品特色等方面实现差别的战略，如丰田的安装、本田的外形、三菱的发动机等都是非常富有特色的。

2）服务差别化策略

在传统观念中，汽车销售是汽车企业经营工作的终点，只要产品卖出去就万事大吉了。如今，许多汽车生产厂家都认识到：卖车不仅是卖产品，还是卖服务；服务应贯穿于汽车产品的售前、售中及售后的每个环节；产品营销是落实"以客户为中心"的企业经营方针的"起点"，是为"上帝"提供服务的开始。正是由于观念的转变，所以服务营销模式受到了广泛重视。近年来，各汽车企业都紧紧围绕服务营销的理念提出了各自的产品定位策略，通过服务差别化提高顾客的总价值，从而击败竞争对手。在对汽车等技术密集型的产品进行市场定位的过程中，实行服务差别化策略是非常有效的。

3）人员差别化策略

人员差别化策略是通过聘用和培训比竞争对手更优秀的人员以获取差别化优势的策略。实践证明，市场竞争归根到底是人才的竞争，一个由优秀领导和勤奋员工组成的企业不仅能保证产品质量，而且还能保证服务质量。人员的素质通常包括人员的知识、技能、责任心、品质和沟通能力等方面。

4）形象差别化策略

在产品的核心部分与竞争者无明显差异的情况下，通过塑造不同产品形象以获取差别化的策略。

2.3 汽车市场调研与预测

市场是企业所有经营活动的起点。市场调研是营销管理的起点，是伴随着市场产生、发展而出现的认识市场、分析市场的科学管理工作。

2.3.1 汽车市场调研概述

1. 市场调研的基本概念

市场营销调研是伴随着市场的产生而出现的一种正确认识市场的管理活动。它是用科学的方法，通过对市场现象进行考察，系统地搜集、记录、整理和分析市场信息，了解市场发展变化的本质及其发展规律的一种理性认识活动。它将为市场预测与营销决策提供依据。

汽车市场营销调研，按照调研内容划分，主要包括以下几项。

（1）汽车市场营销环境调研，如国际国内汽车产业发展宏观环境、政策法律规定、竞争状况。

（2）汽车及零部件市场需求调查。

（3）营销组合策略调研，如调查价格走势、产品开发和技术发展趋势、产品与服务质量状况。

（4）竞争对手调研。

（5）用户购车心理与购买行为调研。

2. 汽车市场调研的种类

常见的汽车市场营销调研有以下几类，见表2-3。

表2-3 汽车市场营销调研种类

划分条件	内　　容
汽车商品消费目的	① 消费者市场营销调研。 ② 生产者市场营销调研。
汽车市场调研内容	① 汽车市场营销环境调研。 ② 营销组合策略调研。 ③ 竞争对手调研。 ④ 用户购车心理与购买行为调研。
汽车市场调研的地域空间层次的不同	① 国际性市场调研。 ② 全国性市场调研。 ③ 地区性市场调研。
汽车产品是否已经进入市场	① 产品进入市场前调研。 ② 产品进入市场后调研。

 应用案例2-5

丰田进军美国

1958年，丰田车首次进入美国市场，当年销量仅为288辆。丰田进入美国的第一种试验型客车是一场灾难,这种车存在着严重的缺陷:引擎的轰鸣声像载重卡车,车内装饰粗糙,车灯太暗不符合标准,块状的外形极为难看。与其竞争对手"大众牌甲壳虫"车1 600美元的价格相比,它的2 300美元的定价吸引不了顾客。结果,只有5位代理商愿意经销其产品,并且在第一个销售年度只售出288辆。面对困境,丰田公司不得不重新考虑怎样才能成功地打进美国市场。他们制订了一系列的营销战略,其中最重要的一步就是进行大规模的市场调研工作,以把握美国的市场机会。调研工作在以下两条战线上展开。

①丰田公司对美国的代理商及顾客需要什么、无法得到什么等问题进行彻底地研究。

②研究外国汽车制造商在美国的业务活动,以便找到缺口,从而制订出更好的销售和服务战略。丰田公司通过多种渠道搜集信息,除日本政府提供的信息外,丰田公司还利用商社、外国人以及本公司职员来收集信息。该公司委托一家美国调研公司去访问"大众"汽车的用户,以了解顾客对"大众"车的不满之处。这家调研公司调查了美国轿车风格的特性、道路条件和顾客对生活用品的兴趣等几个方面。从调查中,丰田公司发现了美国市场由于需求趋势变化而出现的产销差距。调查表明,美国人对汽车的观念已由地位象征变为交通工具。美国人喜欢空间大、易于驾驶和行驶平稳的美国汽车,但希望购车、养车的成本能够大大降低。丰田公司还发现顾客对日益严重的交通堵塞状况很反感,对便于停放和比较灵活的小型汽车有需求。调查还表明,"大众甲壳车"的成功归因于它所建立的提供优良服务的机构。由于向购车者提供了可以信赖的维修服务,大众汽车公司得以消除顾客所存有的对买外国车花费大,而且一旦需要时却经常买不到零配件的忧虑。根据调查结果,丰田公司的工程师开发了一种新产品皇冠牌(Crow)汽车,一种小型、驾驶更方便和维修更经济的美国式汽车。经过不懈努力,到1980年,丰田汽车在美国的销售量已达到58 000辆,两倍于1975年的销售量,丰田汽车占美国所进口的汽车总量的25%。

2.3.2 市场调研的方法和步骤

1. 汽车市场调研方法

市场营销调研的最常用方法可以分为间接资料调研方法和直接资料调研方法。

1) 间接资料调研

间接资料调研是从各种文献档案中搜集资料,因而间接资料又称为二手资料。它的优点是调研的费用低,速度快,调研的范围广,而且既不受时间、空间的限制,也不受调研人员主观的干扰,其反映的信息较为真实、客观。但它也有很明显的缺点,如调研的目的性没有直接资料调研强,获得的资料也有可能时效性不强,而且获得的资料也需要进行进一步的加工处理,其分析工作的难度也较高,等等。另外,由于间接资料是各个企业都有可能获得的,因而在市场营销调研中,更多的是采用了直接资料调研的方法。

2) 直接资料调研

直接资料调研即通过调查搜集资料来进行调研分析,因而直接资料也称第一手资料。一般,直接资料调研又分为访问法、试验法和观察法。

(1) 访问法是搜集原始资料最主要的方法。访问法又称询问法,它包括直接询问和间接询问。直接询问即直接向被调查者提出问题;间接询问则是迂回地向被调查者询问。有时,通过间接询问,更能了解到被调查者不愿说明的真实原因。

访问法具体可分为面谈、电话访问、邮寄问卷、留置调查等多种形式。每种形式各有优缺点,调查者可根据具体情况选择使用。一般说来,面谈直接灵活,资料可信度和回收率高，但费用高、时间长，一般来说适用于内容多而复杂的调研，而且对调研者的要求较高；电话访问可以节省时间，但被调研的母体较不完整，调研结果的差别程度也不清楚，因而一般电话访问中的问题应采用"是否法"为宜，而且要求调研人员的语言要流畅；邮寄问卷成本低、调研范围广，但缺点在于问卷的回收率低，所以企业往往采用抽奖等形式来刺激回收率；留置调查即问卷定期回收的调研方法，优点在于被调查者可以有充裕的时间来考虑问题，且问卷的回收率较高，但它调研的区域有限，费用较高，且不利于对调查人员的有效监督。

（2）试验法。企业对有的营销调研也可采取市场试验的调研方式，它是将自然科学的实验求证理论移植到市场调研中来的。它的优点在于可以获得第一手资料，数据比较客观，可信度较高；缺点在于实践中可能存在不可控制的试验因素，因而会在一定程度上影响试验的效果。

试验法只适用于对当前市场现象的影响分析，它对历史情况和未来变化的影响较小，因而它的应用受到局限。一般来说，改变商品品质、变换商品包装、调整商品价格、推出新产品等均可用试验法来测试其效果，如通过对新产品的试销收集市场信息，观察市场反应与企业营销组合要素之间的因果关系等。这类调研对改进和制订更科学的营销策略，效果十分明显。

（3）观察法。较常用的市场营销调研方法还有观察法。这种方法的优点在于可以观察到人们不愿意透露的情报，缺点在于时间长、成本高。它经常被应用于产品的营业现场，如汽车销售现场等。

调查者除了应注意选择效果好的调研方法外，还应根据调研目标的不同，结合具体调查特点选择使用一种或几种形式。

各种调查形式的主要特点如下。

① 个案调查。以个别案例进行深入解剖，适合要求深入了解的调查。

② 重点调查。选择重点调查对象进行深入的调查，有时可与个案调查法同时进行。

③ 抽样调查。这是一种对局部进行调查，得出整体结论的方法，适合于调查问题具有很多样本的情况。

④ 专家调查。即向专家进行的调查。调查结论一般具有较高的权威性。

⑤ 全面调查。即对全部对象进行调查。适合于样本数目少的调查。

⑥ 典型调查。即根据调研任务和对被调查者进行科学分析，有意识选择其中的典型对象作为调研对象。

2. 汽车市场调研步骤

有效的市场营销调研过程一般分为准备、实施和总结三大阶段和六个环节，如图2.6所示。

1）准备阶段

（1）确定市场调研目标

市场调研的第一步就是根据对基本情况的分析，确定市场调研目标。市场调研涉及的内容十分广泛，因此每次具体调研活动不可能面面俱到，只能对企业经营活动的部分

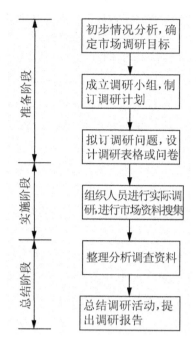

图2.6 市场调研的基本步骤

内容进行调研。只有确定了调研的目标和基本指导思想,实际的调研活动才会更有针对性,调研效果才会更好。通常调研目标和指导思想由企业营销主管部门提出,主管领导批准实施。

(2) 成立调研小组及制订市场调研计划

在确定了调研工作的目标后,市场调研的第二步就是成立调研小组,对市场调研所达到的目标进行全方位、全过程的计划或策划,形成市场调研计划任务书。通常调研计划任务书应包括市场调研主题介绍、市场调研提纲的拟订、调研小组介绍、市场调研对象选择、调研方法和形式的选择、调研时间进度表和调研经费预算等内容组成。

(3) 拟订调研问题及设计调研表格

市场调研的最终目标是通过多个问题组成的,通常表格是调研的基本形式和工具。调研表格题目选择合适与否直接关系到调研目标是否能达到。拟订调研问题的水平能反映出调查小组整体的工作水平并影响到最终调研结果,因此拟订好调研题目十分重要。

以上步骤均属于调研工作的准备阶段。在该阶段为保证调研工作有计划、顺利地进行,还应对相关工作人员进行必要的培训,尽最大可能估计出调查过程中可能出现的各种状况,提前想好应对措施。

2) 实施阶段

通过充分的准备工作以后,市场调研活动就进入了实施阶段,即进行资料的搜集。对市场资料的搜集是整个调研工作中最复杂、工作量最大、耗费人力物力最多的环节,它能否按计划顺利地进行是决定最终调研质量好坏的关键。

对市场资料的搜集通常有两种方式,即文案调研和实地调研。文案调研也可称为对二手资料的搜集,即对各种现成资料的搜集。文案调研能够搜集到行业或企业经营环境等方面的信息和情报，虽然这种信息通常比较笼统，但搜集成本较低，并且这些信息或情报往往能起到事半功倍的效果。实地调研是在确定的市场调研计划指导下，调研人员通过深入调查现场，与被调查对象进行最直接的接触和观察，获得第一手资料。相对文案调研而言，实地调研所提供的资料更具体、更实际、更有针对性。

3) 总结阶段

（1）整理分析调查资料。通过实际的调查，调研人员可以获得各种资料和信息包括统计数据、问卷调查、二手资料及其他信息资料等。由于这些原始调查资料具有分散性大、个性化强等特点，因此不能直接提供市场调研目标所需的信息，必须经过必要地筛选、整理和分析，总结几种具有代表性的观点和意见，为撰写调研报告和最终做出正确的市场营销决策做准备。这个环节主要是通过对原始调查资料进行筛选、整理和提炼，使其条理化、系统化。首先，筛选就是从所有调查资料中选出对调研目标有价值的资料；其次，就是把筛选出的有用资料进行整理、归类；最后，就是把整理好并进行归类的资料，用形象的图表或语言进行总结说明。

（2）总结并提出调研报告。总结调研工作并提出调研报告是调研活动的最后环节，是整个市场调研工作最终结果的集中体现。一份好的市场调研报告应满足主题突出、结构合理、文字流畅、选材适当、重点突出和整洁清楚等基本要求。

2.3.3 市场调研问卷设计

1. 问卷的设计原则

问卷的设计应具备下面八个方面的原则。
（1）紧扣调查的主题。
（2）上下连贯，各问题间要有一定的逻辑性。
（3）设计被调查者愿意回答的问题。
（4）被调查问题要回答方便。
（5）问题要有普遍性。
（6）问题界定准确。
（7）问题不应带有引导性。
（8）便于整理统计与分析。

2. 问卷的基本结构

1) 问候及填写说明

应以亲切的口吻问候被调查者，使被调查者感到礼貌、亲切，从而增加回答问题的热情。简要说明填写要求，以提高调查结果的准确性。

2) 调查内容

即问卷的主体部分。

3) 被调查者基本情况

包括被调查者的性别、年龄、职业、文化程度等，根据调查需要，选择性列出，其目的是便于进行资料分类和具体分析。

3. 问卷的提问技术

1) 封闭式提问

是指在问卷中已拟订了各种可能的答案,被调查者只能从中选择。这种提问方式的优点是被调查者回答容易,所得资料较为准确,因而成为目前进行问卷调查中提问的主要方式。

2) 开放式提问

是指调查的问题不列出答案,由被调查者根据自己的体会或看法随意填写。优点是设计问题容易,并可以得到被调查者建设性的意见。缺点也非常明显,被调查者不易回答,而且还受被调查者文化水平、态度等的影响,有可能得不到准确的信息。

应用案例2-6

汽车4S店售后服务调查问卷

尊敬的_____先生/女士:

您好!

我是××职业技术学院的学生,正在进行有关汽车4S店售后服务的市场调查,希望您能抽出一点宝贵的时间对以下问题作出选择,您的认真非常重要,非常感谢您的大力支持。

1. 请问您平时最注重汽车哪方面的维护保养?
A. 清洁保养　　　B. 安全防护　　　C. 常规检测　　　D. 其他
2. 如果您的爱车出现故障,您希望在什么地方进行维修?
A. 4S店　　　　　B. 维修厂　　　　C. 其他
3. 您的爱车是如何进行保养的?
A. 自行定期保养　　B. 按保养卡上的日期开车去专营店保养
C. 等待销售商的通知进行保养

非常感谢您的合作,祝您工作顺利生意兴隆!

调查员:_____　　　　　　　　　　　　　调查时间:____年____月____日

2.3.4 市场预测

我国的汽车市场比较特别,其运行规律极为复杂,汽车市场经常出现剧烈波动,并且经常会向汽车生产、经销企业反馈一些虚假信息,给汽车营销工作带来了很多困难。因而,在加强研究我国汽车市场运行规律的基础上做好预测工作,对于提高市场营销水平具有重要的现实意义。

1. 市场预测的基本概念

市场预测就是在市场调研基础上,利用预测理论、方法和手段,对未来一定时期内的、决策者关心的市场需求、供给趋势和营销的影响因素的变化趋势和可能水平作出判断,为营销决策提供依据的科学化服务过程。它具有服务性、描述性和系统性的特点。市场营销预测的作用可归结为以下几点。

(1) 市场营销预测有利于适应和满足消费者需要。
(2) 市场营销预测有利于提高企业的经营管理和决策水平。
(3) 市场营销预测有利于提高企业的经济效益。
(4) 市场营销预测有利于提高企业对市场机制的利用程度。

科学的营销决策，不仅要以营销调研为基础，而且要以市场预测为依据。市场预测大致包括市场需求预测、市场商品供给预测、产品价格预测、科学技术发展趋向预测、企业生产经营能力预测、竞争形势预测、企业财务及环境意外事件预测等。对企业而言，最主要的是市场需求预测。

预测方法一般分两大类：一类是定性预测方法，即质的预测方法；另一类是定量预测方法，即量的预测方法。前者容易把握事物的发展方向，对数据要求不高，能节省时间，费用小，便于推广，但又往往带有主观片面性，无数量的概念；后者则相反。人们在实际预测活动中，往往运用两种方法相结合的方法，即定量预测的结论必须接受定性分析的指导。只有如此，才能更好地把握汽车市场的变动趋势。

2. 汽车市场营销预测的步骤

市场营销预测的步骤一般可分为明确预测目标、搜集资料、对资料进行分析判断，建立预测模型，并在此基础上作出预测等三个步骤。根据市场营销预测的目的、内容、方法的不同，汽车市场营销预测的步骤不完全一致。但从市场营销预测的一般步骤看，主要有以下几步。

1）确定预测目的

进行一次成功的预测，很重要的是要有明确的目的。明确汽车市场营销预测的具体目的是指：为什么要进行这次预测，预测的对象、地区、具体内容、要求的精度等应明确。目的明确，才便于搜集资料，选用合适的预测方法。

2）搜集、整理历史资料和现实资料

用于预测的资料按其来源可以分为两种：一是原始资料，也称初级资料。它是直接调查市场搜集到的第一手资料。这些资料常反映现实市场的状况，是市场营销预测中很重要的资料。二是次级资料，也称二手资料。它是各级政府、主管部门公布的资料或企业内部积累的历史资料，如各种公报、年鉴、报告等公布的资料，各种报纸、杂志公布的资料等。这些资料都是现成的，搜集整理比较省事，在市场营销预测中应该充分利用。无论是原始资料还是次级资料，在用于预测前必须整理分析，对于出现的异常数据需要进行修正处理，对于残缺而又不可少的数据应设法弥补，以免采用模型预测时出现偏差。

3）分析影响市场的有关因素

影响市场的因素很多，有的可以用数量表示，有的则无法量化。为了保证预测的有效，在实施预测之前，应分析影响市场的因素，以使预测中能将定量与定性分析相结合。一般讲，考虑的因素多，描述情况更全面，故应尽量将有影响的因素全部找到。凡能量化的应纳入模型，采用定量方法预测。无法量化的，则运用经验判断方法分析其对预测对象的影响程度。在定性与定量结合分析时，要考虑多种因素的不同组合可能带来的后果。

4）选择预测方法

预测方法是根据预测期的长短、范围以及所占有的资料多少来确定的。若不能占有较充分的数据，如新产品的需求预测、劳动力需求结构预测等，应采用定性的预测方法；若预测时能够占有充分的数据，并且未来的市场变化与历史的规律差异不大时，宜采用定量的预测方法。不同的定性、定量方法适用的预测期有所不同，在实施预测时，应根据具体的预测目的，选用不同的预测方法。为保证预测结果有效，通常将几种预测方法结合运用，以互相补充。

5）实施预测

一旦预测方法确定，就可以实际进行预测。在采用几种不同模型或方法预测时，如果预测结果相差很多，要结合定性分析，对结果做必要的调整或修改。运用模型预测时，要先试行预测，对模型的预测精度进行评价，精度较为满意，才宜进行正式预测。

6）分析评价预测结果的可靠性

任何一种预测方法的预测结果都不可能与实际情况完全符合，要求预测百分之百准确是不实际的。但一个成功的预测，应要求预测尽可能接近实际，偏差太大，将失去预测的意义。由于预测是为决策服务的，因此预测的好坏，在很大程度上决定着决策的成败。在分析评价预测结果的可靠性时，应考虑预测结果在未来什么样的条件下发生，其发生的可能性有多大，并结合预测对象近期的变化幅度一起考察。在充分研究分析预测结果可靠性的基础上，最后形成预测的分析报告。

应用案例 2-7

浙江某汽车销售公司对中档家用轿车省内市场需求量的预测

2007年8—10月，浙江某汽车销售公司在消费者协会的支持下，对中档家用轿车省内市场需求量进行预测，其过程如下。

第一步，确定市场预测目的。在省内对国产中档家用轿车的需求量迅速上升且有不断发展趋势的情况下，为了充分把握市场的需求状况，该公司围绕以下四个目标开展市场预测。

(1) 调查全省中档家用轿车销售的基本情况，分析本公司经营产品的市场地位和竞争能力。

(2) 做好中档家用轿车省内市场需求量的定量预测，为公司近期安排进货与合理库存提供数据。

(3) 了解各类型用户使用中档家用轿车的情况和需要确定推出新产品的方向。

(4) 对发展与扩大用户群作出可行性论证。

第二步，搜集并整理分析资料。根据确定的预测目标，他们着重搜集了下列资料。

① 本公司历年的品种、销售量、成本、盈利率指标等资料。

② 同行业销售资料及国内同类产品的技术性能、价格、成本、产量等情报。

③ 全省中档家用轿车历年社会保有量及各类产品市场占有率资料。

④ 全省历年的汽车进口资料。

⑤ 汽车行业研究所的有关报告、文章和研究成果。

⑥ 有关发展家用汽车工业技术经济政策的文件、社论文章等材料。通过这些资料的整理分析，他们对公司经营产品在省内市场的地位、优势和企业发展生产的有利条件、不利因素及国家发展汽车工业、扩大汽车消费群、开拓家用汽车市场的有关政策规定都有了比较清晰的了解，做到了知己、知彼、

知政策、知市场。

第三步，采取多种方法开展调查。为了补充资料的不足，他们还采取多种方法开展市场调研，以便进一步掌握有关情况，主要如下。

① 重点调查。
② 访问会谈。
③ 发信征询。
④ 专题调查。

例如，为了摸清中档轿车消费者最低的心理价位，他们走访了许多中高收入者，获得了消费者对家用轿车的外观、内在质量、价格、售后服务等各方面的详细资料，并将资料经计算机处理，从而掌握了浙江省家用汽车市场的翔实的资料。

第四步，回归预测方法的运用。根据调查整理前10年间的国产中档家用轿车的年销售量资料，推算了全省每年的需求量。借用最小二乘法求得 a、b 两个参数，从而获得回归方程 $y=a+bt$。最后测得该省当年中档家用轿车的需求量为 12 000 辆左右。

第五步，市场预测结果的运用。

（1）为企业的经营决策提供了依据。通过预测，看到了近期中档家用轿车供求趋势，作出了大力促销家用中档汽车的决策。确定了三年的销售计划，设想逐年递增30％。

（2）促进新产品开发。通过预测，看到了汽车工业的重点向环保化、小型化的发展趋势，将市场的调查与预测的信息反馈给生产企业，建立松散型的产销联合体，最大限度地满足消费者的需求。

小　　结

本项目通过对汽车消费者购买行为及影响因素的分析，为汽车营销的决策者提供了决策的依据。同时，也对汽车消费者市场购买行为和业务市场购买行为做了深入地分析。通过对市场细分、目标市场选择和市场定位这三个主要步骤的分析，阐明了汽车目标市场营销策略，同时详细论述了汽车市场调研所包括的内容、步骤。

项目 3

汽车销售渠道

 教学目标

通过本项目学习，要求掌握汽车分销渠道的模式特点；掌握汽车分销渠道的管理内容；了解汽车分销渠道的表现形式和库存车的管理方法。

 教学要求

能力目标	知识要点	权重	自测分数
掌握汽车分销渠道的模式	汽车分销渠道的模式特点	35%	
掌握汽车分销渠道的管理内容	汽车分销渠道成员的评价、调控	25%	
了解汽车分销渠道的表现形式	汽车分销渠道的表现形式	25%	
了解库存车的管理	库存车的管理方法	15%	

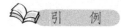 引 例

大众汽车公司的分销渠道系统

德国大众汽车集团在本国国内的整车销售主要采取两种渠道：一是直接销售；二是经销商销售。大众集团在本国国内共有 2 100 家经销商和 1 600 个服务站可直接为用户订车。经销商与服务站的区别在于：经销商的服务范围是全方位的，融整车销售、维修服务、备件和附件销售为一体，经销商只能向大众集团订货，其规模也较大；服务站则规模较小，只搞维修服务和维修备件、附件销售，若用户向服务站购车，服务站只能向当地经销商代表用户购买，不能直接向大众总部订货，服务站只能从中赚取一定手续费。所以服务站在为用户购车时，只相当于经销商的代理商或用户的经纪人。

请思考：汽车销售渠道在汽车营销中起到什么样的作用？常见的汽车销售渠道种类有哪些？

3.1 汽车市场分销渠道理论

消费者要买德国生产的进口汽车，不必去德国，到一家德国汽车品牌专卖店就能买到。由此可以看出，消费者可以不与生产厂家打交道就能得到所需要的商品，甚至不需要知道谁是真正的生产者，却可以享用产品所带来的利益。这一切之所以成为可能，就是因为有了较为发达的分销渠道。这种较为发达的分销渠道，把生产者与散布于世界各地的消费者联系在一起。

3.1.1 汽车销售渠道概述

1. 销售渠道的定义

凯恩斯说过："在商品短缺的时候，谁能把产品制造出来，谁将赢得财富；在商品过剩的时代，谁能把产品销售出去，谁就是胜利者。"现在的中国汽车行业中，汽车制造企业营销绩效的70%以上靠销售渠道，销售渠道早已成为企业的生命线。

销售渠道又称为分销渠道，是指产品从制造商流向消费者所经过的整个通道，该通道通常由制造商、中间商（总经销、批发、经销商）及其他辅助机构组成。换言之，一切与商品转移有关的商务流程组成了销售渠道。渠道的起点是汽车制造商，终点是消费者或用户。现有的汽车交易市场、品牌专卖店、连锁店、汽车超市等均是直接面向消费者的汽车销售渠道的具体表现形式。

2. 销售渠道的功能

销售渠道在汽车企业运作中担负着以下几大功能。

1）流通功能

销售渠道的商品流通职能是显而易见的。企业通过自设的或代理商的销售渠道，将产品层层传递，最后在渠道终端完成销售，形成往返的资金流和物流，企业也因之不断获得利润和生命活力。因此，我们可以说汽车销售渠道是一个实现资金流和物流不断对流从而使企业不断获得生存和发展动力的"渠道"。

2）营销推广和形象传播功能

随着市场经济的逐步深入发展，企业营销意识的增强，销售渠道亦被赋予了营销推广的重要职能。在强力进行广告促销攻势的同时，不能忘了提升企业在当地的形象和知名度。

3）信息采集功能

企业的决策行为不是凭感觉作出的，而是源于对大量信息的收集、归纳及分析基础上的实施。由于销售渠道的末梢最接近于市场，因此销售渠道内部的信息流通相当重要。

4）网络的兼容性

网络的兼容性，即企业在实现一种产品销售的基础上，能不断适应企业发展、新品拓展的需要，迅速有效地提高企业其他品类产品的销售力，使其快速攻入市场并提高市场占有率。

5）提供快捷、温情服务

在日趋激烈的市场条件中，为消费者、客户提供温情、周到、细致而又快捷的服务已成为国内越来越多企业的共识。

3.1.2 分销渠道的流程

在销售网络中，各渠道成员的活动主要包括汽车所有权的转移、订货与付款、谈判、促销、物流配送等。这些活动形成三大经销流程，即实物所有权交换流程、资金交换流程、市场信息反馈流程。这三大流程以显性或隐性的方式存在于制造商、经销商和最终顾客之间，呈现双向流动、周而复始的状态，如图 3.1 所示。

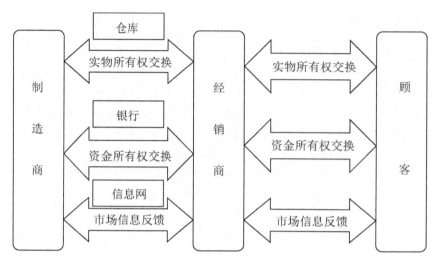

图 3.1 销售渠道的流程

实体所有权交换是指汽车产品的所有权在流通过程中的转移，它包括汽车的储存、运输等过程。各汽车制造商根据区域分布所布设的汽车中转库一般只发挥汽车实体配送功能，而不介入销售环节。

资金所有权的转换是指在汽车产品的所有权转换过程中，所发生的货币资金流动。汽车是一种昂贵的消费品，一般均有较大资金的流动，因此一般是顾客通过银行或其他金融机构将货款付给经销商，再由经销商扣除差价后支付给制造商，制造商再根据完成销售情况，支付经销商销售返利。

信息流是指在汽车所有权转移过程中所发生的一切信息收集、传递和加工处理的过程。信息流是双向的，它既包括制造商向经销成员及其顾客传递产品价格销售方式等方面的信息，也包括经销成员及顾客向制造商传递购买力、购买偏好、产品性能、销售状况等的信息。

3.2 汽车市场分销渠道的模式

3.2.1 分销渠道的基本结构

分销渠道结构是指分销渠道中所有渠道成员所组成的体系，也称分销渠道模式。分销渠道有下面几种基本结构。

(1) 生产制造商—消费者。
(2) 生产制造商—零售商—消费者。
(3) 生产制造商—批发商—零售商—消费者。
(4) 生产制造商—代理商—消费者。
(5) 生产制造商—代理商—零售商—消费者。
(6) 生产制造商—代理商—批发商—零售商—消费者。

第(1)种分销渠道结构，由生产制造商直接将产品出售给消费者，在生产制造商与消费者之间没有中间环节，是一种直销渠道。

第(2)~(6)种分销渠道，在生产制造商与消费者或用户之间存在着不同的中间环节，生产制造商与消费者或用户之间的购销关系是由中间商的购销或代理活动实现的，是一种间接分销渠道。

3.2.2 直销模式

直销模式是由汽车制造商及其下设的各地的销售机构，直接向最终用户销售汽车。目前这种分销模式主要应用于大客户，如军队、政府机构和企业等。这种模式有利于制造商快速开拓区域性目标市场，但其营销成本较高。

1. 直接渠道的特点

直接渠道的基本特点是销售的直接性。具体来说，它有这样几个特点。

(1) 分销渠道上只有处于起点的制造商和重点的用户，没有中间商环节。所有我们又称之为零层分销渠道。

(2) 商品所有权从制造商直接转移到最终用户，仅发生一次所有权转移便完成流通。

(3) 用户所获得商品的价值基本上全部来自于制造商或者生产活动。因而制造商获得全部的销售收入和利润。

(4) 商品的销售者同时也是生产者，具有双重身份。

(5) 把商品直接销售给用户的人员是制造商派出的人员或者说是制造商的销售代表。这些人受雇于制造商，所销售的商品归制造商所有。

2. 直销模式的运营方式

1) 直接推销

直接推销又称为上门推销，是最古老的直销方式。

2) 直接邮寄

直接邮寄是指通过向目标客户直接寄发公司产品宣传材料而与潜在客户进行直接沟通的方式。直接邮寄因容许较高的目标市场选择性而日益受到欢迎，它能直接针对个人，有弹性且便于测试成效。尽管直接邮寄的个人广告成本比采用大众媒体的广告成本高，但其所接触的客户的购买可能性也比较高。

3) 电话直销

电话直销是指配合其他媒介，利用各种通信技术，如电话、呼叫中心等，与客户或潜在客户进行直接沟通的方式。电话直销能提高公司的推销效率及节约开支。

4）公开竞标

公开竞标是指根据客户公开的招标信息，通过参加有关机构组织的投标会议，对产品进行的竞标活动。

5）直接反应式直销

直接反应式直销是指通过在电视上发布直接反应电视广告、在各种印刷媒介投放直接反应平面广告、在广播电台播放及时的产品销售广告来说服消费者迅速采取购买行动的方式。

除了上述五种直销模式的运营方式以外，直销模式还包括网上销售、展会营销等多种形式。

 应用案例3-1

"四位一体"汽车专卖店——广州本田汽车的销售模式

广州本田是我国第二家引进整车销售、售后服务、零配件供应、信息反馈"四位一体"的世界先进销售模式的企业。该厂现有员工2 300多人，已形成年产5万辆汽车的生产规模，并建立了120家特约销售服务店。

广州本田从成立起就建立以售后服务为中心的"四位一体"的品牌专营特约销售服务店网络，采用全国统一销售价格并将车辆销售给直接用户的直销体制。

以售后服务为中心，以顾客为中心的"四位一体"的销售网络通过专卖的形式，建立全国统一的价格、服务标准、推荐方式、专营的服务及与客户的沟通，从而缩短了企业与顾客的距离。随着整个公司产量的提高，网络也需要不断完善。这不但能够增加产品的销售，而且能够在服务上及时跟踪用户，使顾客能够买得放心，用得称心。

品牌专营有利于引导顾客上门购车，促进销售，增强顾客对产品的信心，树立良好的企业形象，提高品牌的知名度，利于提高特约店的专业服务水平。

统一价格可以排除顾客在价格方面的顾虑，避免特约店与顾客在价格问题上产生过多的争执，便于将恶性的价格竞争引向良性的服务竞争，保证特约店的稳定经营。在市场紧俏的时候，可以减轻顾客在价格上的负担，保护顾客的利益；在市场饱和的时候，可以稳定价格，保护特约店的利益，便于市场的管理。

直接销售，可以减少中间环节，避免增加不产生任何附加值的费用，让顾客得到更大的实惠。

要适应客户的需求，特别要关心中国用户的对于零配件、维修、保养等各个方面的需求。本田各个地方的专卖点所做的不仅仅是销售，"四位一体"还包括如汽车美容、保养等各方面的服务措施。

广州本田的经销商无一不对这种体制推崇备至。现在广州本田已经在全国各地建立了1 100多家统一企业识别(Corporate Identity，CI)形象、统一服务标准的特约销售服务店。

想一想：广州本田为什么选择"四位一体"的品牌专卖店作为其分销模式？你还能说出汽车的其他分销模式吗？

3.2.3 代理模式

代理商是受汽车制造商的委托，在一定时期、一定区域、一定的业务范围内，以委托人的名义从事经营活动的中间商，广泛存在于产销分离体制的汽车制造商之中。

1. 代理商的优势

1）企业可利用代理商进行试销

当企业对该区域市场不太了解，或者是推出一种新产品而面临着新市场时，可以利用代理商进行试销。因为代理商一般对其代理区域的市场比较熟悉，有现成的客户群，若销售情况不如意时，企业可以迅速转移投资；若销售量显示出市场潜力相当大时，也可以结束代理关系，由企业自设营销机构进行销售。

2）企业可降低销售成本

由于代理商的主要收入是佣金，通过代理商进行交易，可以减少自设销售网络所必需的昂贵的固定成本，同时也可以节省部分变动成本。

3）可回避投资风险

若当地投资环境不适合企业投资建厂，或者当地市场潜力不足时，企业可利用代理商在当地销售，而不进行投资建厂，从而回避了投资风险。因为代理商对本地客户的信誉状况较为了解，因此企业能获得较多的订单，收回货款也较为容易。

4）减少交易次数

由于代理商可以将顾客的零星订单汇总，一次订购，从而可以避免零星订单的交易，减少了接洽次数。

5）提供售后服务

现今，销售代理商的售后服务日益被厂商所重视，一般在销售代理合同中，都规定了代理商的零配件储存量、服务范围及提供售后服务的费用水平，同时也规定了代理商提供售后服务的额外报酬的计算方法。

2. 代理商的模式

1）独家代理与多家代理

独家代理是指企业授予代理商在某一市场拥有独家权利，企业的某种特定的商品全部由该代理商代理销售。多家代理是指企业不授予代理商在某一地区、产品上的独家代理权，代理商之间也无代理区域划分，都为企业搜集订单，不存在"越区代理"，企业也可在各地直销或批发商品。

2）总代理与分代理

总代理是指该代理商统一代理某企业某产品在某地区的销售事务，同时有权制订分代理商，有权代表企业处理事先与企业约定的各种事务。总代理商必须是独家代理商，但独家代理商不一定是总代理商，独家代理也不一定有指定分代理商的权力。分代理商则为二级或三级代理商。分代理商也有原厂家直接指定的，但是大多分代理商由总代理商选择，并上报给企业批准或备案，分代理商要按照总代理的指令行事。

3）佣金代理与买断代理

佣金代理与买断代理，是按代理商是否承担货物买卖风险以及其与制造商的业务关系来划分代理形式的。买断代理与佣金代理各有利弊。就产品而言，产品处于投入期、成长期，采用佣金代理方式为好；若产品处于成熟期或产品是名牌，则采用买断代理方式为宜。

4）混合式代理

混合式代理是指厂商在设计营销渠道时，将销售代理和其他营销渠道结合起来使用，主要有以下三种方式。

（1）代理商与原厂商互为代理。

（2）经销与代理混合使用。

（3）分支机构指导下的代理方式。

在汽车行业中，总代理商一般与制造商都同属于一个集团公司，分别履行销售和生产两大职能。总代理渠道中通常可以分为多级代理。其中一级代理商是指具有市场开拓力和资金实力的经制造商特约定点销售的商家。二级代理商是指自己与制造商没有直接的进货渠道而依靠一级代理商进货销售的商家。

汽车代理商属于佣金代理形式。代理商与经销商的最大区别是它不具有汽车的所有权。代理商最明显的特征是为汽车制造商寻找客户，促成交易，并代办交易前后的各种手续。与经销商相比，代理商的风险较小。如果交易成功，代理商可以从委托人那里获得事先约定的佣金；若汽车没有卖出，代理商也不承担任何风险。汽车制造商对销售代理商的要求一般高于特约经销商。销售代理商一般为区域独家。

3. 代理商的选择

1）选择代理商的标准

选择代理商可以通过考察潜在代理商寄送来的材料来进行，也可以通过与潜在代理商进行面谈，或者两者同时进行。一般来说，选择代理商时有以下几项标准。

（1）实力。包括库房；库存量及库存资金；办公环境；运输力；经销商的知名度与网络能力；财务状况；运输力不等于车辆的数字，知名度不等于江湖上的多大名号，倒着走访下线了解经销商的运输及知名度。

财务状况：注册资金、库存资金、同行业务及批发商

（2）行销意识。厂家提出三个口号让经销商害怕；从大户代理到密集分销，从密集分销的坐商到行商，预售制；问他三句话，看他两小时；对自己经营情况的熟悉度；对当地市场情况、消费者特点的熟悉度；对终端促销资源的态度（假如我们合作，你希望我们给你什么支持）；对下线客户的服务程度（早上开门，晚上关门看两个小时）。

（3）市场能力。包括覆盖力（人、车、货、钱）；现经营品牌（终端表现、价格秩序、新品推广能力）；大客户资源。

（4）管理能力。包括人力资源情况、物流、资金流、现经营品牌；有一点扫盲的基础能力；门店关门——写字楼；门店生意——配送生意、专业物流商。

（5）口碑。合伙人（具体发生业务交接的人）、同行、同业（其他厂的业务员）、因何与前合作厂商分手？

（6）合作意愿。经销商是否请你吃饭？是否在细节上与你寸步不让。

3.2.4 经销模式

经销是中间商从制造商处购买产品，取得商品所有权，然后作为自己的商品销售出去。

汽车经销商是指从事汽车交易，取得汽车所有权的中间商。由于经销商拥有汽车的所有权，所以可以制订自己的营销策略，以期获得更大的效益。经销商的具体表现可以是专卖店、汽车交易市场中的零售店、汽车连锁店、汽车超市等。

经销模式的主要优点是有利于商品的广泛分销，帮助制造商巩固已有市场，迅速打开销路，开拓新的市场。中国汽车产业发展之初，企业规模小、产能低、市场容量较大，制造商间的竞争并不激烈，市场拓展的空间广阔。此时，汽车制造商的首要目标是抢占市场，提高市场占有率，因而总经销的营销模式就成为汽车制造商开拓市场的必然选择。但是，总经销模式存在营销环节多、反应迟缓、信息沟通困难、服务不到位等缺点，特别是不利于制造商对营销渠道进行控制。随着汽车产业的发展，总经销模式逐渐被其他模式所取代。

1. 经销商的优势

经销商有利于产销双方共担风险、优势互补；经销商有利于制造商提高经营管理水平，增强竞争力；经销商有利于制造商减少三角债发生，加速资金周转。

2. 选择经销商适用的条件

1）经销商的素质

事业成败，在于经营者素质的高低。经销商对于企业的重要性自然不言而喻，一个强有力的通路网络的建立并非一朝一夕之功，经销关系的培养更依赖双方的努力，任何企业非到万不得已时决不轻易终止经销关系。

2）经销商的财务能力

财务能力的好坏不仅决定着经销商的付款能力和付款速度，并将影响企业的经营与成长。在选择经销商时，需对其财务能力进行调查：注册资本大小；经销店组织形态，是独资、合伙还是公司法人；过去与银行往来的信用；过去有无退票的记录；财务结构是否合理，流动资金是否充足等。

3）经销商店面的位置

一般情况下，在选择经销商时，通常要求经销店位于闹市区、转角等人口流动率较高或交通较为便利的地点，因为只有具有良好地理位置的经销店，产品销路才会好。

4）避免同类竞争性产品

通常我们将其他公司产品与本公司产品的配合情形分成竞争性、补充性与中性三种。

5）经销商的信用调查

一般可采用资信机构调查、金融机构调查、同业调查以及自行调查这四种方式。

3. 经销商管理陷阱

1）经销商数量管理

很多企业片面地认为，经销商数目多，分销力量就相对壮大，或者认为经销商数量少，相对给经销商的经营区域扩大了，有利提高经销商的积极性与主动性。其实这两种观点都是不正确的。

经销商数量的多与寡，要根据该地区市场的容量、经销商对企业目标市场覆盖能力和经销商控制市场区域的范围、能力而定,此外,还要全面考虑企业自身的资源与经销商管理的策略,不能简单得出结论。

如果经销商区域市场容量不够大,经销商数量多,各个经销商的利益得不到保证;"僧多粥少"容易导致"同室操戈",或者会使相当多的经销商失去经营积极性,或者干脆放弃经营转向经营竞争对手的产品。同时经销商数量太多,制造商对经销商的同一性及规范性管理也难以实现或到位。

如果经销商区域太小,或者市场容量大、密度高、竞争强,经销商数量太少就可能导致经销商对市场争夺的实力与力度都不够,导致市场分销或目标市场真空的存在,竞争优势的失去。同时,经销商数量太少,企业容易受到经销商讨价还价的压力而失去市场的主动控制权。因此,经销商数量太少,对企业也不是十分有利的事。

2)经销商渠道管理

经销商渠道的长短,要依企业的实力与资源,特别是市场的管理力度而定。同时,渠道长与短是相对的,从现代经销商发展情况来看,企业在资源与管理等方面有保证的条件下,通常选择短渠道比较有力,有利市场日后的发展。

3)经销商的实力

有的企业认为,经销商实力越强越好。其实,经销商实力越强,其分销资源与能力就越强,如果经销商重视合作,企业产品是经销商经营的主流产品或利益产品,因此选择实力强大的经销商是正确的。但是通常经销商实力强大,可以选择企业的范畴也多,经营的项目也分散,对企业的讨价还价能力也强,企业对其也难以管理。因此,有时选择实力强大的经销商,也不是绝对的好事。

4)经销商网络覆盖

对厂家来说,在低市场份额情况下,相对扩大经销商网络覆盖面,可以带来销售业绩的增长;在高市场份额情况下,相对扩大经销商网络覆盖面,带来的销售业绩增长是有限的,可能与投入不成正比。同时要考虑到,网络覆盖面的扩大,需要企业资源与管理的配套,否则会造成企业资源分散,失去竞争优势,管理不到位,从而造成市场混乱,因此,经销商网络覆盖面是不是越广越好,也是有一定条件的。

5)只需选好经销商

很多企业认为,只要经销商选择对了,供应适销对路的产品,其他事情就看经销商的本事,企业再也不用操心销售等其他问题,坐等收钱就行了。这是一种非常错误的想法,选好经销商只是渠道建设的第一步,成功的经销商管理不仅要选好经销商,而且需要花很大的精力在紧接其后的经销商辅导与支援、管理与控制,以及经销商的激励、评估与调整等工作上。这种观点的错误在于不了解经销商管理的内容。

6)货价越低越好

经销商最关心自身利益,这是经销商能够与厂家合作的出发点和基本点。当然,能够在同等情况下,让经销商有更多的利益自然更好,但是,经销商的利益,不仅仅表现在价格或回扣上,经销商还关心产品的质量。销量大,要总体利益高才行。同时,经销商关系利益的发展,对企业的广告、品牌、服务等,特别是地区市场经销商的支持,可以降低经销商的风险程度与经营成本,使经营效益相对提高。正确做法也不是价越高越好，而应该是向经销商提供极具竞争力的价格。同时注重地区市场竞争优势的培育，对经销商实施合理的支持。

7) 渠道建成一劳永逸

经销商管理是动态的管理，面对不确定因素很多。如果经销商渠道适应企业目标市场的经营渠道需要，自然不用调整；如果市场因素起变化，就要调整渠道以适应市场、用户和企业的发展需要，忽视了哪一个因素，或市场起变化却继续沿用老办法，都将给企业带来无法估量的损失。因此，经销商渠道建成后，需要根据市场的变化不断加以调整。

3.2.5 品牌专营模式

品牌专营模式是指经销商根据自身实力和市场状况，在对企业发展作出长远的规划后，对其经营的品牌有所取舍选择一个品牌在区域内深向发展，最终形成品牌专营。该模式是在特许营销和多品牌营销的基础上进化形成的，是汽车厂家和渠道成员互相选择的结果。

国内的汽车品牌专营模式几乎普遍按照国际通用的汽车分销标准模式建设。它是一种以汽车制造商的营销部门为中心、以区域管理中心为依托、以特许或特约经销商为基点、集新车销售/零配件供应/维修服务/信息反馈为一体、受控于制造商的分销渠道模式。目前主要的表现形式是"三位一体"3S专卖店和"四位一体"4S专卖店。

品牌专营模式的优势：对汽车厂家而言，有一套高忠诚度的渠道网络，各渠道成员的资金、人力完全投入区域市场开发，最大效能的发挥渠道作用；对经销商而言，可以得到厂家全面的支持，在所经营区域内没有渠道冲突，具备做强做大的渠道空间。渠道伙伴间的信任度得以提升，最终实现双赢。

品牌专营模式的劣势：需要经销商有准确的自身定位和对品牌、市场的评估，从追求多品牌经营规避经营风险转向全力做好一个品牌；要求厂家有合理的区域规划，以经销商获利为主旨，能够为专营经销商能提供有效全面的支持，帮助其做强做大。

我国的汽车工业自1988年以前计划经济下的供给式营销模式，经历了1988—1995年并轨时期的双轨制，1995—2002年市场经济下的多品牌营销模式，自2002年开始转向品牌专营模式。

3.2.6 连锁经营模式

连锁商业组织具有强大的生命力。它能够迅速汇集大量市场信息、准确反映消费动向，能够帮助生产部门适时设计生产和调整产品结构，以市场为导向把生产、消费、流通内部各环节有机结合起来，也成为一种带有主导性的产业，这种模式运营成本低，扩张快，企业渠道载荷小，渠道长度较短，层级较少，反馈信息真实、迅速，易于企业进行管理和决策。

1. 连锁经营的形式

连锁经营的特色是标准化和专门化。连锁经营的模式是：一个总部，由总部控制一系列分散经营的分店。其基本组织特征是：各个成员店由总部实施一体化管理。连锁经营一般有以下几种形式：正规连锁、特许经营、自由连锁。

1）正规连锁

正规连锁即所有成员店由企业独资开办和管理。这是同属于某个资本的多个店铺，实施高度集中的统一经营，总部对各店铺拥有全部所有权，实施人、财、物及商流、物流、信息流等方面的统一管理权，每一个门店无经营自主权。

成员店铺不具备企业资格，其经理是总部或总店委派的雇员而非所有者；成员店标准经营，商店规模、商店外貌、经营品种、商品档次、陈列位置基本一致。

2）特许经营

特许经营即由产权独立的商店自愿加盟连锁公司，有偿使用公司的店名、商标以及经营技术等，但要自负盈亏。特许经营也称合同连锁、契约连锁，是由许多独立的商店以合同形式经营，也就是大企业向中小企业有偿提供经营垄断权（名称、标志、专利使用权）和经营技术（知识产权）的纵向联合体。它的特点如下。

（1）特许经营可以使一些大企业节省资本的投入，不需自己建店而达到资本扩张的目的。这种连锁是通往国际化经营的一条捷径。

（2）特许经营主要依靠总公司的商誉和所具有的独特经营方式。

（3）对加盟的特许经营店来说，即使是没有经验也能很好地经营商店，可减少风险；可用较少的资金从事商品销售活动，并且可以依靠总公司的知名度，使自己的经营业绩迅速获得成功；另外还能利用总部公司的促销策略、广告宣传，从而节省自己在这些方面的费用，利用总公司所打开的渠道与产生的影响来专心销售自己的商品，由于统一配货，商品售价一般比市价低。特许经营店无法按自己的想法去经营，而是要完全遵照特许人的体系去经营企业。

目前国内出现的汽车连锁经营模式，按连锁总部主导类型的不同，可以划分为制造商主导的连锁、批发商主导的连锁和零售商主导的连锁。

3）自由连锁

自由连锁是指各店铺在保留单个资本所有权的基础上实行联合，总部与店铺之间是协商与服务关系，通常由若干家商店自发联合并组建连锁公司，除统一进货外，各成员自主经营，自负盈亏。

正规连锁是大企业扩张的结果，目的是形成垄断；自由连锁是小企业的联合，抑制大企业的垄断。自由连锁的最大特点是成员店铺是独立的，成员店铺经理是该店所有者。

2. 连锁经营模式的拓展价值

（1）规模优势。连锁经营把分散的经营主体组织起来，具有规模优势。连锁经营的实质在于把现代工业大生产的原理应用于传统商业，实现大生产，大流通，达到获取规模效益的目的。走连锁之路，规范运作，可以获得较大的规模效益，更好地发挥主渠道的作用，降低渠道经营风险。

（2）价格优势。连锁经营最大的特征是统一化，不仅统一了店名、店貌、信息等，最重要的是统一进货、统一核算、统一库存和统一管理，诸多的"统一"支撑着连锁经营的价格优势。连锁经营规模大，厂家自然愿意低价供应，大批量的订货确保了商品的优惠进价。

(3) 盘活库存。连锁经营可以盘活生产领域里的库存产品。

(4) 产生信赖。从某种意义上讲，连锁店系统中的每家分店在本分店经营的同时，也分担着其他分店实物广告的作用。

(5) 实现小型零售企业自救。

(6) 利于企业 CI 形象设计。

(7) 质量保证。

(8) 连带效应较强。

3.2.7 网络营销模式

汽车 4S 店已经成为汽车市场的主流渠道。近年来，随着信息科技的发展，尤其是网络的普及，大大拓宽了人们获取信息的渠道，而网络几乎成为消费者了解汽车产品和品牌的主要渠道，消费者通过网络来了解车市行情、选择车型和商家等。之后汽车经销商开始大胆采取网络营销这一新的营销方式。网络营销能充分发挥企业与客户的互相交流优势，而且企业可以为客户提供个性化的服务，是一种新型的、互动的、更加人性化的营销模式。

1. 优势所在

与传统的汽车营销模式相比，网上 4S 店的最大优势在于整合了文字、图片、音频、视频和网络等技术，特别是网络独具的 3D 功能为生产商品牌的推广和宣传提供了创新营销平台。网上 4S 店发挥自身整合优势，3D 画面和立体三维图像不仅带给受众全然一新的感受，同时视觉效果更加立体、直观，更是带给用户一种身临现场的感受。网上 4S 店的展厅通过发挥 3D 技术的优势，让汽车多维度展现在受众面前，更为直观感受车的整体外观、车体结构和乘坐空间，使品牌得到全面展示。

2. 运作方式

在品牌 2.0 时代，开展互动营销成为企业营销的新武器。在网上 4S 店通过与销售人员的在线视频和音频交流，能够实现用户即时与厂商或经销商之间的信息沟通和互动，了解关于产品和品牌信息及购车环节中的各种详情，最大程度上满足受众的需求。如新浪汽车推出的"网上 4S 店"，在 Webex 房间，用户可直接与销售顾问在线进行音频、视频等交流，实现受众与品牌的在线互动，让受众对品牌有一个详细而全面的了解。

网上 4S 店通过对多方面的优势资源进行整合，它不仅使品牌得到一个全面的展示，使受众对品牌有一个全方位的了解，而且打造了强大的品牌力和产品力。

拓展网络营销模式的价值在于：成本低、方式新、环节少、国际性和全天候性。

网络营销管理的主要内容包括了对信息、营销过程、交易过程的管理以及对营销效果的评估等。网络营销管理的运作过程如图 3.2 所示。网上营销管系统功能如图 3.3 所示。

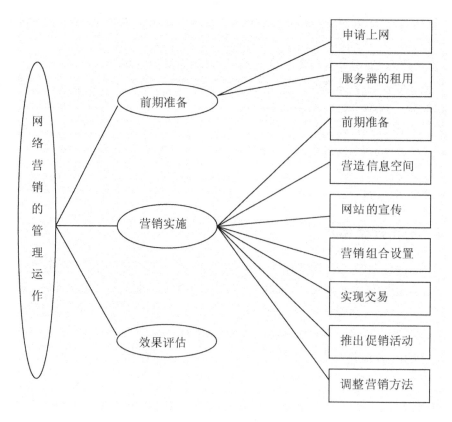

图 3.2 网络营销管理的运作过程

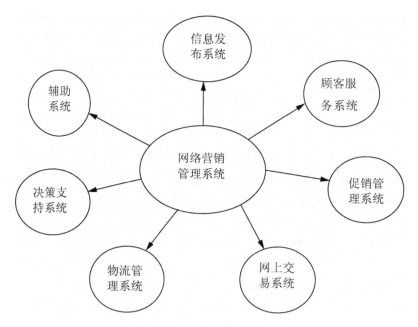

图 3.3 网上营销管系统功能

3.3 汽车市场分销渠道的表现形式

3.3.1 汽车交易市场

汽车交易市场是指各种不同的汽车产品和众多经销商集中在同一场所，以店面方式开展经营、同时提供相应配套的多样化交易场所。

这种方式出现在20世纪90年代初，当时我国出现了新的汽车消费群体——私人购车者，他们对汽车性价比的关注有时要大于对品牌的关注。汽车交易市场的优点适应了这些消费者的需求，给予用户较高的顾客让渡价值，因而迅速成为汽车交易的主要渠道。所谓顾客让渡价值是指整体顾客价值与整体顾客成本之间的差额部分。整体顾客价值是指顾客从给定产品和期望得到的全部利益，这包括产品价值、服务价值、人员价值和形象价值。整体顾客成本则是顾客在购买商品和服务过程中所耗费的货币、时间、精力和精神成本。充分认识顾客让渡价值的含义，对指导企业如何在市场经营中全面设计与评价自己产品的价值，使顾客获得最大限度的满意，进而提高企业竞争力具有重要意义。

1. 汽车交易市场的优劣势

汽车交易市场模式的优势：制造商和经销商流通成本低廉；可以给用户提供较大的品种选择空间；具有配备较为齐全的设施和服务。

汽车交易市场模式的劣势：缺乏服务功能或服务与销售功能相脱离；无法适应消费者日益增长的对质量和服务的要求；不利于培育和树立企业与产品品牌。

2. 汽车交易市场的几种模式

（1）以管理服务为主。该模式的主要特征是管理者不参与经营销售，由经销商进场经营售车，市场只做好硬件建设及完善的管理服务，北京亚运村汽车交易市场是该模式的典型代表。

（2）以自营为主，其他的入市经销商少。即市场管理者同时也是主要汽车销售者，该类型约占有形市场的80%～90%。

（3）从销量上看，自营与其他的入市经销商各占50%。目前绝大部分的大中城市至少都有3～4家交易市场，有的甚至达10多家，当地现有的交易市场已完全能满足当地的购车需求。同时，厂家大力推广的专卖店体系也对有形市场的功能与发展提出了更高的要求。

就总体水平看，北京、上海等大型城市的汽车交易市场发展得较为完善。汽车交易市场极大地满足了私人购车的需要，并且将汽车销售过程中涉及的十几个部门的监督管理服务集中到一地，方便了消费者；通过交易市场规模优势，可以形成综合的社会效益，并有利于维护消费者合法权益。从1995年北京市最早的汽车交易市场——北方汽车交易市场的出现，到现在全国诸多汽车交易市场的繁荣，汽车交易市场作为一种已经存在数年的汽车销售模式，因其营业面积大、销售品牌齐全、市场内部的竞争激烈，使消费者可以在汽车交易市场中获得价格上的更大实惠。同时汽车交易市场配套设施相对完善，办理各种手续较为简便，装饰配件等在市场内也可以一次购置齐全。这是消费者喜欢到汽车交易市场进行购车的原因之一。另外，一些汽车交易市场之所以火爆，与经销商进行交易的成本低也密切相关。

3.3.2 4S专卖店

1. 4S店的特点

（1）具有购物环境优美、品牌意识强等优势。

（2）一般采取一个品牌在一个地区分布一个或相对等距离的几个专卖店，按照制造商的统一店内外设计要求建造。

（3）投入庞大：在中等以上的城市4S店的固定投资在1 000万～1 500万元。

（4）回收期长：有的4S店可能要耗费8～10年的时间才能回收投资。在整个汽车获利过程中，整车销售、配件、维修的比例结构为2∶1∶4。维修服务获利是汽车获利的主要部分。

（5）有些4S店在实际运作中有专卖之形而无专卖之实。

2. 目前中国的4S店存在的问题

1）维修服务和配件经营难以为继

目前4S店超高的维修、保养和配件价格居高不下，这样致使部分车主一过汽车的保修期，就选择自己去汽配城买配件，去快修店维修。调查显示，4S店的维修部若要正常运转，每月的维修量要达到800～1 000辆以上，但很多经销商的月平均修理量只有200～300辆，配件经营难以为继。

抛开豪华的装修不提，4S店因为要担负国家规定的各项售后服务义务，在维修和检测设备、维修人员技术水平等方面的要求都相对较高，维修工时收费自然高一点。广东物资集团汽车贸易公司负责售后业务的副总经理说，"光是维修和检测的设备，4S店的投入就高达60万～80万元。设备的好坏，直接影响维修质量的好坏。"

2）有"四位"无"一体"

4S中有一个很重要的功能就是信息反馈。信息是决策的基础，4S店每天在销售、保养、维修等服务过程中接触到大量极具价值的信息，但由于信息反馈创造效益的不明显性，实际上多数4S店极少注意发挥4S店的信息反馈的功能。

4S店对厂家有极为明显的依附性，其经营的优劣，除了经销商的努力外，更受汽车厂商品牌的影响力、市场策略的灵活性、经营管理的支持度等因素的影响。经销商的被动很大程度上导致了4S店模式的僵化。

3）有"形"无"神"，软竞争力缺乏

目前的4S店大都是人治式的、随意性的管理，营销队伍专业化程度较低，对现代汽车营销更是知之甚少。加上汽车营销是一种新兴产业，在迅速发展过程中难免泥沙俱下。据调查，品牌专卖店销售人员中虽然大专以上文化程度占80%，但接受过系统汽车营销专业培训的人不到20%，一般销售员仅接受过厂家针对自己品牌的销售培训。

服务流程的软瑕疵更是数不胜数。虽然绝大多数经销商都为车主建立了完备的维修档案，但是能与车主经常进行沟通的比例只达到30%，这表明经销商的售后服务工作依然流于表面。

4）模式的泛化

4S店持续发展的基础是主流品牌以规模求得效益，高端品牌以厚利维持发展。作为4S店的起源地欧洲，车型集中，并且每种车型有较大的保有量（德国汽车拥有量为5 000万辆，品牌多是大众、奔驰、宝马等），所以为4S模式的存在和发展具备了基础。

而我国一方面市场基础尚未完全成熟，另一方面在一定程度上讲，4S店可以说存在着泛化的现象。各个品牌不论高低皆热衷于4S店建设，在过度重复建设的同时也导致了无序竞争的局面。一些主流品牌和高端品牌的经销商尚可以维持，其他品牌的"4S店"只有举步维艰。

3.3.3 连锁店

早几年的汽车连锁企业不能真正算得上汽车连锁，它们对外经营的不是车，而是"小轿车经营权"，许多想进入轿车经营这一领域的投资者，苦于无小轿车经营权，只有望而生叹。因为小轿车经营权的存在，才使中国汽车连锁经营迈出了第一步。

分店参加连锁经营后，严格按照"统一管理、统一订货、统一定价销售、统一形象、统一服务规范"的五统一规定运作，分店不能自行独立进货从事小轿车销售。中国目前汽车营销模式是由制造商主宰，而不是由经销商。汽车厂家紧俏的货源仅供应给自己的四位一体专卖店，作为汽车连锁企业从厂家只能获得"二类产品"和"三类产品"的资源权，几乎与抢手货经销无缘，作为加盟店从加盟总店拿到的产品更是边缘中的边缘产品了，总店就是偶尔拿到抢手的产品，也是优先分配给自己的直营店。从汽车连锁经营的本质上来看，现今的汽销连锁业，都显得不伦不类。按照"统一管理、统一订货、统一定价销售、统一形象、统一服务规范"的五统一，汽销连锁企业却都很难做到。对于统一订货，没有一家连锁企业有强大的自有资金或融资实力以合同形式在一定时期内按固定数量买断厂家的产品资源，然后再输送给各连锁终端。在现在供求关系下，厂家主宰着汽车的营销模式，汽车连锁企业很难从强权的厂家那里争取到更多的利益。

与专营模式的4S店相比，连锁店不便于制造商的直接操控。在有限利润为前提的情况下，连锁模式从表象来看只是在流动环节多了连锁母公司一个环节，这就意味着在利润分配上多了一个分食者。放弃连锁经营，制造商直接与终端经销商达成合作，从利益上更能提高经销商的积极性，也便于制造商直接作出市场调整。而从现在的汽车销售连锁业来看，现有的连锁店多少显得尴尬。连锁的首要条件是统一采购，但到目前为止，没有一家连锁企业有强大的自由资金或融资实力买断制造商的产品资源，然后再输送给各连锁终端。因此，造成连锁企业在制造商心目中的地位被置于特约授权经销网络之后，而实际状况中的连锁店与制造商的特约经销店运作模式如出一辙，只是多了一个名义上的统一采购。

连锁经营与品牌专卖店、有形交易市场和杂货店等经营模式共存中，各个企业的经营模式也并不是那么单纯，从而在一个模式上派生出了许多形式，就连锁经营模式本身也在派生出多种形式：一种是依托外贸港为基地，形成进口汽车的紧密型连锁销售网络，是以进口汽车资源为纽带，仍是传统汽销的分销形式；另一种主要是以重新组建以品牌专卖店为终端新出现的加盟与直营连锁网络；还有一种就是早几年出现的以百货业等企业为终端的加盟与直营连锁网络。随着汽车市场竞争的激烈，许多经销商意识到4S店自身的缺点，并开始有意识地弥补这个缺点。在一些区域出现了下列现象：为了卖更多的车，有许多4S店经销商在汽车集贸市场内租一间办公室称咨询处或服务处，有的在同一个城市远离4S店的地方建立了附属展厅，甚至有的在附近的城市也建立了展厅，虽然不称为专卖店，但它的展示与销售的产品与4S店的却是一样的，它给消费者提供了更贴身的服务。

3.3.4 汽车超市

汽车超市主要指那些特许经营模式之外，多品牌经营的汽车零售市场。如北京经开国际汽车汇展中心汽车超市、东方基业汽车城等。尽管这些经营模式与真正意义上的超市尚不完全一样，但汽车超市的雏形已经在中国显现。汽车超市要发展起来就得突破目前汽车销售特许经营的模式。

汽车超市的特色就是以品牌齐全取胜。在特许经营的模式中，许多国产品牌汽车超市不能以优惠的价格进货，价格上难有优势。虽然汽车超市的汽车零售不会比专卖店高，但汽车超市在利润上吃亏，这是一种不平等的竞争。然而，汽车超市的兴起本身就是对特许经营的挑战。国外超市形式的汽车零售随处可见，高速路边、机场边都会有汽车超市，卖汽车如同卖自行车一样普通。在中国，汽车超市的最大好处就是让多品牌汽车近距离地面对消费者，除了拉近了空间距离外，更重要的是拉近了心理距离。随着中国售后服务与维修业的社会化发展，会有越来越多的消费者到汽车超市买汽车。

3.3.5 汽车工业园

汽车工业园区是有形市场新的发展方向。汽车工业园区是结合中国市场"既集中又分散"的特点，将国外集中渠道模式有机结合，成为集约式汽车交易市场发展的新方向。但它绝不是汽车交易市场简单的平移和规模扩张。

近年来，在中国市场上汽车的特许营销模式发展迅速，出现了汽车专卖店集群形式的汽车市场园区，其集国际汽车交易、售后服务、展览信息交流、咨询服务中心、汽车特约维修、物流配送、二手车服务和休闲娱乐等功能为一体。

汽车园区的优势：功能的多元化为经销商和消费者提供了最大便利；融合了汽车交易市场和汽车专卖店的优点，克服了二者的缺点。

汽车园区的劣势：汽车园区的建设需较高的资金投入。

汽车园区中制造商与经销商之间的关系与特许经营模式相同，汽车园区本质上属于特许营销模式，因此也被称为"大4S"模式。

3.3.6 仓储中心

仓储中心是近几年来在商用车领域新兴起的一种营销手段，目前的销售占比仍然较低。该营销模式的特点是将国内外许多品牌的车集中存放在"甲地区的互动仓储中心"，甲地区的终端用户根据需求，选择自己满意的产品。"甲地区的互动仓储维修中心"为终端用户提供车辆售后的维修、保养、培训等服务支持。"互动仓储维修中心"是原制造商的特约服务站随着汽车市场的成熟、自身综合实力的强大、社会分工的精细化等因素的催化下，脱离了制造商的财务控制后成立的。这种"分工型仓储互动"式营销模式充分体现了以"终端用户为本"的市场运作机制。在流程中，无论是哪个主体，其服务的最终对象是"终端用户"。"仓储互动"性中的"仓储"，是众多车品牌的汇集；"互动"是仓储中心提供一个供方和需方认识、选择的平台，供方展示本企业的产品或服务品牌，需方选择自己满意的品牌。这种模式强化中间商的销售职能，充分利用市场有效资源，跨地区、跨行业销售，可以对区域目标市场进行无缝式营销，全方位覆盖目标用户。运用"仓储式"多品牌经营、多品牌售后服务，可以降低经销商经营风险，减少市场资源的重置和闲置。

3.4 汽车销售渠道的管理

进行渠道管理要把握的原则是：服务胜于管理，要为分销商提供优质的服务；利益是渠道管理的主体，要注意把握平衡和制约；渠道管理要尽量量化和程序化，以便于操作。

3.4.1 渠道管理的前提

渠道管理的前提是服务。要构建稳定的销售渠道，提高渠道的综合服务能力，要求充分了解二级分销商的需求状况，树立服务意识。二级分销商的需求大致可分为以下三类。

1. 核心需求

二级分销商的核心需求是通过合作，其公司的经济效益得到增加，企业的品牌形象获得提升。

2. 期望需求

二级分销商的期望需求是合作的双方有良好的人际交往，在其销售过程中上游企业能主动进行配合。

3. 附加需求

二级分销商的附加需求是通过双方的合作，希望管理水平能进一步规范，人员的素质有明显的改善。二级汽车分销商需求的服务如图 3.4 所示。

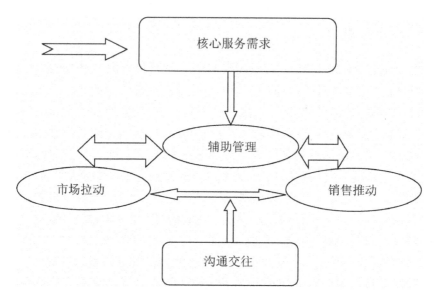

图 3.4　二级经销商的服务需求

3.4.2　制定适合汽车产品特性的价格政策

价格是影响厂家、经销商、顾客和产品市场前途的重要因素。因此，制定正确的价格政策，是维护厂家利益、调动经销商积极性、吸引顾客、战胜竞争对手、开发和巩固市场的关键。企业通常所运用的价格政策有以下几种。

1. 可变价格政策

即价格是根据交易双方的谈判结果来决定的。这种政策多在不同品牌竞争激烈而卖方又难以渗入市场的情况下使用。在这种情况下，买方处于有利地位并能够迫使卖方给予较优惠的价格。

2. 非可变价格政策

采取这种价格政策，那就没有谈判的余地了。价格的差异是固定的，如大量购买给予较低的价格，对批发商、零售商或不同的地点给予不同的价格。

3. 其他价格政策

1）单一价格政策

单一价格政策是一种不变通的价格政策，不管购买数量、什么人购买、货物送到什么地方，价格都是相同的。

2）一次性数量折扣

即价格根据一次购买数量的多少而变化。

3）累计数量折扣

是允许在一定时期内（如1～12月份）的总订货量所打折扣。许多食品企业采取这种销售方法。

项目3 汽车销售渠道

4）商业折扣

是指对履行不同职能的经销商给予不同的折扣，如提供单一销售服务和提供连带售后服务的二级经销商所享受的价格不同。

5）统一送货价格

是指产品的最终价格是固定的，不考虑买者与卖者的距离，运费完全由卖者承担。

6）可变送货价格

一般情况下，产品的基本价格是相同的，运输费用在基本价格之上另外相加。因此，对于不同地方的顾客来说，产品的最终价格要依他们距离卖方的远近而定。

如果基本价格是确定的，运输费用是后来加上的，这叫离岸价格（自提价）。如果最终价格是确定的，其中包括运输费用，这叫到岸价格（吐货价）。

3.4.3 渠道成员的激励

渠道系统的构成决定了渠道成员之间的关系不是严格意义上的上令下行的关系，而是一种合作关系。维系这种渠道成员之间关系的纽带则是双方对利益的一致追求。因此，营销渠道成员激励是渠道管理的重要内容之一。营销渠道成员激励简称为渠道激励，是指汽车上游企业为促进渠道成员努力完成公司制订的分销目标而采取的各种激励或促进措施的总称。对营销渠道成员的激励是否有效，直接关系到渠道管理目标能否顺利实现。汽车上游企业可以采取如下激励措施。

1. 开展促销活动

汽车上游企业利用广告宣传产品，一般很受中间商的欢迎，广告宣传费用可由汽车生产商承担，也可由中间商合理承担。上游企业要经常派人前往一些主要的中间商那里协助安排产品陈列、举办车辆展示会和进行性能演示、训练销售人员，或根据经销商的表现给予相应奖励。

2. 资金支持

汽车属于高价值的消费品，展示和适当的库存需要占用大量的资金，而在中小型城市中很多市场开拓能力很强的经销商由于资金不足，无法涉足汽车市场。汽车上游企业通过资金支持，可以提高经销商的销售积极性。如提供一定范围的周转车；允许承兑付款等多种付款形式；提供消费信贷业务；允许先付部分货款，待售出后付清；缩短订货周期；允许更换车型等手段，以解决中间商资金不足的困难。

3. 协助中间商搞好经营管理，提高营销效果

多数在中小型城市的二级经销商缺乏先进的经营管理理念，汽车上游企业通过培训或提供相关管理软件等方式来提高二级经销商的管理水平，以达到加强双方合作关系、提高盈利能力的营销效果。

4. 提供市场信息

市场信息是开展市场营销活动的重要依据。企业应将所获得的信息资料及时地传递给中间商，使他们早做准备。为此，企业有必要定期或不定期地邀请中间商座谈，共同

研究市场动向，通报整个区域的销售情况，制订扩大销售的措施，企业要注意和一线销售服务人员沟通，以便解决他们在实际工作中可能遇到的问题。

5. 与中间商结成长期的合作伙伴关系

为与中间商结成长期的伙伴关系，企业应做好以下几个方面的交流，只有不断地投入时间和精力，才能让中间商产生对企业的长期信赖。

（1）加深双方的信息和感情交流，方式有：向经销商提供最新产品；定期进行私人接触；信息交流和经营磋商。

（2）工作计划关系方面的沟通，方式有：对经销困难表示理解，经常交换意见，一起进行计划工作，承担长期责任，安排经销商会议。

（3）对中间商的培训与扶助，方式有：提供销售人员培训以加强销售队伍，提供广告和促销方面的支持，培训其推销人员，提供市场调研信息，提供融资支持。

3.4.4 评价、调控渠道成员

二级经销商不是企业经营链条的一环，而是一个独立的市场。二级经销商首先是顾客的采购员，其次才是为其供应销售产品的代理人。4S品牌经销商与厂家不同，无法对渠道成员进行强制性约束，经销商都希望获得长远的发展，因此品牌经销商一定要对销售网络有系统的远景规划，使二级经销商对双方的合作充满信心。可以采用如下具体方法。

1. 增强企业间的感情维系

高层领导要进行经常性的沟通与互访，从而增进双方的了解。定期召开经销商会议，对业绩好的经销商进行表扬和激励，对制造商即将出台的促销政策进行讨论，培养二级经销商的归属感。定期通报企业经营方面的信息，增强企业间感情维系。

2. 加快企业品牌形象建设力度

4S汽车品牌经销商建立良好的企业自有品牌形象，有利于巩固二级销售服务网点之间的关系。渠道竞争是市场竞争的重要一环，品牌经销商要在竞争中站稳脚跟，在与厂家的合作过程中取得发言权，就要进行渠道联合。通过联合，共同构建渠道网络，有效提高企业的竞争能力。

3. 控制市场终端

汽车行业的渠道发展呈现扁平化的趋势，经销商只有掌握终端市场，才能获得发展的权利。可以采用的具体方法是：对汽车销售服务人员进行系统培训；规律性促销活动并将其落到实处；通过互联网建立渠道网络管理系统，当缺乏网络管理的条件时，可以通过编制相关的渠道管理表格，建立顾客档案与二级经销商档案。为保证资料的准确性和完整性，应注意对现有的资料及时进行更新。渠道成员开发报告表见表3-1、渠道成员管理卡见表3-2、渠道成员交易异常处理表见表3-3、渠道成员销售情况分析表见表3-4、渠道成员应收款分析表见表3-5、渠道成员终止交易报告表见表3-6。

项目 3　汽车销售渠道

表 3-1　渠道成员开发报告表

渠道成员名单			编号		
地址	公司		电话		手机
	工厂		电话		手机
	配件门市		电话		手机
主办人员					
销售车型（配件）					
首次交易额及品名					
开拓经过					
备注					

经理：_____　　主管：_____　　报告人：_____

表 3-2　渠道成员管理卡

公司名称			统一编号		
公司地址			联络电话		
营业项目		公司执照		成立时间	
法人		总经理		经营状态	
经营情况	经营性质		营业区域		
	员工人数		营业额		
付款情况	付款方式	□现金　□公司支票　□私人支票　□汇票　□承兑汇票			
	付款态度	□佳　□一般　□难收　□不良			
	最佳收款时间				
信誉调查	调查人： 调查评估：				
授信情况	房产	设定金额记录	付款方式		结账日期
	现金保证	保证金记录	付款方式		结账日期
	其他				

表 3-3 渠道成员交易异常处理表

二级经销商名称			负责人		发生日期	
本公司出售车型						
授信金额	抵押： 保证： 信用： 合计：	定金及应收款项	应收账款： 应收票据： 应收账款合计： 收定金金额： 品名： 数量：		元 元 元	
异常情况及 紧急措施			主管			
			经办			
管理部门签署意见						
二级经销商库 存品或其他物品 收回明细	品名					
	数量					
	估计金额					
担保人或背书 人的不动产明细						
二级经销商的 不动产明细						
对未清理债权的 处理意见						
财务意见						
法律意见						
批示						

表 3-4 渠道成员销售情况分析表

情况种类	内　　容
1. 畅销车型情况	
2. 销售现场情况	
3. 消费者情况	
畅销车型（配件）情况	
商品	
价格	
库存	
特征	
每日动向	
销售现场情况	
销售现场情况	
陈设	
管理情况	
竞争车型	
消费者情况	
销售人员情况	
购买情况	
转价情况	
宣传方式	
广告促销	
情况分析	
问题点	
提案	

表 3-5　渠道成员应收款分析表

二级经销商名称	销售额			起初应收货款余额④	应收款回收项目⑤=③+④	期末应收货款余额⑥	实际回收对象额⑦	回收率		现金		票据		票据类别内容				
	销售净额①	现销金额②	赊销发生金额③					回收额⑧=⑤-⑥	项目⑧÷⑤	实际⑧÷⑦	金额⑩	⑩÷⑧	金额⑨	⑩÷④	月	月	月	月	月

表 3-6　渠道成员终止交易报告表

渠道成员		负责人	
地址		编号	
开始日期		停止日期	
交易状况			
停止原因			
处理方式			
备注			

总经理：_____　　财会：_____　　主管：_____　　制表：_____

4. 要对经销商及时进行评价调控

如图 3.5 所示，针对其销售业绩情况和综合服务能力，对做得好、有潜力的二级分销商进行奖励、推动，有效提高其积极性并起到示范的作用；对在合作过程中存在问题的企业进行挤压，保持警惕，防止出现由于违规经营导致企业的整体形象受损；对存在严重问题的企业，要打击和清除，避免其对企业的其他渠道成员造成恶劣的影响。企业通过以上措施来保证销售渠道得到健康的发展。

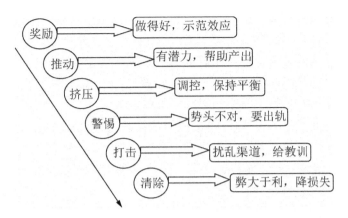

图 3.5 渠道产品评价示意图

3.5 库存车管理

经销商在整车销售前后还涉及商品车的管理工作，本节对此做简单介绍。

3.5.1 库存车概述

1. 库存车定义

库存车实际上就是汽车生产企业生产出来，但还没有进入销售渠道网络的，在厂家大库里的车辆。从物流上说，通常库存时间超过 240 天的车，就算是库存车了。

2. 库存车分类

库存车常见有两类。

1）厂家库存

是指在厂家的仓库度过库存期的车辆。

2）经销商库存

是指在经销商仓库度过库存期的车辆。

从严格意义上，库存车应该就是指厂家的库存车，而非经销商经常提及的"我们库里有车"这样的商家库存车，商家库存车对于厂家来说，就是在途的车辆，严格意义上划归为现货行列，因为这样的车消费者不需要到厂家去提货，而且厂家发货的账面已经结清。

在汽车厂家库存管理比较规范的现在，大规模出现库存车不太会出现。但是在 2005—2006 年，上海大众确实出现过大规模的库存车，比如老款的 POLO，这些库存车有的甚至在库超过半年，达到一年之久。当然，库存车一般都会低价处理，上海大众为此还专门成立一个库存车特售仓。

3. 库存车出现的原因

1）持有库存的积极原因

存货是商品或商品部件的储备。一般而言持有合理的存货有四个积极原因。

（1）需求激增超过生产能力。

（2）是为了获得生产和运输中的规模经济。存货是批量处理订单以达到较长的生产运转或储存商品以装满集装箱、卡车、轮船或飞机的必然结果。

（3）生产与消费点之间的距离意味着运输需要时间。客户需要保持一定存货（渠道储备物）以备新货物抵达并卸载下来投入使用之前的所需。

（4）供应与需求都是不确定的，如果他们最终能得到的话，购买者不清楚要多长时间（订货至交货的时间）才能补给供应。因此，他们以安全储备（存货超过对一个订货周期所需的最优估计的那部分）来对抗不确定性。那种不确定性通常以不了解什么会较好销售（需求不确定性）的形式表现出来。

2）出现大规模库存车的原因

（1）厂家对库存管理并不注意，车辆生产和销售脱节，导致某款车在市场上销量不佳的情况下没有减产或者停产，库存大规模增加。

（2）某款车停产，以前生产的车经过半年却还没有消化掉，成为典型的大规模库存车。

（3）由于政策等因素，比如排放标准上升，导致汽车厂家有一批生产车辆长时间难以消化，只得成为库存车来处理。

3.5.2 库存车管理

1. 进货管理

1）制订合理的进货计划时需考虑的因素

（1）市场淡旺季的变化。淡旺季不同，汽车销售商的需求也有所不同，在旺季，汽车销售商可能需要备足各种型号的产品，在淡季，可能需要就会减弱，若这个因素没考虑，会人为造成销量损失。

（2）竞争对手情况。针对竞争对手的畅销型号，有针对性地进货，进行遏制或者虎口夺食。

（3）制造商主推方向。根据制造商制订的促销计划，积极配合并有针对性的做好存货的集中销售，并伺机做好新品备货计划和资金准备。

（4）制造商出的政策和投入的资源。汽车销售商之所以愿意回款、进货，很大程度上是因为制造商出的政策和投入的资源有诱惑力，政策是导向标。

（5）汽车销售商的库存和资金情况。畅销的型号可以多做点，尽量保证货源；滞销型号不用再进，当务之急想方设法排空；利润和平销型号销多少进多少。

（6）产品线的宽度和深度。产品是汽车销售商作战的子弹，进货时不但要做到高中低配置都有，还要做到同一系列各种颜色尽量全，才能满足市场多样化需求。

2）安全库存

有统计资料证明，1.5倍安全库存管理是最合理的。其基本公式为

$$安全库存 = (上期库存 + 本期进货 - 本期库存) \times 1.5$$

$$实际进货量 = 安全库存 - 期末库存$$

【例3-1】如果某型号上期末库存100辆,本期又进了100辆,期末还剩70辆库存,那么该进多少货呢?答案是125辆。

计算如下:安全库存=(100+100-70)×1.5=195

进货量=195-70=125

如果还剩130辆库存,又该进多少货呢?答案是不进货,因为

安全库存=(100+100-130)×1.5=105

远远小于现有库存量。

当然,应用这个公式时,不能生搬硬套,还要适当考虑一下市场淡旺季变化以及别的因素,具体比例可以根据实际情况进行适当缩小或者放大。

2. 销货管理

表3-7是批发商月度库存表,宏观把控批发商销售情况;表3-8是型号明细表,监控批发商单个型号销售进度;表3-9网点提货明细表,监控批发商出货方向。

表3-7 ( )月度库存管理报表

型号	上月末库存数量			本月入库			本月销售									本月末库存		
							上旬			中旬			下旬					
	黑色	白色	银色 …	黑色	白色	银色 …	黑色	白色	银色 …	黑色	白色	银色 …	黑色	白色	银色 …	黑色	白色	银色 …

表3-8 ( )月度库存型号明细表

型号	底盘号	颜色				入库日期	存放地点	出库日期	备注
		黑色	白色	银色	…				

表 3-9　(　　)月度网点提货明细表

提货单位名称	型号	底盘号	颜　　色				提车日期	备注
			黑色	白色	银色	…		

分析批发商销售情况、业务，不但要分析其销量，哪些好销？哪些不好销？销售进度如何？还要分析其销向，也就是货流到了哪里？一般来说，批发商出货途径有以下几条：一是自身消化一部分；二是下游分销一部分；三是零售终端铺一部分；四是串货。如果将三张表组合使用，我们就不但能监控批发商的销量还能监控其销向，整个市场也基本掌控在业务手中。

很多人认为进销存琐碎，做不做无所谓，其实分析进销存的过程，就是分析市场、掌控市场的过程。

3. 存货管理

库存管理主要目的就是对汽车销售商的库存结构进行优化并控制在合理的存货量范围内，主要内容如下。

1) 根据库存情况合理补货

对照进销存表格，各产品销售情况一目了然。对于畅销车型，现有库存够不够？要补多少的货？对于利润车型，则是卖多少进多少；对于平销和滞销车型，卖完了最好，没消化掉，要想方设法排空。

2) 基本库存管理技巧

如每月固定盘库制度，做到账、货、卡三者统一；产品尽量按品类摆放，做到先进先出；及时清点仓库的杂物、废物和破损物，腾出更多的仓储空间；在靠仓库门口预留一块足够大的空地，方便上下货；整理出一块空间，专门存放厂家促销宣传品等。

3) 消化不良库存

不管是制造商盲目压货也好，还是汽车销售商贪图政策、资源、预期利润而盲目进货也好，过剩库存以及滞销品是大家都普遍感到头疼的问题。对汽车销售商而言，库存过大或者产品滞销，会影响资金周转及利润。

4. 消化不良库存

如何才能使存货减少？比较明显的方法有避免运转缓慢(久滞存货)的物品、延长商品保质期、寻找供货更快的卖主、选择更便宜的货仓等。具体有以下几种方式。

1）让下游网络包销

积极开拓直营分店或二级网点，签订合作协议并规定月度的库存最低标准，以此来缓解一级汽车销售商的库存压力。

2）区域换货

跟别的区域调换。各市场情况不同，在甲地畅销车型也许在乙地卖不动；同理，在乙地难卖的东西在甲地也许炙手可热。每个汽车销售商都有自己的人脉，花点运费跟别的区域调换下总比货压在仓库要好，资金只有在流动的过程中才会产生利润。

3）开辟新通道

如集团采购、政府等机关用车、驾校、租赁、特定群体用车，此类用户若对产品的外观、样式等无特别要求，最为关心的便是价格是否足够优惠。给一个优惠的价格，也能帮助消化一部分库存。

4）用于渠道促销

制造商会依据淡旺季和市场情况，经常针对渠道出一些回款或提货政策。汽车销售商在向下游输出时，可以适当"偷梁换柱"，如制造商政策是提15辆A型号送1辆A型号，可以将其变为提15辆A型号送一台滞销品，甚至可以将A型号和滞销品、过剩库存揉在一起，进行组合包装。下游照样会买单。

5）加大促销力度

过剩库存不像滞销品，它有很强产品竞争力。如果库存压力大的话，我们可以考虑加大促销力度，刺激终端出货。宜采用买赠方式，不宜采用降价方式。很多顾客本来就有想买之心，现在看厂家加大促销力度，还不买更待何时？

6）加大销售激励政策

销售激励是终端销售临门一脚的射手，产品能不能卖好，东西能不能卖掉，跟它们的关系很大。激励可以化为销售动力，它们会利用各种人脉和关系，确保销售的最终成交。

7）捆绑销售

捆绑销售是制造商经常干的事，畅销的型号搭配些不好销的，主打的产品配些利润机型。汽车销售在消化库存时，也可以依葫芦画瓢，进行捆绑销售。下游客户从心理上也能接受：都卖畅销的、挣钱的，不好销的谁卖？

8）制造商回购

在上述的几招都不灵验的时候，汽车销售商就只好求助于制造商进行退换货处理了，这称之为回购。一般建议汽车销售商尽量避免使用此招，一旦使用了会给汽车销售商和制造商的合作关系留下阴影，同时制造商也会对汽车销售商的经营能力和实力进行重新评估。

5. 真正的存货削减

以往，大部分产品都是依据需求预测生产。对于必需品，工厂根据需求的推测数量而生产，营销渠道也同样地根据需求推测来订货和储存。这里的理念是按预测生产或预测储存。每个成员都通过将其产品纳入这一系统，计划各种活动以使此系统的下游成员答应购买其产品来努力使他们的预测得以实现。这种推动系统（建立在预测的需求基础上）多年来一直居于主导地位，也是许多制造商理论与实践的基础，尤其是在西方经济当中。

在20世纪80年代，许多公司发现某些日本公司，最著名的如丰田，以一种迥然不同的理念经营他们的工厂。传统的汽车工厂生产出原材料和在制品的存货，准备好按照活动计划将存货投入生产。这些推动系统是建立在某一工作站最终会需要一个部件的预测之上。丰田将这个过程逆转过来。丰田实践了一种拉引系统，而不是按照装配线下游需求预测将部件投入生产。当对某一部件的需求具体化时，丰田才要求这个部件。一个负责精细的准时系统（JIT）使它能获取这个部件——通常不是从它自己的仓库而是从外部供应商——并刚好在需要它之前将它放置在工作站上。

JIT是一种由各种技巧和管理激励方法支撑的哲学。JIT在制造实践与理论中引起的热情使人们把最初对它的功效与稳健性的怀疑置之脑后。它使人们对拉引方法重燃兴趣，在这种系统下，实际的需求以一种同步方式引发供应。这种兴趣已经使制造发生了革命。

这与营销渠道的关系何在呢？关系重大，因为拉引系统（按订单生产）的观念已经获得了广泛认可。那种认为只有推动系统（按预测生产）才是可行方式的意见已受到冷落。这一观念（拉引系统将取代推动系统）已经远远普及到制造领域之外。拉引系统在制造方面的成功鼓励了渠道成员们将许多基本原理与价值观移植运用到营销渠道中来，尤其是JIT的成功，使那些认为拉引系统在跨越组织边界时不切实际的评论家无话可说。这也是如高效消费者响应和快速反应等这些重大的供应链管理创举的灵感源泉。

义乌市奥龙汽车销售有限公司库存车辆管理办法

编号：YWAL－GL(XS)－002－2006

为确保公司所有库存车辆的管理，保障商品车的储存质量，特制订本办法。

1. 库存的整车要分区管理，同一型号的车辆要排放在一起，问题车辆单独摆放，并有明显标志。
2. 库存的整车要排列整齐，每周清洁一次，保持车辆良好的卫生状况。
3. 库房区内严禁烟火，消除火灾事故隐患，禁止客户在整车库房区内吸烟。
4. 库管员每天要检查车辆状况，确保车门、窗锁好，核对钥匙，做到万无一失。
5. 库管员认真细致地掌握库存车辆的状态，所有出入库的车辆都要有详细的检查和明细记录，做到所有过库车辆有据可查，记录清楚，日清月结。
6. 库管员应按相应规定做好库存车辆的统计上报工作。
7. 库管员对超过一个月的库存车辆进行全面检查，并做好记录，如发现问题及时报销售经理解决。
8. 销售经理部定期对库房车辆车况、卫生情况、记录情况进行抽查，发现问题及时处理。

希望有关人员严格遵照执行。

小 结

本项目对汽车销售渠道的模式、渠道的管理和库存车管理作了较详细的阐述,包括分销渠道理论、分销渠道的模式和渠道的表现形式。

汽车销售渠道的模式有直销模式、代理商模式、经销模式、品牌专卖模式、连锁经营模式和网络营销模式。

分销渠道理论有渠道成员的激励,评价、调控渠道成员。

分销渠道的表现形式有汽车交易市场、4S专卖店、连锁店、汽车超市、汽车工业园和仓储中心。

库存车管理有进销存管理等。

本项目的教学目标是使学生具备懂汽车销售渠道的运用和学会评价渠道成员的基本方法。通过案例对一些细节进行了讲解。

项目 4

汽车市场销售策略

通过本项目的学习,要求了解产品生命周期原理及各阶段的特征,掌握产品的核心概念,掌握主要的定价方法和定价策略,了解促销组合的内容,掌握促销策略中广告、人员推销和营业推广的基本要领,了解服务营销理念的内涵。

能力目标	知识要点	权重	自测分数
了解汽车市场产品策略	产品整体概念、汽车产品的生命周期销售理论	25%	
了解汽车市场价格策略	汽车产品定价方法和策略	30%	
掌握产品促销策略	促销组合、人员推销方法	45%	

项目 4　汽车市场销售策略

> **引　例**
>
> **奔驰汽车公司的整体产品**
>
> 奔驰汽车公司认识到提供给顾客的产品不仅是一个交通工具，还应包括汽车的质量、造型、功能与维修服务等，以整体产品来满足顾客的系统要求，不断创新。从小轿车到 255t 的大型载重车共 160 种，3 700 多个型号，以创新求发展是公司的一句流行口号，推销网与服务站遍布全世界各个大中城市。
>
> 请思考：奔驰公司提供给顾客的产品中除了车辆本身还有哪些内容？

4.1　汽车市场产品策略

4.1.1　产品的整体概念

整体产品概念体现了以顾客为中心的现代营销观念，它把市场营销的产品范围扩展到劳务及其他所有的部门，为企业开发适合消费者需要的有形与无形产品，挖掘新的市场机会提供了新的思路。

整体产品概念包含 5 个基本层次如图 4.1 所示，即核心产品层、形式产品层、期望产品层、延伸产品层和潜在产品层。它要求将消费需求视为一个整体系统，给企业产品开发、设计提供新的方向。整体产品概念揭示了企业产品差异可以体现在 5 个层次的任何一个方面，因而也为企业的产品差异化策略提供了新的线索。整体概念包含了重视服务的基本思想，要求企业随着实体产品的出售，应加强对不同层次购买者的各种售后服务。

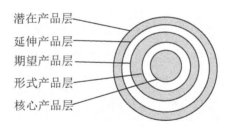

图 4.1　汽车产品整体概念的 5 个层次

1. 核心产品

这是从产品的使用价值来分析，处于产品整体概念最基本的层次，是指产品提供给消费者的最基本的效用和利益。消费者通过购买可以得到诸如快捷、省时、省力、享受等物质效用及美观、炫耀等心理效用。核心产品层向人们说明了产品的实质，产品如果不含有实质，它就失去了存在的必要，也不会有任何人会花钱去购买它。汽车的核心产品部分即实现运输需要的功能。

2. 形式产品

形式产品即产品的形式，这是产品在市场上出现时的具体物质外形，产品形式一般通过不同的侧面反映出来。汽车的形式产品是指汽车质量水平、外观特征、汽车造型、汽车品牌。

3. 期望产品

期望产品是消费者在购买产品时期望得到的一系列附属性条件。

汽车的期望产品是消费者在购买汽车时还希望得到舒适的车厢、安全保障设备等附属功效。

4. 延伸产品

延伸产品又称附加产品，是指汽车消费者在购买形式产品和期望产品时还想得到附加的服务和利益。

汽车产品的延伸产品是汽车各种售后服务，如储运、装饰、维修、保养及年检等。

5. 潜在产品

潜在产品是指包括现有汽车产品的所有延伸和演进部分在内，最终可能发展成为未来汽车产品的潜在状态的汽车产品。潜在产品预示着未来产品的发展方向。

4.1.2 产品组合

1. 产品组合

现在的企业提供给目标市场的通常都不是单一的产品，而是相关产品的组合，即产品组合。产品组合也称产品搭配，指一个企业提供给市场的全部产品的产品线和产品项目的组合或搭配。

2. 产品线

产品线是指与企业营销的产品核心内容相同的一组密切相关的产品，也叫产品大类或产品系列。汽车产品线是一组密切相关的汽车产品，往往是一个品牌的系列产品，通过相同渠道销售出去。例如一汽大众的捷达轿车、宝来轿车、高尔夫轿车就是3个产品线系列。再如上海大众有桑塔纳、桑塔纳3000、帕萨特、POLO、高尔5条产品线。

3. 产品项目

产品项目是构成产品组合和产品线的最小产品单位。它是指在某些产品属性上能够加以区别的最小产品单位。汽车产品项目是同品牌系列中不同款型、不同价格、不同配置的汽车产品。例如，捷达轿车系列中有捷达都市先锋、捷达伙伴等款型。

4. 产品组合决策

1) 产品组合的宽度

产品组合的宽度是指其中所包含的产品线的数量。产品线数量越多，说明企业产品组合的宽度越宽。产品组合的宽度反映了一个企业市场服务范围的宽窄程度以及企业承担投资风险的能力。加大企业产品组合的宽度，可以扩大企业的经营范围。

2) 产品组合的长度

产品组合的长度是指产品线中的产品项目数量的总和。增加产品组合的长度，可使产品线更加丰满。同时，也给每个产品系列增加了更多的变化因素。

3) 产品组合的深度

产品组合的深度是指产品线中每个包含的产品项目数。

4) 产品组合的相关性

产品组合的相关性又称产品组合的密度，是指产品组合的各个产品线在最终使用、生产条件、分销渠道或其他方面相关联的程度。这种相关联程度的高低，可决定企业能够在多大领域内加强竞争地位和获得更高的声誉。增加产品组合的相关性，可以充分发挥企业现有的生产、技术、分销渠道和其他方面的能力，提高企业的竞争力，增强其市场地位，提高经营的安全性。

企业所面对的市场环境因素是动态的、多变的，各种因素的变化会对企业产品的营销产生正反两方面的影响。因此，企业要经常对自己的产品组合进行分析、评估和调整，力求保持最适当、合理的产品组合。

4.1.3 汽车产品的生命周期

1. 汽车产品生命周期含义

产品生命周期是指产品从投放市场开始，经过导入期、成长期、成熟期和衰退期直至退出市场的整个过程。由于产品在产品寿命周期的不同阶段具有不同的特点及市场状况，企业必须根据实际情况调整、安排自己的营销对策。

2. 产品生命周期不同阶段的特点

根据产品市场状况的变化，通常将产品生命周期分为4个不同阶段，即导入期、成长期、成熟期和衰退期。图 4.2 为产品生命周期曲线图。

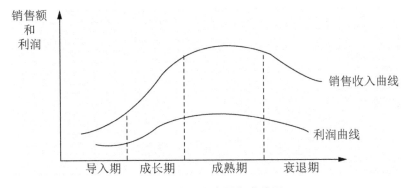

图 4.2　产品生命周期曲线图

1) 导入期

又称发生期、介绍期，是汽车新产品投入市场的初期阶段。由于刚投入市场，消费者对新产品不了解，需求量小，所以往往销售量低，费用及成本高，利润低，可能使企业在这一阶段处于亏损状态。

2）成长期

又称发展期。该阶段市场局面已经打开，是产品销量和利润迅速增长的阶段。越来越多的消费者熟悉并接受新产品，产量扩大，生产成本下降，利润大幅增长，因而越来越多的竞争者加入进来，竞争日益激烈。

3）成熟期

又称饱和期、稳定期。进入这一阶段产品销量已经趋于饱和状态，销量的增速减慢并开始下降。产品生产已经是标准化生产，成本下降。该阶段竞争加剧，降价成为企业普遍的选择，导致企业利润不断下降。

4）衰退期

新产品或替代品的不断出现，产品的市场需求越来越小，销量和利润迅速下降，逐渐退出市场。

3. 产品生命周期不同阶段的策略

1）导入期策略（见表 4-1）

表 4-1 导入期产品策略

销售价格	促销力度	
	大	小
高	快速撇脂	缓慢撇脂
低	快速渗透	缓慢渗透

（1）快速撇脂。企业采用高价高强度促销的策略。用该策略的前提是消费者有较高的购买力，且愿意购买。一般汽车生产企业在推出高档车时往往采用该策略。

（2）缓慢撇脂。采用高价及少量促销的策略。适用于消费者有购买力并愿意支付，同时该产品有一定的知名度。

（3）快速渗透。企业采用低价高强度促销的策略。采用该策略可以快速地占领市场，扩大市场规模，适用于市场规模大、消费者对新产品不了解的情况。

（4）缓慢渗透。企业采用低价低促销的策略，主要是通过低价来扩大销量，低促销费用可以节约成本。

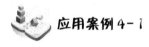应用案例 4-1

大众奥迪——高价，攫取利润

作为国内中高档车标杆的奥迪 A6 的换代车型 A6 系列——新奥迪 A6，在 2005 年 6 月 16 日正式公布售价，除了核心配置和美国版有差异外，国产后的新奥迪 A6/3.0 高出了美国版逾 20 万元。据业内资深人士分析，德国大众旗下的奥迪品牌在主力车型上的过高定价一旦失误，很可能将加速大众汽车在华市场份额下滑，同时导致中国中高档车市重新洗牌。

项目4 汽车市场销售策略

一汽大众正式公布了全新奥迪A6/L2.4和A6/L3.0共6款车型的价格和详细装备表。其中A6/L2.4三款车型的厂家指导价格区间为46.22万～57.02万元；A6/L3.0三款车型的价格区间为56.18万～64.96万元。这6款车型已于2005年6月22日正式上市销售。

据了解，自1999年投产以来，上一代国产奥迪A6经历了5次升级，在不到5年的时间里销量超过20多万辆，在国内豪华车市场多年来可谓是"一枝独秀"，直到去年市场份额仍维持在60%左右。

按照这个价格，新奥迪A6的最高价格已经打破了目前国产豪华轿车最贵的一款宝马530i。国产宝马5系目前的价格是53万～61万元，市场报价还更低；日产的价格是24.98万～34.98万元、丰田的报价是32.8万～48万元，新奥迪A6等于"让出"了原来销量最大的价格区间。

奥迪美国官方网站上写到，美国市场上目前新奥迪A6只有3.2L和4.2L两个排量，其价格分别为4.262万美元和5.222万美元。这样，美国版的3.2L折合人民币为35万元，国内版本竟高出了21万～29.96万元。

"和美国版的新奥迪A6相比，在核心配置方面，国内版的新奥迪A6发动机不是FSI的，而且不带全时四驱，变速箱还不是Tiptronic，且价格也贵出很多。"业内人士这样分析道。一位不愿意透露姓名的分析师说，如果市场证明新奥迪A6在定价上出现失误，很可能将加速大众汽车在华市场份额下滑，同时导致中国中高档车市的重新洗牌。

某机构全球中国首席汽车分析师则认为，从目前A6的定价来看，肯定是改变老A6的产品定位了，这将使得原来老A6在30万～40万元的区间被竞争对手们蚕食，假如奥迪今年年内没有弥补这个价格区间的车型，那么今年要想达到去年5万多辆的销量，几乎成了不可能完成的任务。

其实，奥迪采取高价策略，已经不是第一次了，以前奥迪A4也同样采用的是高价入市策略。这样，可以使汽车厂商在短时间内攫取大量利润，等到过一段时间之后，竞争对手的车也上市了，消费者的热情也消退大半，再降价刺激市场，扩大市场占有率，提升销量。对于高档豪华轿车来说，顾客多是高收入个人、政府和企事业单位，对价格并不是太敏感，他们主要看重的是品牌。

奥迪自己不可能不知道高价入市的风险，但这两年大众在华业务销量和利润都逐年下滑，如果没有利润增长点，今年很可能出现20年来第一次亏损。奥迪A6新车型如果高价入市成功，则很可能避免全年的亏损。奥迪在中国这么多年的先入优势，品牌在消费者心目中的地位，经销商的实力，这次赌赢的胜算很大。但越往后，消费者越成熟，信息越透明，中国的消费者没理由愿意比美国的消费者买同样的车却多花二三十万。所以，大众奥迪就算赢了这次，使今年勉强不亏损，但明年能躲得掉吗？

通过案例可以看出，奥迪采用的是高价策略，也称为撇脂定价策略，指企业以较高的成本利润率为汽车定价，以求通过"厚利稳销"来实现利润最大化。

这种策略也是一种较特殊的促销手段，利用人的求名、求美心理。一般运用于价格弹性小的产品，或消费者对价格反应迟钝的产品。比如具有新款式和新功能的中档汽车，以及高档豪华汽车。比如奥迪A8加长型3.0在中国上市时卖118万元人民币，同级别的奔驰S350售价120万，宝马730i1售价110万，但这些车在国外市场定价也就10万美元左右。

请思考：奥迪采用这种策略的优点和缺点有哪些？

2）成长期策略

不断完善产品质量，增加产品的新功能、款式及特色，赢得顾客信任；积极开拓新的市场；加大宣传促销力度，扩大品牌知名度；可适当降价吸引消费者。

3）成熟期策略

通过各种方式寻找新的市场和营销机会，挖掘市场的深度和广度；提高产品的质量、增加产品的功能；调整营销组合，从价格、促销方式、销售渠道等方面着手。

4）衰退期策略

可以根据具体情况分别采用收割策略、榨取策略、集中策略、撤退策略。收割策略是指生产一定数量的汽车或是只生产零部件。榨取策略是指降低一切费用支出，精简推销人员，获取利润。集中策略是指把企业的财力、人力等资源集中到一定的目标市场中，发挥资源优势，获取利润。

4.1.4 汽车新产品开发策略

在买方市场条件下，企业要生存要发展，要保持强劲的竞争力，就必须具有创新能力，特别是新产品开发的能力。这是市场需求不断变化的要求，是市场竞争加剧的必然，同时科学技术的发展也为新产品的开发起到的推动的作用。

1. 新产品概念与类型

凡是对产品整体概念中任何一个层次进行创新、变革，并给消费者带来新利益的产品，都称为新产品。

新产品可分为以下几类。

（1）全新产品。应用新技术、新理论、新材料等制造的新产品。

（2）换代新产品。在原有产品基础之上依据新技术制造的性能更高的新产品。换代新产品需要一定的技术含量，是汽车企业进行产品开发、提高竞争力的重要创新方式。

（3）改进新产品。利用新技术对现有产品进行改进。这种新产品与老产品很相近，利于消费者快速接受。

（4）仿制新产品。市场上已有的，为竞争需要仿制的新产品。

2. 汽车新产品的开发方式

汽车企业如何开发新产品，一般而言，有四种方式可供选择：独立开发、引进开发、开发与引进相结合、联合开发。

（1）独立开发。指企业依靠自己的能力研发新产品。采用此种方式要求企业具备一定的实力。

（2）引进开发。企业利用自身成熟的技术，引进别人的成功的技术进行研发。

（3）开发与引进相结合。即自身研究同时也借助他人的成功经验进行研发。

（4）联合开发。指企业与科研机构、大专院校及其他企业联合开发新产品。

3. 汽车新产品的开发程序

新产品开发程序一般分为以下几个步骤。

（1）构思。

（2）筛选。

（3）产品概念的形成与验证。

（4）可行性分析。

（5）产品研制。

（6）市场试销。

（7）正式投放市场。

4.2 汽车市场价格策略

4.2.1 价格基本理论

1. 供需理论

供需理论认为，商品的价格由供求所决定，价格总是在一定的市场供求状况下形成。当供给量与需求量相等时，会形成一个供求双方都可以接受的价格。经济学将这个价格称为均衡价格。除供求和价格外其他因素不变的情况下，当商品的价格高于均衡价格，该商品的需求量下降，供给量上升，形成供大于求的情况，这表明价格决定供求。当供大于求时，价格会自发的下降到均衡价格附近，这表明供求决定价格。在一定时期内，商品的供求与价格处于这种波动当中，相互影响，相互制约，我们把这种现象称为供求规律。

2. 价格质量规律

价格质量规律是指商品的价格与质量之间的关系，即高价优质。这种价格与产品质量之间的正比关系，实际上反映了企业与消费者之间交换关系的内在要求。一方面，优质商品必然使企业投入更多的成本，从而产生了高价；另一方面，消费者认为优质的产品能够给其带来更大的利益，其价值自然高。从市场运作情况看，大多数商品的销售符合这一规律。

4.2.2 汽车价格构成

汽车价值同样符合价值的一般规律，即汽车价值决定汽车价格，汽车价格是汽车价值的货币表现形式。但在实际营销过程中，由于多方面因素的作用，导致汽车价格与汽车价值的表现并不完全相符，有时价格大于价值，有时价格小于价值。汽车价格的构成主要包括以下 6 个方面。

（1）汽车生产成本是制订汽车价格的基础和依据。

（2）汽车流通费用。是汽车从生产企业进入到消费者手中所经历的各环节的费用，它主要受流通距离、时间的影响，因此它是制订同种车辆差价的基础。

（3）国家税金。国家对汽车企业开征的有所得税、增值税、营业税，流通环节中还有购置税和消费税。

（4）汽车企业利润。这是企业扩大再生产的重要资金来源。

（5）汽车价格的类型。汽车价格组成类型有：

① 汽车生产成本＋汽车生产企业利税＝汽车出场价格

② 汽车生产成本＋汽车生产企业利税＋汽车批发流通费用＋汽车批发企业的利税＝汽车批发价格

③ 汽车生产成本＋汽车生产企业利税＋汽车销售费用＋汽车销售企业的利税＝汽车销售价格

（6）汽车购置费用。是消费者买到一辆车实际承担的费用。汽车购置费用是指在汽车销售价的基础上加上车辆购置费。

4.2.3 汽车产品定价方法

传统的定价方法主要考虑成本因素，因此各种定价方法都是以成本为核心。而现代企业定价时不仅要考虑成本因素，还要考虑市场需求和竞争因素，因此就形成了成本导向、需求导向、竞争导向三大类基本定价法。

1. 成本导向定价法

1) 成本加成定价法

是指在单台车成本基础上，加上一定比例的利润。加成是指一定比例的利润。其计算式为

$$汽车销售价格 = 单位产品成本 \times (1 + 成本加成率)$$

由于加成率一般比较固定，该方法简单易行，是普遍采用的一种方法。但该方法忽视了需求和竞争因素，缺乏灵活性和竞争性。

2) 盈亏平衡定价法

是企业按照产品的总成本和销售收入维持平衡的原则，制定产品保本价格的一种方法。其计算式为

$$产品单价 = 单位变动成本 + 固定成本/销售量$$

企业进行价格调整时，也可运用该法在价格和销量之间寻找决策点。

3) 边际成本定价法

又叫边际贡献法，仅计算变动成本，不计算固定成本，而以预期的边际贡献补偿固定成本，获得收益的定价方法。边际贡献是指企业每增加一个产品的销量，所获得的销售收入减去变动成本的数值，即

$$边际贡献 = 价格单位 - 变动成本$$
$$价格 = 单位变动成本 + 边际贡献$$

2. 需求导向定价法

1) 理解价值定价法

是一种根据消费者对所购买产品价值的认识程度来确定产品价格的定价方法。企业利用营销组合中的非价格因素在购买者心中建立起认知价值，从而为定价奠定基础。

2) 需求差异定价法

是一种相同产品根据市场需求不同而制定不同价格的定价方法。一般有以下几种表现形式。

（1）不同顾客给予不同价格。消费群体存在着购买力、购买目的等方面的差异，对于价格敏感的顾客，企业可以给予较低的价格，反之，则可以高些。

（2）对式样不同的产品给予不同的价格。

（3）不同地点销售采取不同价格。

（4）不同时间销售采取不同价格。

项目 4　汽车市场销售策略

3）竞争导向定价法
（1）随行就市定价法。
（2）招投标的方式定价。

4.2.4　汽车产品定价策略

1. 折扣折让定价策略

汽车企业为了竞争和实现营销战略的需要，经常对汽车价格采取折扣折让策略，直接或间接的降价，以扩大汽车销量。灵活运用折扣折让策略，是提高汽车企业经济效益的重要途径。

1）现金折扣

指对按期提前付款或按期付款的购买者实行减价优惠。这种方法帮助企业提高收现能力，减少呆账和收账费用。例如"2/10，30"，意思是产品的付款期限是30天，但如果购买者在10天之内付款，可以享受2%的现金折扣。超过10天付款，不能享受现金折扣。超过30天，需要加付利息。许多行业都实行这种现金折扣，它能帮助企业提高收现能力，减少呆账和收账费用。

2）数量折扣

根据购买者购买汽车数量的多少，给以不同的折扣。购买的数量越多，折扣越大。

3）交易折扣

又称功能折扣，是汽车企业根据各个中间商在市场营销活动中所担负的功能不同，而给予的不同的折扣。

4）时间折扣

时间折扣有两层含义，一是季节折扣，二是时段折扣。

季节折扣指在汽车销售淡季时，给购买者一定的价格优惠，目的在于鼓励中间商和消费者购买汽车，减少库存，节约管理费。

时段折扣是在一些特定的时段内给予一定比例的折扣优惠。如开业、展会期间、周年庆典等。

 应用案例 4-2

迎中秋国庆促销案例：奇瑞汽车购车优惠让利一览表

传统的"金九银十"旺季又将来临，加上国庆之机，奇瑞汽车在全国推出了"金秋国人庆盛世，奇瑞豪礼节节送"活动。从9月初始，奇瑞将为广大消费者呈上最高2万元让利等多项优惠举措。此项活动将一直持续9、10两个月，涵盖的车型包括了A3、A5、瑞虎09款、奇瑞QQ系列等共计近十款。

其中奇瑞A3推出了高达8 000元的购车优惠大餐；奇瑞A5此次则向消费者回馈出全新起售价格——55 800元；同时瑞虎09款优惠价84 800元起；而奇瑞A1 09款全系直降4 000元，使得消费者以45 800元的价格就可拥有，并且还再享有3 000元导航仪的优惠大礼；另外新旗云则以49 800元起售，再赠送价值6 000元的金秋大礼包；东方之子全系除享受官方直降20 000元大幅优惠外，更有机会畅游宝岛台湾。

5) 运费折让

企业对中间商的运费给予一定的津贴，支付一部分甚至全部运费。

企业具体采取哪种折扣折让策略，要综合考虑各方面的因素。特别是竞争对手实力很强时，一旦实行折扣折让，可能会遭到对手更大的折扣反击。

2. 针对汽车消费者心理的定价策略

这是一种根据汽车消费者心理需求所采用的定价策略，即利用消费者心理有意识地将价位定的高些或低些，以满足不同汽车消费者在心理、物质、精神等方面的要求。通过汽车消费者对汽车产品的偏爱或忠诚，诱导消费者购买，获得最大效益。常见的心理定价策略包括以下几种。

1) 整数定价策略

在高档车定价时，往往把汽车价格定成整数，不带尾数。凭借整数价格来给汽车消费者造成汽车属于高档消费品的印象，提高汽车品牌形象，满足汽车消费者某种心理需求。

整数定价策略适用：汽车档次较高，需求的价格弹性小，即价格高低不对需求的多少产生较大影响。

2) 尾数定价策略

该策略正好与整数定价策略相反，是指汽车企业利用汽车消费者求廉的心理，在定价时不取整数，而取尾数的定价策略。这种带尾数的汽车价格给汽车消费者直观上一种便宜的感觉，同时往往还会给消费者一种汽车企业经过了认真成本核算才定价的感觉，可以提高消费者对该定价的信任度。

尾数定价策略适用：汽车档次不高的经济型汽车。

3) 声望定价策略

该策略是根据汽车产品在消费者心目中的声望、信任度等来确定汽车价格的一种汽车定价策略。声望定价策略就高不就低，可以满足某些消费者的特殊需求，如身份、地位、自我形象等。

声望定价策略适用：有较高知名度、有较大市场影响的著名品牌。

4) 招徕定价策略

该策略指将某种汽车产品的价格定的非常高或非常低，引起消费者的好奇心理，进而带动汽车销售的一种汽车定价策略。

汽车超市、汽车专卖店常采用招徕定价策略。

5) 分级定价策略

在定价时，把同类汽车分为几个等级，不同等级的汽车采用不同价格的定价策略。该策略使消费者能产生按质论价的感觉，因而容易被消费者接受。而且，这些不同等级的汽车若同时提价，对消费者的质价观冲击不会太大。

3. 针对汽车产品组合的定价策略

一个汽车企业往往不只生产一种产品，而是存在多个系列的各种产品，同时生产、销售，这些同一企业的不同种类汽车产品之间的需求和成本是相互联系的。但同时它们之间又存在着一定程度的"自相竞争"，因而，这时候的汽车定价就不能只针对某一产品

项目 4　汽车市场销售策略

独立进行，而要结合相互关联的一系列产品，组合制定出一系列价格，使整个产品组合的利润最大化。

4.3　汽车市场促销策略

4.3.1　促销与促销组合

1. 促销的含义

促销就是促进销售。汽车促销就是汽车企业对汽车消费者通过人员或非人员的方式进行信息沟通活动，引发、刺激消费者的消费欲望和兴趣，使其产生购买行为的活动。

2. 促销方式

汽车企业为了支持和促进汽车销售，需要进行多种方式的促销，使消费者了解汽车企业和信赖汽车产品。汽车相关企业通过人员促销，面对面地向消费者介绍，帮助消费者选购汽车；通过广告，传播企业与产品的信息；通过销售促进，加深汽车消费者对汽车产品的了解；通过各种公共关系，改善企业与产品在公众心目中的印象。不同促销方式特点不同，效果也不同。

1) 人员推销

指推销人员在一定的营销环境中，运用各种推销技巧和手段，说服用户接受企业的产品。对汽车销售企业而言，这种方式主要是由销售人员与消费者面对面地进行沟通交流，主要方式有在展厅内、展会上的人员推销，或是入户访问的人员推销。这种方式针对性强，可以与客户建立长期的合作关系，并可以快速反馈消费者的意见。但这种方式对销售人员的素质要求较高。

2) 汽车广告

是以付费方式通过报纸、杂志、广播、电视、广告牌等广告传播媒体形式向目标顾客传递信息的促销方式。它是高度大众化的汽车信息传递方式，其信息传播面广，渗透力强。

3) 公共关系

指企业在从事市场营销活动中正确建立企业与社会公众的关系，以便树立企业良好形象，从而促进产品销售的一种活动。它具有较高的可信度，其传达力较强，吸引力较大，容易使消费者接受，可树立良好的汽车企业形象。它是一种长期的、着眼于未来的活动。

4) 营业推广

又称销售促进。指企业运用短期刺激活动鼓励消费者和中间商购买、经销、代理产品或服务的促销活动。其特点是可以有效地吸引顾客，刺激购买欲望，可以较好地促进销售。

3. 促销组合策略

所谓促销组合策略，就是人员推销、广告、公共关系、营业推广等各种不同的汽车促销方式有目的、有计划地结合起来，并加以综合运用，以达到特定的促销目标。这种组合即可包括上述四种方式，也可包括其中两种或三种组合。

促销组合策略的制定，其影响因素主要有以下几个方面。

1）产品种类和市场类型。

不同种类的汽车产品由于其消费人群不同，对品牌的认知不同，应采取不同的促销组合策略。广告是一种覆盖面广的促销方式，但由于媒体数量与所覆盖的人群不同，必须针对不同的消费对象选择不同的媒体。而人员促销成本较低，是中低档车的主要促销方式，对于高档车则主要选择参加车展的促销方式。不同地区的汽车市场由于其规模、类型、潜在消费者不同，应采用的促销组合也不同。规模大、成熟度低的市场，应借助认知度高的公开媒体以企业形象广告和汽车广告为主，辅以公共关系，获得消费者认同；反之，则宜以人员推销为主，通过销售人员与顾客间的沟通，让消费者对企业和产品的认知达到最大化。

2）汽车促销目标

汽车产品的营销分有不同的阶段，每个阶段有不同的促销目标。营销初期阶段，促销目标是以提高产品知名度、开辟市场为目标；营销中期，产品进入市场成长阶段，往往是以扩大销售，提高市场占有率为目标；营销后期，是维持市场为目标。因此，促销组合策略的制定要符合促销目标。

3）汽车产品生命周期

产品进入导入期，应进行广泛的宣传，以提高知名度，主要采用广告宣传；产品进入成长期，继续提高市场占有率，仍然以广告为主，同时辅以人员促销和营业推广，强化优势；产品进入成熟期，增加营业推广，以便与竞争对手争夺客户。产品进入衰退期，某些营业推广措施仍可适当保持，广告则可以停止。

4.3.2 人员推销

人员推销这种方式是通过销售员与消费者之间，在一种生动的、直接的、相互影响的关系中进行的。这就要求销售人员观察消费者的需求和特征，快速地做出调整与判断，具有很强的专业性、灵活性和针对性。

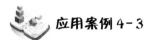

应用案例4-3

这是美国中部一个普通城市里一个普通地区的一家比较知名的车行。这个车行展厅内有6辆各种类型的越野车。这天下午，阳光明媚，微风吹拂，让展厅看起来格外明亮，店中的7名销售人员都各自在忙着自己的事情。这是一个普通的工作日，一对夫妻带着两个孩子走进了车行。凭着做了10年汽车销售的直觉，乔治认为这对夫妻是真实的买家。

乔治热情地上前打招呼——汽车销售的第一个步骤——并用目光与包括两个孩子在内的所有的人交流，目光交流的同时，他作了自我介绍，并与夫妻分别握手。之后，他看来是不经意地抱怨天空逐渐积累起来的云层，以及周末可能来的雨雪天气，似乎是自言自语地说，也许周末的郊游计划要泡汤了。这显然是很自然地转向了他需要引导到的话题：他诚恳地问，"两位需要什么帮助？"——消除陌生感，拉近陌生人之间距离的能力。

项目4 汽车市场销售策略

这对夫妇说他们现在开的是福特金牛，考虑再买一辆新车，他们对越野车非常感兴趣。乔治开始了汽车销售流程中的第二步骤——收集客户需求的信息。他开始耐心、友好地询问：什么时候要用车？谁开这辆新车？主要用它来解决什么困难？在彼此沟通之后，乔治开始了汽车销售的第三个步骤——满足客户需求，从而确保客户将来再回到自己车行的可能性得到提高。他们开始解释说，周末要去外省看望一个亲戚，他们非常希望能有一个宽敞的四轮驱动的汽车，可以安全以及更稳妥地到达目的地。

在交谈中，乔治发现了这对夫妻的业余爱好，他们喜欢钓鱼。这样的信息对于销售人员来说是非常重要的。这种客户信息为销售人员留下了绝佳的下一次致电的由头。销售不是一个容易学习和掌握的流程性的工作，它不像体育运动，体育运动是只要按照事先规定的动作执行，执行到位就可以取得比一般人好的成绩，而在销售工作中既有流程性质的内容，也有非常灵活的依靠某种非规则性质的内容。比如，掌握及了解客户业余爱好的能力，就是被大多数销售人员所忽视的，甚至根本就不会去考虑。在优秀的销售人员中，他们一直认为自然界中"变色龙"的技能对销售过程最为有用。客户由此感知到的将是一种来自销售人员的绝对真诚、个性化的投入和关切，在这种感知下，客户会非常放心地与销售人员交往。由此，在上述的案例中，乔治展现出自己也对钓鱼感兴趣，至少可以获得一个与客户有共同兴趣的话题，从而建立起与客户在汽车采购以外的谈资。

乔治非常认真地倾听来自客户的所有信息，以确认自己能够完全理解客户对越野车的准确需求，之后他慎重而缓慢地说，车行现在的确有几款车可以推荐给他们，因为这几款车比较符合他们的期望。——销售流程中的第三个步骤：产品展示。他随口一问，计划月付多少车款。此时，客户表达出先别急着讨论付款方式，他们先要知道所推荐的都是些什么车，到底有哪些地方可以满足他们的需要，之后再谈论价格的问题。(客户的水平也越来越高了)

乔治首先推荐了"探险者"，并尝试着谈论配件选取的不同作用。他邀请了两个孩子到车的座位上去感觉一下，因为两个孩子好像没有什么事情干，开始调皮，这样一来，父母对乔治的安排表示赞赏。

这对夫妻看来对汽车非常内行。他推荐的许多新的技术，新的操控，客户都非常熟悉，由此可见，这对夫妻在来之前一定收集了各种汽车方面的资讯。目前，这种客户在来采购之前尽量多的收集信息的现象是越来越普遍了。40%的汽车消费者在采购汽车之前都通过互联网搜索了足够的有关信息来了解汽车。这些客户多数都是高收入、高学历，而且多数倾向购买较高档次的汽车(如越野车)，从而也将为车行带来更高的利润。其实，客户对汽车越是了解，对汽车的销售人员就越有帮助，但是，现在有许多销售人员都认为这样的客户不好对付，太内行了，也就没有任何销售利润了。乔治却认为，越是了解汽车的客户，越是没有那些一窍不通的客户所持的小心，谨慎，怀疑的态度。

这对夫妻看来对"探险者"非常感兴趣，但是，乔治也展示了"远征者"，一个较大型的越野车，因为，后者的利润会多一些。这对夫妻看了一眼展厅内的标有价格的招牌，叹了口气说，超过他们的预算了。这时，乔治开了一个玩笑："这样吧，我先把这个车留下来，等你们预算够了的时候再来。"客户哈哈大笑。

乔治此刻建议这对夫妇到他的办公室来详细谈谈。这也就是汽车销售流程中的第四个步骤——协商。协商通常都是价格协商。在通往办公室的路上，他顺手从促销广告上摘了两个气球下来，给看起来无所事事的两个孩子玩，为自己与客户能够专心协商创造了更好的条件。

汽车行销售人员的办公桌一般都是两个倒班的销售人员共同使用的，但是，尽管如此，乔治还是在桌上放了自己以及家人的相片，这其实是另外一个与客户有可能谈到的共同话题。他首先写下夫妻俩的名字，联系方式，通常采购汽车的潜在客户都不会是第一次来就决定购买，留下联系方式，以便将来有机会在客户到其他的车行都调查过以后，再联系客户成功性会高许多。他再一次尝试着先问了客户的预算是多少，但客户真的非常老练，反问道，"你的报价是多少？"乔治断定他们一定已经通过多种渠道了解了该车的价格情况，因此，乔治给了一个比市场上通常的报价要低一点的价格，但是，客户似乎更加精明，面对他们的开价，乔治实际只能挣到65美元，因为这个价格仅比车行的进价高1%。乔治表示出无法接受,于是,乔治说,如果按照他们的开价,恐怕一些配置就没有了。于是,乔治又给了一个比进价高6%的报价。经过再次协商,乔治最终达成了比进价高4%的价格。对于乔治来说,这个价格利润很薄,不过还算可以了,毕竟,客户第一次来就能够到达这个步骤已经不错,而这个价格则意味着车行可以挣到1 000美元,乔治的提成是250美元。

乔治非常有效率地做好了相关的文件,因为需要经理签字,只好让客户稍等片刻。通常,对于车行的销售经理来说,最后检查销售人员的合同予以确定是一个非常好的辅导缺乏经验的销售人员的机会。乔治带回经理签了字的合同,但在这时,客户却说他们还需要再考虑一下。此时,乔治完全可以使用另外一个销售中的技巧,那就是压力签约,他可以运用压力迫使客户现在就签约,但是他没有这样做,他宁愿让他们自由地离开。这其实也是这个车行的自我约束规则,这个规则表示,如果期望客户再回来,那么不应使用压力,应该让客户在放松的气氛下自由地选择。(受过较高的教育的客户绝对不喜欢压力销售的方式)乔治非常自信这个客户肯定回来,他给了他们名片,欢迎他们随时与他联系。

两天以后,客户终于打来电话,表示他们去看了其他的车行,但是不喜欢他们,准备向乔治购买他们喜欢的车,虽然价格还是高了一点,但是可以接受。他们询问何时可以提车?令人高兴的是,车行里有现车,所以乔治邀请他们下午来。

下午客户来了,接受了乔治推荐的延长保修期的建议,并且安排了下一次维护的时间,并且介绍了售后服务的专门人员——汽车销售流程的最后一个步骤,售后服务的安排。并由专门的维护人员确定了90天的日期回来更换发动机滤清器。这个介绍实际上是要确定该客户这个车以后的维护,保养都会回到车行,而不是去路边廉价的小维修店。

这是一个真实的例子,也是非常典型的,有代表性的。通过这个例子,我们发现这种人员推销的方式弥补了促销等其他方式的不足,可以与顾客进行双向地沟通。同时,我们看到一个汽车销售人员不仅需要有一个流程性的销售技能表现,还需要许多销售人员个人素质方面的技能,如沟通的细节问题,拉近距离的方法,发现客户个人兴趣方面的能力,以及协调能力。尽管,汽车销售流程会给汽车销售人员一个明确的步骤可以遵守,但是,具体的软性的销售素质还需要靠灵活的、机智的、聪颖的个人基本实力。

人员推销与其他三种促销方式存在着不同,通过上面案例可以发现,它主要表现在:促销人员与潜在顾客直接接触,因而信息沟通过程是双向的,销售员可以快速地获得反馈的信息,并做出相应的调整。它常常被用来解决其他三种促销方式力所不及的难题。人员推销的顺利进行也依赖于其他三种方式的配合。

1. 人员推销的特点

1) 方式灵活

推销人员与潜在消费者进行的是面对面的交谈。通过交谈和观察,推销人员可以及时发现问题,采取必要的协调措施,满足消费者的需求,使交易达成。

2) 针对性强

与其他市场销售策略相比,人员推销更具有针对性,因为人员推销在推销前总要对顾客进行调研,选择最有可能实现交易的顾客进行推销,针对性强,目标明确,提高了达成率。

3) 信息的双向沟通

一方面,推销员向消费者介绍产品的功能、质量、售后等情况,在介绍中使顾客对企业和产品有更深的了解;另一方面,推销员将消费者的意见和态度及时反馈给公司,以利于更好地满足消费者需求。

2. 人员推销的形式

1) 上门推销

上门推销是最常见的人员推销形式。它是由推销人员携带产品的样品、说明书和订单等走访顾客，推销产品。这种推销形式，可以针对顾客的需要提供有效的服务，方便顾客，故为顾客所广泛认可和接受。此种形式是一种积极主动的、名副其实的"正宗"推销形式。上门推销在国外十分普遍，在我国还仅仅是开始，从长远来说，人员推销将成为营销的一种重要方法。

2) 展厅推销

展厅推销又称门市推销，指汽车企业在适当地点设置固定的展厅、专卖店等，由营销人员接待进入展厅的顾客，推销产品。展厅推销和上门推销的方式正好相反，它是等待顾客上门的一种推销方式。因为汽车产品是大件商品，它的特殊性，决定了汽车销售企业都要选用这种方式。

3) 会议推销

指通过寻找特定顾客，通过亲情服务和产品说明会的方法销售产品的销售模式。会议营销的魅力在于：它可以迅速地使产品在市场上崛起；可以让品牌在短期内为目标受众群体所熟悉；可以使企业在短期内收回投资；可以极大程度的利用社会资源；没有积压大额货款的担忧；投资相对较少；可以让其从业人员获得丰厚的收入。近年来国内举办的汽车博览会就属于这种推销方式。

3. 人员推销的基本策略

人员推销在汽车销售中起着非常重要的作用。一个优秀的推销人员首先要了解自己的产品，具备丰富的业务技术知识。其次，掌握目标顾客的情况，如目标顾客的年龄、收入水平等。在实际推销中需要掌握的技巧有很多，在进行推销时首先第一步就是与客户接近。销售员应该知道初次与客户交往该如何向客户问候，使双方关系有一个良好的开端。接近客户的策略包括以下几个方面。

1) 介绍接近策略

自我介绍是最常用的方法，但一般顾客只有在对产品感兴趣时才对会注意名片等个人情况，所以要注意和别的方法配合使用。

2) 商品接近策略

直接利用所推销的商品吸引顾客的注意，引起顾客的兴趣，进而顺利进入洽谈。推销员可以将产品直接展示给顾客，这种方法适合具有特色的产品，例如功能独特、造型别致等。

3) 利益接近策略

抓住顾客追求利益，利用所推销的产品能够给顾客带来利益为切入点，从而接近顾客。这种方法要注意，对产品的介绍要符合顾客的利益，同时对产品要实事求是的介绍。

4) 问题接近策略

这也是在推销中常用的方法，推销员利用提问的方式或与消费者讨论的方式接近消费者。在实际使用中可以通过封闭式提问和开放式提问结合的方式收集顾客的信息，并和别的方法配合使用，抓住顾客的注意力。

5）赞美接近策略

利用消费者的希望得到他人认可的心理，以赞美的语气博得消费者的好感，从而接近消费者。这种方法在使用中要注意表达上要恰到好处，不要引起消费者的反感。

4.3.3 广告

广告，即广而告知之意。广告是为了某种特定的需要，通过一定形式的媒体，公开而广泛地向公众传递信息的宣传手段。可以泛指一切不针对特定对象的公告，包括公益广告、旅游广告、商业广告等。然而，日常生活中所说的"广告"往往特指商业广告，即用于推广货品、服务或理念的付费公告。

1. 汽车广告的作用

广告的目标在于劝说大众，以引发购买、增加品牌认知或增进产品的区别性。汽车广告要体现汽车企业和汽车产品的形象，从而吸引、刺激、诱导消费者购买该品牌汽车，其具体作用如下。

（1）建立知名度。通过各种媒介的组合，向汽车消费者传达新车上市的信息，吸引目标消费者的注意。汽车广告宣传可避免促销人员向潜在消费者描述新车所花费的大量时间，快速建立知名度，迅速占领市场。

（2）促进理解。新车具有的特点，可以通过广告，向目标受众有效地传达外观、性能等信息，激发其进一步了解的兴趣。

（3）有效提醒。对于还没有购买该产品的用户，广告可以不断地提醒潜在消费者，刺激其购买欲望。

（4）再保证。广告能提醒消费者如何使用、维修、保养汽车，对他们再度购买提供保证。

（5）树立企业形象。

2. 汽车广告策划程序

1）汽车广告的调查和市场分析

由于汽车广告环境对广告活动有直接或间接的制约和导向作用，所以应对广告环境进行深入细致地分析研究。同时要对车型卖点、目标顾客需求、竞争对手广告情况深入了解，确定正确的目标受众。

2）确定汽车广告目标

指汽车企业在一个特定时期内，对某个特定的公众所要完成的特定的传播任务。这些目标必须服从先前制定的有关汽车目标市场、汽车市场定位和汽车营销组合等决策。

汽车广告按其目标可分为通知性、说服性和提醒性广告三种。

（1）通知性广告，主要用于汽车新产品上市的开拓阶段，目的是要为汽车产品建立市场。日本丰田汽车公司在进入中国市场时，打出"车到山前必有路，有路必有丰田车"的广告语，使其产品与中国文化结合起来，恰到好处。

（2）说服性广告，主要用于竞争阶段，目的在于建立对其某一特定汽车品牌的选择性需求。

(3) 提醒性广告，主要用于成熟期，目的是使消费者保持对该产品的记忆。

3) 广告信息的确定

是指通过广告向目标传达什么信息，以怎样的形式表达这些信息。

4) 制定汽车广告策略

汽车广告策略是为实现汽车广告目标而采取的对策和方法，主要包括汽车广告定位、汽车广告创意、汽车广告文案。

5) 选择汽车广告媒体

广告媒体可以分为平面媒体，包括报纸、杂志、平面印刷广告等静态广告；也有电波媒体，包括电视、广播等动态广告。在确定选择那种广告媒体或是媒体组合时要综合考虑多种因素。

6) 确定广告预算

汽车广告预算是指实现企业广告计划，达到广告目标所需的经费计划。它规定在广告计划期内，从事广告活动所需的经费总和及使用范围。汽车企业确定广告预算的主要方法如下。

(1) 销售量百分比法，指按照销售额（销售实绩或销售预计额）或单台汽车产品售价的一定百分比来计算和决定广告开支。

(2) 竞争平位法，指依照竞争对手的广告费用来决定本企业广告开支的多少。

(3) 目标任务法，指首先确定广告目标，其次决定为达到这个目标而必须执行的工作任务，最后估算执行这种工作任务所需的各种费用。

7) 汽车广告沟通效果测定

广告效果的评价一般有两种方法：一种是传播效果评价；一种是销售效果评价。

(1) 传播效果评价。指汽车广告对于消费者知晓、认识和偏好的影响，是衡量汽车广告效果的重要方面。

(2) 销售效果评价。一般来说，汽车广告销售效果评价比汽车广告传播效果评价更难于测量，主要是因为，汽车销售除受广告的影响外，还受很多因素的影响，例如，价格、性能、售后服务等。

应用案例 4-4

雪弗莱 SPARK 汽车广告案例

上海顺动为雪弗莱 SPARK 汽车制作了广告片。该广告片展示了雪弗莱汽车的酷炫外形与动感车速，并且精良的制作也受到了客户商的高度认同及赞扬。

广告片以各款车型与不同颜色的雪弗莱汽车奔驰在城市的大街小巷为主线，展示了雪弗莱的车型与质感。观众在欣赏汽车的同时，更能体会这款车为人们带来的无限乐趣。在约会时，这款汽车的红色浪漫更添情意，在夜晚畅游城市时，绿色的汽车更显魅惑，在阳光下穿梭时，橙色加入活力。

另外，该广告片在后期制作时还加入了三维与真人实拍相结合的拍摄手法，更是展现了雪弗莱汽车的高端品质。这样的拍摄制作手法也是近年来，广告行业制作的前端技术，越来越多的广告客户喜欢用三维特效展现自己的产品。相信这样的制作手法在将来将会更受注重。

4.3.4 公共关系

公共关系，是指某一组织为改善与社会公众的关系，促进公众对组织的认识、理解及支持，达到树立良好组织形象、促进商品销售目的的一系列促销活动。

1. 公关活动的主要目标

在进行公共关系活动时，首先要确立的就是进行此次活动的主要目标。只有在确立了公关活动的目标之后才能依照此目标选择适当的操作时机与合适的活动方式。一般公关活动主要是为了完成以下目标。

(1) 建立良好的公司或产品品牌形象。
(2) 维持与各经销商内外的关系。
(3) 对突然遭遇的危机进行缓冲处理。
(4) 为产品和服务进行有效地推广。

2. 公关活动的方式

公共关系活动一般可以采用以下方式。

1) 新闻宣传

可以通过新闻报道、人物专访、报告文学等形式，利用各种新闻媒介对企业进行宣传。新闻宣传无需付费，而且具有客观性，能取得比广告更好的宣传效果。

2) 公共关系广告

公共关系广告是以宣传介绍企业的整体形象为内容，以提高企业的知名度为目的，而不仅仅是为了介绍产品，扩大销售。它同商业性广告相比是一种追求久远的、战略性的宣传效应。

3) 企业自我宣传

是企业运用所有自己能控制的传播媒介进行宣传的形式。

4) 人际交往

人际交往指不借助传播媒介，在人与人之间直接进行交流和沟通的公共关系传播形式。

5) 公益服务活动

汽车企业可以通向某些公益事业捐赠一定的款项和实物，以提高公众信誉。

4.4 汽车服务策略

4.4.1 服务营销理念概述

服务作为一种营销组合要素，真正引起人们重视的是 20 世纪 80 年代后期。这个时期，由于科学技术的进步和社会生产力的显著提高，产业升级和生产的专业化发展日益加速。一方面使产品的服务含量，即产品的服务密集度日益增大；另一方面，随着劳动生产率的提高，市场转向买方市场，消费者随着收入水平提高，他们的消费需求也逐渐发生变化，需求层次也相应提高，并向多样化方向拓展。

服务营销理念与市场营销理念有着质的不同，市场营销是以市场为导向，企业的营销活动围绕市场需求来做的。服务营销理念是以服务为导向，企业营销的是服务，服务是企业从产品设计、生产、广告宣传、销售安装、售后服务等各个部门的事，甚至是每位员工的事。在服务理念下，企业关心的不仅是产品是否成功售出，更注重的是用户在享受企业通过有形的或无形的产品所提供的服务的全过程中的感受。

4.4.2 汽车服务营销理念的内涵

传统汽车销售，是以进销差作为利润实现的单一销售盈利，产品价值中没有包括服务，没有追求完整的价值链。销售商没有负起对用户的全部责任，不利于用户和厂家。汽车企业对服务的理解和使用范围还相对狭窄，只强调汽车实物分销服务，造成了汽车服务网络功能单一，品种较少，用户满意度低的现状。

汽车服务营销的本质是在买卖双方之间建立亲善、和谐和相互依存又相互信赖的伙伴关系，这种关系是长期的，尤其针对汽车产品而言，长期的依赖和合作对双方都必要的。在这种关系中，厂商和经销商要建立一种全新的理念，一种对价值和利益的新的判断，强化依赖性。企业必须思索客户的终生价值，也就是预期可以从客户身上得到多少未来利润的现值。有调查表明，汽车用户的用车消费是购车消费的 1.5～2 倍。汽车的价格目标(尤其是第一次交易)，不应是企业利润的唯一来源。企业的目标在于为客户带来更长期的价值，并因此创造出关系维系更久的客户。企业的利润建立在为客户建立更长期的价值基础上，这就是双赢的营销服务理念。

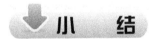

本项目重点介绍了汽车产品的整体概念，产品生命周期各阶段应采取的策略，汽车市场的价格构成和汽车产品的定价方法及策略，汽车市场促销的不同方式和策略，并详细介绍了它们的适用情况。

项目 5

汽车服务管理

教学目标

了解汽车4S店展厅的管理模式、客户关系管理的内涵及主要内容；掌握客户分类及其管理策略等内容；理解客户满意度含义；掌握提高客户满意度的方法，能够培养在客户关系管理上的浓厚兴趣，具备良好的深入自学能力，同时掌握汽车售后服务管理的工作内容。

教学要求

能力目标	知识要点	权重	自测分数
熟悉汽车4S店展厅的管理模式	汽车4S店展厅的组织结构，日常行为及工作、信息管理	35%	
掌握提高客户满意度的方法	客户关系管理、客户满意度分析	35%	
熟悉汽车售后服务工作内容	汽车售后服务工作内容及机构设置	30%	

项目5 汽车服务管理

> **引　例**
>
> 宝马(中国)宣布推出标准化保养服务,在中国所有的 BMW 授权经销商实行统一的保养服务指导工时价格和透明、统一的配件价格。通过标准化保养服务的推出,宝马不仅降低了在中国市场保养零部件的供应价格,而且涵盖了在中国销售车型总量的90%。宝马(中国)汽车贸易有限公司总裁史凯表示:"标准化保养服务是宝马在售后服务领域推出的又一项促进举措,再次体现了宝马对客户满意度的重视,这也是宝马在中国长期发展的战略目标之一。"
>
> 请思考:宝马对客户满意度的重视体现了汽车售后管理的实质内涵,它具体包含哪些方面?

5.1　汽车4S店展厅管理

汽车4S店为用户营造了一个良好的购车、服务环境,宽敞明亮的展示大厅,统一整洁的服饰,彬彬有礼的接待,整齐划一的维修车间、备件存放以及用户休息室、儿童游乐区等人性化设施等,建立了舒适的工作与购买环境,提高员工与顾客的满意度。

5.1.1　汽车展厅组织结构

汽车展厅的组织结构有展厅功能区和展厅信息区。

1. 展厅功能区

为建立汽车品牌展厅的风格,展现品牌特色,并利于管理,可将展厅划为以下功能区:
展厅外部(店面和四围)、展厅入口处、停车区、接待台、车辆展示区、精品展示区、洽谈区、洗手间、顾客休息区。

2. 展厅信息区

为了便于顾客了解购车、用车的信息、展厅的信息布置应力求简单明确,内容具体,并易于顾客阅读。展厅的信息包括品牌的信息、产品的信息、促销信息、顾客反馈信息及其他信息。

5.1.2　汽车销售展厅人员岗位职责

1. 岗位的设置原则

为了提高岗位设置的科学性、合理性和可靠性,企业在进行岗位设置时应注意遵守一定的原则。因事设岗是岗位设置的基本原则,具体体现在以下几个方面。

1) 系统原则

任何一个完善的企业、单位都是一个相互独立的系统。因此,在岗位设置时,应从系统全面的角度出发,将每个岗位放在整个企业系统中,考虑不同岗位间的相互联系,确保没有交叉重叠、职责不清的岗位。

2) 最低岗位数量原则

为了使企业以最少的成本获得最大的效益,企业设置岗位的数量应限制在能够有效地完成企业的任务所需岗位的最低数。

3）能级原则

能级是指组织机构中各个岗位的等级。一般来说，在一个企业、单位中，岗位能级从高到低可以分为四大层次，分别为决策层、管理层、执行层、操作层，呈上小下大的阶梯状、金字塔形结构分布，如图5.1所示。

图5.1 岗位能级阶梯状结构图

4）最低岗位层次原则

为降低用人成本，设较低层次的岗位，聘任较低职务的人员就可满足需要的，决不设较高的岗位。例如初级修理工能完成任务，就不需要设中级或高级修理工。

5）标准化原则

标准化是现代企业人力资源管理提高管理效率的基础。企业管理的标准化，就是将企业生产经营活动中需要统一的各种管理事项，制定成标准化的技术文件加以贯彻实施。

2. 汽车4S店的组织结构

组织结构如图5.2所示。

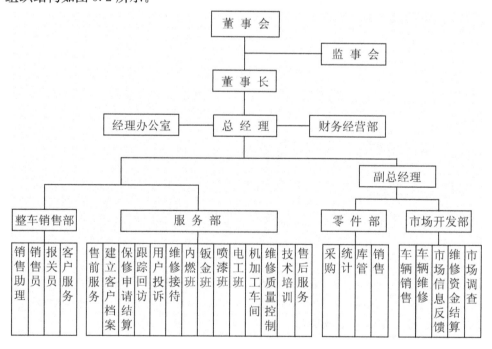

图5.2 汽车4S店的组织结构

3. 各个岗位的工作职能

1) 总经理工作职责

总经理工作职责划分如图 5.3 所示。

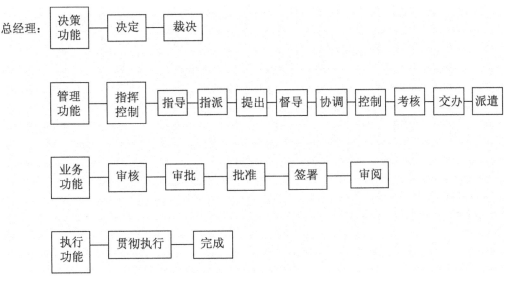

图 5.3 总经理职责划分

2) 整车销售部工作职责

(1) 负责车辆的进货渠道，进口报关及车辆的档案管理。

(2) 进行售后质量跟踪及客户档案编制。

(3) 负责受理解决客户投诉。

(4) 负责车辆进货质量、售前检查及售前保管。

(5) 负责整车销售部的管理工作、营销工作，包括员工培训。

(6) 负责车辆的运输。

(7) 负责用户的交货日期。

(8) 负责车辆采购价格信息。

(9) 负责车辆的交货质量。

(10) 负责车辆交货价格。

(11) 如遇到问题自身解决不了的，由销售部经理与相关部门领导协调。

(12) 在实施各种汽车宣传、促销及店头发布会活动中，相关部门如生产、售后服务、办公室等需要密切配合。

(13) 负责新车档案管理卡与服务部的交接及售后服务工作的协调。

(14) 根据汽车销售情况和市场开发部对市场调查情况适时开展行之有效的营销活动。

3) 服务部工作职责

服务部工作职责如图 5.4 所示。

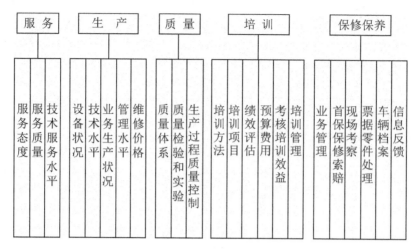

图 5.4 服务部工作职责

4）零件部工作职责

零件部职责如图 5.5 所示。

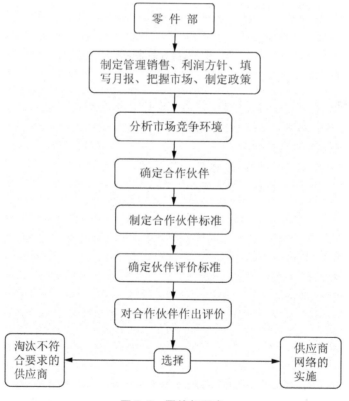

图 5.5 零件部职责

5）市场开发部工作职责

（1）深入了解市场，为中心发展寻找最多的用户和发展机会。

（2）掌握中心内部的优势，从产品和市场结合关系出发，用中心现有的汽车产品及维修服务和市场结合，扩大市场的占有率。

（3）了解用户对汽车产品及维修服务的需求和期望，搞好信息反馈，便于公司做出相应决策。

（4）在开发汽车购买市场和维修服务市场的同时，配合财务部进行维修服务欠款的催缴。

（5）每周定期进行维修客户走访，确保长期用户不流失，短期用户变成终身用户。

（6）协助销售、服务两部门的各种促销活动，有计划不定期地组织联谊活动，增强与客户的感情交流。对客户反馈的信息要及时整理，提出建设性意见供领导决策。

6）经理办公室工作职责

研究企业政策，协调各职能部门的工作，贯彻中心指令，起草文件、制定决策、沟通情况、下达指示、办理文书档案、会务工作及其他日常行政事务和交办事项，接待来访、安排活动，做好文件登记管理，办理公司文书和文件打印、档案管理、网络工作管理，承办领导交办的事务，同时负责企业广告宣传，人事管理，人员使用、招聘管理工作，人员考核、工资管理、统筹保险等工作。

7）财务经营工作职责

财务经营工作如图5.6所示。

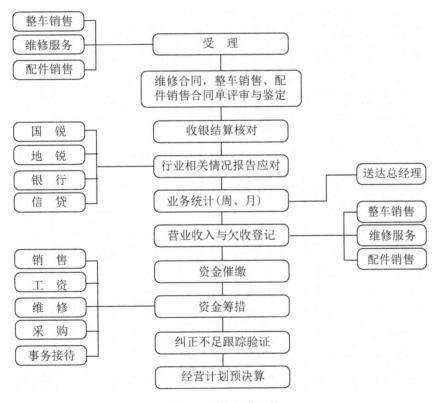

图5.6　财务经营工作

8）汽车销售人员岗位职责

（1）对销售中心的各项业务负责，及时向上级主管部门及汽车销售公司汇报销售中心经营工作。

（2）严格执行汽车销售公司以及当地政府部门制定的各项管理规定。

（3）负责制定切实可行的销售工作计划并付诸实施。

（4）负责开展好优质销售服务工作，并认真落实汽车销售公司部署的各项销售任务及销售活动。

（5）对销售中出现的重大问题要亲临现场协调解决，并将解决情况及时向汽车销售公司汇报。

（6）负责制定销售中心销售人员的培训计划，以及负责销售中心日常工作的协调、监督、指导和考评。

（7）负责各类销售报表及文件、函电的审核及签发，并将各类信息及时反馈给汽车销售公司，同时应将汽车销售公司有关文件精神传达给销售中心员工。

9）销售经理岗位职责

（1）监督、指导、考评销售顾问的各项工作。

（2）负责销售中心日常工作，定期向销售总监汇报工作。

（3）负责制定销售中心有关销售人员的销售培训计划。

（4）亲自参与重大客户投诉的处理，及时向销售总监反馈信息。

（5）认真处理用户来访，做好优质服务工作。

（6）认真落实和执行销售中心有关规定，负责传达汽车销售公司有关文件、资料及业务通知，积极组织外出服务及走访用户活动；认真落实各项优质服务活动；积极开拓销售市场。

（7）负责落实完成销售中心拟定的各项销售经营目标及计划。

10）销售顾问岗位职责

（1）负责面向客户的销售工作。

（2）热情接待用户，认真听取和记录用户有关信息。

（3）为用户提供力所能及的服务项目，做好跟踪服务及建立用户档案。

（4）定期向销售经理汇报工作。

（5）严格执行汽车销售公司对特约经销商销售业务的各项规章制度。

（6）积极主动宣传汽车产品及产品特点，向客户主动发放销售宣传资料。

（7）积极参与对汽车销售市场的调查与开拓，收集公司及其他同类型轿车的各种信息，进行市场预测和订货预测，并反馈给销售经理。

（8）对出现的客户投诉等问题要及时反馈到销售经理，不能推诿用户。

（9）积极参加销售人员的业务培训、业务考核，并主动进行服务思想、服务态度及服务作风的自我教育。

（10）经常性地查阅计算机，了解汽车的经营情况，了解汽车的储备定额和最低库存量。

（11）100%完成销售经理交办的临时工作任务。

11）销售计划员岗位职责

（1）负责客户的销售计划工作。

（2）定期向销售经理汇报工作。

（3）严格执行汽车销售公司对特约经销商销售业务的各项规章制度。

（4）积极参与对汽车销售市场的调查与开拓及计划工作，收集公司及其他同类型轿车的各种信息,进行市场预测和订货预测,并反馈销售经理。

(5)积极参加销售人员的业务培训、业务考核,并主动进行服务思想、服务态度及服务作风的自我教育。

(6)经常性地查阅微机,了解汽车的经营情况。

(7)完成销售经理交办的临时工作任务。

12)客户服务员岗位职责

(1)负责客户销售一条龙服务工作。其中两名主要负责为客户办理保险及上牌服务,一名主要负责接车、跟车、送车,以及带客户交款等工作。

(2)热情接待用户,全心全意为客户服务。

(3)定期向销售经理汇报工作。

(4)严格执行汽车销售公司对特约经销商销售业务的各项规章制度。

(5)积极主动宣传汽车产品及产品特点。

(6)积极参加销售人员的业务培训、业务考核,并主动进行服务思想、服务态度及服务作风的自我教育。

(7)完成销售经理交办的临时工作任务。

13)车辆管理员岗位职责

(1)负责销售中心的车辆管理工作。

(2)热情接待用户,认真记录车辆管理有关信息。

(3)定期向销售经理汇报工作。

(4)严格执行汽车销售公司对特约经销商销售业务的各项规章制度。

(5)积极主动宣传汽车产品及产品特点。

(6)积极参加销售人员的业务培训、业务考核,并主动进行服务态度、服务作风的自我教育。

(7)完成销售经理交办的临时工作任务。

5.1.3 展厅日常行为及工作管理

展厅日常行为及工作管理见表5-1。

表5-1 展厅日常行为及工作管理

展厅区域	布置及管理要点
展厅外部 (外围和四周)	展厅外部布置目的在于强化吸引顾客,增加集客量,其管理要点包括: ① 展厅外围四周环境整洁、优美; ② 展厅外店面标牌、塔式标牌、店外指引牌保持整洁、不褪色,夜间效果好; ③ 外墙面、玻璃墙等保持干净整洁; ④ 展厅四周布置配合促销活动相关宣传广告,如刀旗、宣传物、展厅外广告立牌等; ⑤ 展厅车辆展厅一目了然,并具有吸引力; ⑥ 每天营业前应把店外卫生打扫干净,保证展厅四周、停车场无杂物、垃圾等

续表

展厅区域	布置及管理要点
展厅入口处	① 雨伞及雨伞架； ② 入口处地面放置地毯； ③ 入口处标示营业时间； ④ 欢迎顾客光临的标语； ⑤ 侧门路口应加装雨棚，利于顾客进入展厅； ⑥ 店外的绿色植物应每周浇灌，避免灰尘密布
停车区	① 出入口应方便车辆进出，宽度大于 6m； ② 停车区标牌标识清楚，便于顾客白天及晚上辨识； ③ 标牌干净明亮，无破损； ④ 停车区规划井然有序，易于出入； ⑤ 规划试乘试驾车专属停放区； ⑥ 员工车辆不得停放于顾客停车区内
车辆展示区	① 应为顾客提供一个具有吸引力且易于接近的车辆展示空间； ② 展示车整洁、表面无手印； ③ 展示车功能正常、前座窗户放下、天窗打开、车内的塑料套应全部拆除； ④ 展示车的组合兼顾车型与车色； ⑤ 车内不得放置任何宣传物及私人物品； ⑥ 车内的座椅都调整至标准位置； ⑦ 车内放置清洁的脚踏垫； ⑧ 展示车轮胎上油，车轮上的 H 标摆正，任何时候都应与地面垂直； ⑨ 车轮下方放置车轮垫板，位置正确； ⑩ 停放于展厅外的展示车应以不落地方式展示(下铺地毯或车台)
精品展示区	① 分类摆放(区分精品、礼品；区分车型)； ② 去除包装盒和塑料套； ③ 各类精品标示价格、产地、适用车型、安装时间； ④ 展示柜及展示精品定期擦拭，保持清洁
洽谈区	① 与展示整体协调、统一； ② 舒适、不受干扰(各洽谈桌之间的距离 2m 以上)； ③ 提供茶水和纯净水(饮料种类可以标明在桌上小立牌标识)； ④ 烟灰缸及时清理，烟头不得超过 2 个(含 2 个)； ⑤ 洽谈座椅整洁舒适，利于顾客久坐洽谈； ⑥ 顾客离开的时候，应立即清理顾客用过的水杯
洽谈室	① 封闭性好； ② 室内温馨(有壁挂画等)

续表

展厅区域	布置及管理要点
洗手间	① 有明确、标准的标识牌指引，男女标识易于明确区分； ② 洗手间专人负责卫生打扫与清洁，门口应有擦脚地毯； ③ 充足的洁具（洗手液、纸巾、干手机）； ④ 干净、整洁、无异味，要求有通风换气装置； ⑤ 地砖为防滑砖，墙面贴瓷砖； ⑥ 光线充足； ⑦ 梳洗台上方安装大幅梳妆镜及镜前灯； ⑧ 清新的空气（布置绿色植物、鲜花等）； ⑨ 洗手间隔间内须附挂钩； ⑩ 洗手间门上须安装自动复位器
客户休息室	① 客户休息保持整洁清洁，并有专人管理服务； ② 有饮水机、垃圾箱，使用有相应汽车品牌标志的杯托和纸杯； ③ 休息室内要有绿色植物，以营造舒适、生机盎然的氛围； ④ 设有杂志和报纸架，提供当地当日的主流报纸和当月杂志，至少3种以上； ⑤ 设有电视机、影碟机等视听设备，播放相关汽车品牌的广告片及宣传片； ⑥ 提供免费上网服务； ⑦ 墙上悬挂有关汽车品牌和产品的信息或照片，特约店的发展史

5.1.4 展厅信息管理

汽车展厅的信息管理主要有以下几方面，见表 5-2。

表 5-2 汽车展厅的信息管理

名称	内容	布置形式	布置区域
品牌信息	介绍汽车品牌的文化	挂旗、品牌形象展示架	展厅上方空间、展厅入口处
产品信息	介绍产品信息及主要卖点	产品卖点展示架、易拉宝、大型窗贴海报	展示车附近、展厅玻璃墙
促销信息	介绍促销活动的信息	横幅、易拉宝	展厅洽谈区或入口处
客户反馈信息	提供客户意见箱，便于客户提供反馈信息，以及提供车主活动的信息、照片及用车保养的知识等	客户意见箱、公布栏	客户休息区附近
其他信息	购车常识、用车常识以及其他客户感兴趣的信息	易拉宝、宣传单页	客户休息区

5.2 客户关系管理

5.2.1 客户关系管理概述

1. 客户关系管理的含义

客户关系管理(Customer relationship management，CRM)，源于"以客户为中心"的市场营销理论，是一种改善企业与客户之间关系的管理机制，是企业在运营过程中不断累积客户信息，并使用获得的客户信息来制定市场战略以满足客户个性化需求的一套先进的管理思想及技术手段。客户关系管理的核心思想是将企业的客户作为最重要的企业资源，通过完善的客户服务和深入的客户分析来满足客户的需求，实现客户价值最大化。网络时代的客户关系管理应该是利用现代信息技术手段，在企业与客户之间建立一种数字的、实时的、互动的信息交流管理系统。

近年来，随着经济的高速发展，中国汽车保有量猛增。面对市场需求的这种巨大的增长，汽车制造商、经销商原有的以手工操作为主的客户信息管理以及服务手段，远远不能够满足客观现实的要求。采用先进的客户关系管理系统，无疑成为汽车制造商、经销商管理客户信息，提升服务水准的必由之路。为方便与客户的沟通，客户关系管理可以为客户提供多种交流的渠道。从更广的范围讲，客户关系管理不仅仅是企业与客户之间的交流，它也为企业、客户和合作伙伴之间共享资源、共同协作提供了基础。

2. 客户关系管理的目的

客户关系管理的目的就是为企业提供以下三方面的应用。

1) 挖掘关键客户

根据 20/80 定律，20%的客户为企业带来了 80%的利润。企业应特别关注那些最能为企业创造利润的客户，把他们牢牢"锁定"。把所有的精力和努力评价分配给每一个客户，即"一碗水端平"的做法是不可取的，应将有限的精力有效地匹配到最能为企业带来利润的客户身上，从而取得事半功倍的效果。企业可以根据客户的分析来找出那些关键客户，然后通过各种行销手段来提升其对企业的第一印象，从而提升其购买力，增加企业赢利。

2) 留住现有客户

从营销战略上讲，一个企业用于留住一个老客户的费用比开发一个新客户的费用要低得多。因此，为了稳定客户，许多公司加强了对现有客户的管理，使得客户管理成为现代企业销售管理的一项重要内容。

要留住现有客户，首先要服务好现在的客户，并通过对这些客户的优质服务进行客户资源扩展。其次是对全部客户资源进行智能化管理，在管理的过程中，实现客户价值的扩大和增值。只有逐步建立起稳定的、不断发展的、不断扩大的客户群，才能使企业切切实实提高产品和市场占有率，建立起稳定的销售渠道。另外，利用信息技术，可以提高业务处理效率，使企业内部能更高效地运转，与客户建立起交互的沟通服务方式，大大提高客户服务的效率。

3）放弃回报低的客户

企业在客户身上的投资得不到应有的回报时，就应该把这些客户列入放弃单中而另外去开发新客户。哪些客户应放弃呢？这可以从平时所做的客户关系管理数据库中找出。

简言之，客户关系管理的目的就是使企业可以更低成本、更高效率地满足客户的需求，从而让企业最大程度地提高客户满意度及忠诚度，挽回失去的客户，保留现有的客户，不断发展新的客户，发掘并牢牢地把握住能给企业带来最大价值的客户群。

3. 客户关系管理的内容

客户关系管理的对象是客户，为赢得客户的高度满意，建立与客户长期良好的关系，在客户管理中应开展多方面的工作。归纳起来主要有以下几项。

1）客户基本资料的采集

客户基本资料主要包括客户的姓名、地址、电话、兴趣、爱好、性格、学历、年龄、能力、企业所有者、法人代表、创业时间、与本公司交易时间、企业组织形式、资产等。通过采集客户的有关信息，将更多的客户名输入数据库中，同时，要不断验证并更新客户信息，删除过时信息。客户资料是客户管理的起点和基础，它们主要是通过访问客户搜集来的。

2）客户差异分析

要满足客户，首先要了解客户。分析谁是企业的客户，客户的基本类型及个人购买者、中间商和制造商等客户的不同需求特征和购买行为。客户关系管理的目的不是对所有与企业发生关系的客户都一视同仁，而是从这些客户中识别信息：哪些是一般客户，哪些是企业的"金牌"客户，哪些客户导致了企业成本的发生，去年最大的客户是否今年也订了不少产品，上年度有哪些大宗客户对企业的产品或服务多次提出了抱怨等，然后有针对性地提供合适的服务，提高客户的满意度。

不同客户之间的差异主要表现在两点：一是他们对企业的价值不同；二是他们对产品或服务的需求不同。对客户进行有效地差异分析，可以帮助企业更好地配置资源，使产品或服务的改进更有效，识别并掌握最有价值的客户以期获得最大的收益。

对客户差异化的分析，可采用美国数据库营销研究所休斯教授的 RFM 模型。

客户最近一次购买的情况（R－recent）。对客户最近一次购买情况的信息进行收集和跟踪，用以分析客户在沟通之后是否能够持续购买，从而了解客户对企业提供的即时产品和服务是否有所反应。通过对"最近一次购买"的分析，企业可以了解客户最后一次交易的时间距离现在多久。最后一次购买是维系客户的一个重要指标，企业要以定期检查这一信息来跟踪客户的忠诚度，并及时调整服务从而与客户保持长期的良性的接触。

购买频率（F－frequent）。购买频率即客户在测试期间的购买次数，高购买频率意味着更大的市场感召力。如果将该客户购买频率与最近一次购买情况和购买金额相参照，就能准确判断一定区域和时期内的一般客户和主力客户，使企业的营销策略更有针对性。

花费金额（M—monetary）。花费金额能够为企业提供客户在一定时期的需求量信息。如果将该信息与其他信息相参照，就可以准确预测一定时期、一定区域内的销售量、市场占有率等信息。从花费金额中确定哪些人的需求量大、原因是什么，这些信息为供应链上的企业生产、采购提供依据。

3）良好客户关系的建立

面对日益激烈的市场竞争，为了保证企业的长期稳定发展，越来越多的企业开始重视客户关系，努力建立与客户之间的长期稳定关系。企业在追求客户满意、培养客户忠诚的基础上，与客户建立起比较稳定、双赢的伙伴关系，既使客户获得了满意的服务，自己也获得了利润。更重要的是，最终赢得了客户。

为了建立良好的客户关系，首先需要良好的基础，即取得客户的信任，同时要区别不同类型的客户关系及其特征，并经常进行客户关系情况分析，评价关系的质量，保持企业与客户长期友好的关系。

其次要加强与客户的感情沟通。企业与客户的信息交流是一种双向的信息交流，其主要功能是实现双方的互相联系、互相影响。从本质上说，客户管理过程就是企业与客户信息交流的过程，实现有效的信息交流是建立和保持企业与客户良好关系的基本途径。

再次是关心客户购买产品后是否真正获得了利益，必要时还要加强对客户的业务指导和帮助。

还有就是要正确处理客户的反馈。客户反馈对于衡量企业所承诺目标的实现程度、及时发现在为客户服务过程中的问题等方面具有重要作用。投诉是客户反馈的主要途径，如何正确处理客户的意见和投诉，对于消除客户不满、维护客户利益、赢得客户信任是十分重要的。

5.2.2 客户的分类与管理

1. 客户的分类

企业要正确地实施客户关系管理，就必须根据需要对其拥有的客户进行合理地分类，并通过此分类建立起一对一的客户服务体系，实行差异化客户管理。即针对客户类别不同，采取不同的服务模式与营销措施，实施个性化服务与差异性管理，从而更好地提高客户的满意度和忠诚度。企业如何识别客户赢利价值的差异性，进而采取有效的管理以追求收益的最大化，是进行客户分类管理的重要问题。

1）客户分类管理的意义

客户分类是市场营销管理的内在要求。意大利经济学家及社会学家维尔弗雷多·帕拉多创立的"80/20原则"，阐述的中心思想是80%的结果来自于20%的原因，即企业的销售额（或别的重要指标）可以解释为80%是来自20%的重要客户，而其余80%的大部分客户的销售额只占企业20%的销售额。但是，目前多数企业在服务资源的配置上存在着"大锅饭"或"倒置"现象，即对所有客户一视同仁，重要客户并未得到更多的服务。企业的资源都是有限的，企业的各项投入与支出都应用在"刀刃"上。因此，企业要想获得最大程度的收益，就必须对自己拥有的客户进行有效的差异分析，并根据这种差异来区分不同价值的客户，指导企业更合理地配置有限的市场销售、服务和管理资源，确保企业的投入和付出都用在"刀刃"上，实现客户资源价值和企业投入回报的同步最大化。

2) 客户分类方法

一般来说，客户关系管理中的客户分类方法并不固定，各企业可根据客户档案中已有的类型信息的不同和自身管理的需要进行具体的分类。对一般企业来说，可将客户分类如下。

（1）按客户的性质划分，可分为政府机构（以国家采购为主）、特殊公司（如与本公司有特殊业务等）、普通公司、顾客个人和交易伙伴等。

（2）按是否发生交易划分成两类，即成交客户与潜在客户。成交的客户根据自身的价值又分为小、中、大、VIP 客户；未成交的客户根据销售成交的可能性，又分为 A、B、C、D 四个等级。对于成交客户，需要我们好好的经营，要求做到终生服务；对于潜在客户，我们更要用心经营，紧追不舍。

（3）按客户购买产品金额进行分类：在客户管理中，就是把全部客户按购买金额的多少，划分为 A、B、C 三类。A 类，大客户，购买金额大，客户数量少；C 类，小客户，购买金额少，客户数量多；B 类，一般客户，介于 A 类、C 类客户之间。

（4）按地区划分，中国可分为东北区、华北区、华东区、华中区、华南区、西南区、西北区等。

（5）按产品划分，可根据不同品种分别把客户归类。

（6）按价值对客户进行分类：最有价值的客户、最具增长性的客户、负值客户。对于最有价值的客户，我们要加强保持与其建立良好的关系；对于最具增长性的客户，要采取发展的战略；对于负值客户，应该将其排除在外。

（7）按照客户对待产品的态度，可将客户分为忠诚客户、品牌转移客户和无品牌忠诚客户三类。客户管理的重点，就是培养对企业产品忠诚的客户和率先使用者。

客户是企业生存和发展的动力源泉，是企业的重要资源。但是客户有其双重性：企业管理得好，客户忠诚于企业，他就会为企业做出贡献；管理不好，他会对企业造成损失。将客户进行分类，意味着将为不同类型的客户提供不同的服务，合理整合资源配置，培养能够给企业带来价值的好客户。

在国内汽车行业，原来的那种"认为所有的客户都是好客户"的大众营销做法已经行不通了，取而代之的营销做法应该是对客户进行分类，发现哪些客户是真正为你带来价值、利润贡献度足够高的"好客户"，然后把资源和关怀投入到这部分客户那里。对于那些不能给企业带来足够回报的客户，在其身上的投入相对应减少，可以定期跟踪回访，看有没有转化为高价值客户的迹象。从这个意义上说，客户关系管理正是强调了对客户的"歧视"，强调了差别对待。

2. 客户分类的管理

对客户的管理是动态的，这是因为，企业所面对的客户是不断发展变化的，一个赢利的客户可以在很短的时间内变得没有利用价值，而一个非赢利的客户可以转变为企业利润的主要来源。因此，企业应该不断地对其客户进行选择，实现动态管理。按照不同的方式划分不同类型的客户，因其需求特点、需求方式、需求量等不同，所以对其管理也要采取不同的办法。

例如，在企业中，通常分类客户采用 A、B、C 分类法，它是根据事物在技术或经济方面的主要特征，把分析的对象分成 A、B、C 三类进行分类排队，分清重点和一般，从而有区别地确定管理方式的一种分析方法。其中 A 类约占 10%～15%，B 类约占 23%～25%，余下为 C 类，其中 A 类为最重要的成熟客户。

1）A 类客户

这类客户是企业的优质核心客户群，由于他们信誉度好，对企业的贡献最大，能给企业带来长期稳定的效益。在管理上以指导为主，在服务上以感情交流为主，提高该类客户的满意度。对这类客户的管理应做到如下几点。

（1）指派专门的营销人员经常联络，定期走访，热心为客户解决问题，提供快捷、周到的服务，企业领导也应定期去拜访他们。

（2）关心客户经营状况，尽量保证客户的需求。

（3）优先处理该类客户的投诉。

2）B 类客户

这类客户一般来说是企业的大客户，但不属于优质客户。他们是企业发展的合作伙伴，在管理上以宣传教育为主，应倾注相当的时间和精力关注这类客户的生产经营状况，并有针对性地提供服务。对他们以 A 类客户要求的标准进行引导，帮助其提高经营管理水平。对这类客户的管理应做到如下几点。

（1）客户经理应经常联络，定期走访，为他们提供服务的同时要给予更多的关注。

（2）积极引导、密切联系、加强沟通、信息互动。

（3）密切注意客户的经营业绩，资金支付能力等异常情况。

（4）及时处理客户投诉。

3）C 类客户

这类客户量多但价值较低。对这类客户来说，不宜有过多的管理，但也不能缺少关注。因为若进行过多的管理，则所花的时间和费用可能超过这些客户本身的价值。C 类客户可以按部就班，但还要仔细分辨是否能拉到 B 类或 A 类，以避免误判而导致损失。对这类客户的管理应做到以下几点。

（1）定期走访客户。

（2）积极引导，更好地满足需求，努力提高客户的忠诚度。

（3）跟踪客户的各种情况，及时处理问题，并最终与客户达成良好的合作关系。

（4）及时处理客户投诉。

在可能的情况下，要尽量使所有的人都满意。如果很困难的话，让所有 A 类客户非常满意，让 B 类客户满意，让部分 C 类客户逐渐提高满意度。

但是，在实施客户分类管理时要注意以下两个方面。

（1）不要因为客户"大"，就丧失管理原则。企业为"维护"大客户而过度地让步、丧失商业利益原则，就会把大客户变成企业的"包袱"，这个包袱甚至比竞争对手通过竞争导致客户分流危害更为严重。

（2）不要因为客户"小"，就盲目抛弃。在做出客户取舍前，我们有必要研究小客户的潜力，或者说潜在价值。如果具备潜在价值就有必要培育，力争把其培养成大客户。

否则，看似丢了一个"芝麻"，实际上则是丢了一个"西瓜"。

在实际工作中，应该而且需要把我们的客户管理工作做好。按照实际情况的要求，有效地归类整理客户，给客户做个明确的定位，从而使我们做到胸中有数，起到事半功倍的效果。

5.2.3 客户满意度分析

1. 客户满意度的含义

客户满意是指客户通过对产品或服务的实际表现与其期望值相比较后，所形成的感觉状态。如果产品或服务的实际表现低于期望，客户就会不满意；如果实际表现与期望相匹配，客户就会满意；如果实际表现超过期望，客户就会高度满意。也就是说"满意"并不是一个绝对概念，而是一个相对概念。所谓客户满意度，从本质上讲，反映的是客户的一种心理状态，它来源于客户对企业的某种产品或服务消费所产生的感受与自己的期望所进行的对比。可以用一个简单的公式来表示客户满意度的指标：

$$c = b/a$$

式中，c——客户满意度；

b——客户对产品或服务所感知的实际体验；

a——客户对产品或服务的期望值。

当 c 等于或接近于 1 时，表示客户对产品或服务比较满意，即"一般"。

当 c 小于 1 时，表示客户对产品或服务"不满意"。

当 c 接近 0 时，表示客户的期望完全没有实现。

当 c 大于 1 时，表示客户所获得的实际体验超出了客户对产品或服务的期望值，说明客户对产品或服务"高度满意"。

2. 客户满意度的重要性

企业最关心的是经济效益，如何在竞争中确保企业的可持续发展？答案是客户满意是企业经营的根本，没有客户的满意，绝不可能达到企业的永续经营。根据一项统计发现，在所有对企业不满意的客户中有以下几种情况。

(1) 4%的客户向企业抱怨。

(2) 24%的客户确有需要解决的严重问题。如果客户问题得到"解决"，54%到70%的客户还会留下；如果客户问题得到"及时解决"，则95%的客户还会留下。

(3) 13%的人会将他们的不满告诉周围的10~20人。相比之下，满意的(或问题得到解决的)客户则告诉另外2~5人。

从统计结果发现，客户不满意后，很大比例的客户根本就不给企业弥补的机会。因此，企业与其事后弥补，不如事前把关，实施客户满意度的调查研究。

客户满意度对企业具有重要意义。

1) 能够了解客户的要求和期望(当前的与未来的)

企业在提供产品或服务时，其目的在于使其提供的产品或服务得到客户的认可，并让其乐于接受。这就要求企业了解客户需要什么样的产品或服务，对产品或服务有什么样的要求——再精美的产品，客户不需要，也不会得到认可。

2) 能够使企业获得更高的长期赢利能力

客户满意的同时，企业也获得许多具有竞争力的、导致企业长期赢利的优势。主要体现在以下几方面。

(1) 减少企业的浪费。在企业保证客户满意度的过程中，企业会越来越了解客户，常常会准确地预测到客户的需求和愿望。这样，企业就不用花更多的时间和精力去做市场研究，新产品的研制和生产也会少走不少弯路，在很大程度上减少了企业的浪费，压缩了成本。

(2) 价格优势。满意的客户往往愿意为令自己满意的理由而额外付出。价格即使比竞争者高也会为客户所接收。当然客户的额外付出并不是无限度的，付出多少取决于满意度之外的一些因素，如全面的竞争环境、客户的价格敏感度、购买类型和公司地位等。

(3) 更高的客户回头率。满意的客户比不满意的客户有更高的品牌忠诚度，更可能再次购买该产品或者购买该企业的其他产品。与上述的价格优势结合起来，重复购买率高将导致更多的收入，从而使企业获得更多的利润。

(4) 交易成本低。每个销售人员都知道，成交一次重复购买比说服新客户购买容易得多。越高的客户忠诚度意味着销售的花费越低，对于重复购买，销售人员只需向客户推荐应该买哪种产品，多少钱，而不是费时费力地与客户推荐为什么要买本企业的产品。

(5) 沟通成本低。满意的客户乐于将自己的感受告诉别人，诸如朋友、亲戚，甚至于其他的客户。研究表明，这种口头宣传的广告比其他沟通方式更加有效，并且几乎不需要成本。

客户满意度这一理念，在国外企业的经营管理，特别是质量管理中，占有相当重要的地位。1987年美国商务部设立的马尔科姆·鲍得里奇国家质量奖的评奖标准中，客户满意度的指标比重占第一位，达30%。该项指标又分为8个子项，见表5-3。

表5-3 客户满意度的指标

1. 对客户要求和期望的认识程度	5. 对质量改进要求的解决
2. 客户关系管理	6. 客户满意度的确认
3. 客户服务标准	7. 客户满意效果
4. 对客户的承诺	8. 客户满意度比较

从以上评奖标准项目可以看出，识别客户，明确需要，改进提高，不断提高客户满意度并不断与竞争对手比较等一系列活动，已构成企业全面质量管理的重要内容。通过产品和服务解决客户的问题，保证满意度的提高是全面质量管理的核心。

汽车行业日趋成熟，制造商、经销商们的观念已经不仅仅是简单销售汽车，对客户满意度也更加关注。

应用案例 5-1

奇瑞延长整车免费服务周期和降低用户单次服务支出。8 608种备件价格全线下调30.1%，Al的4

年12万km质保期限给消费者带来实惠,而全部原厂配件、先进技术与设备、全球知名供应商提供更多备件服务保障。便捷方面,奇瑞着手于网点布局、救援保障、备件储备;近600家服务网点大大缩小了服务半径;耗资1.14亿元向全国服务站投放了1 000辆带有GPS全球卫星定位系统和车载电话功能的服务救援车,实现24小时全天候救援;"1+15"全国备件库分布,将备件配送距离半径缩短至500km范围内。在提升客户满意度方面,奇瑞从服务标准提高、技术支持、服务站升级三个方面着手,发布了八步服务流程和99项保养标准,使服务每个环节都有法可依。

常言道:"金杯,银杯,不如消费者的口碑",提升满意度的根本目的在于降低客户流失率,提升忠诚度,最终增加企业利润。随着中国汽车市场的持续发展,客户满意度水平与其他指标一起成为衡量企业竞争力的重要因素。

3. 影响客户满意度的因素

客户满意度的形成一般是多重因素综合在一起的,可将影响客户满意度的因素大致分为直接因素和间接因素。

1) 直接因素

影响客户满意度的直接因素主要包括产品因素、服务因素。

(1) 产品因素。产品因素包括四个层次的内容:首先是产品与竞争者同类产品在功能、质量、价格方面的比较,如果有明显优势或个性化较强,则容易获得客户满意;其次是产品的消费属性,客户对高价值、耐用消费品要求比较苛刻,因此这类产品难于取得客户满意,一旦满意,客户忠诚度将会很高;客户对价格低廉、一次性使用的产品要求较低;最后,产品的外观因素,像包装、运输、品味、配件等,如果产品设计得细致,有利于客户使用并体现其地位,会带来客户满意。

(2) 服务因素。企业的营销与服务体系是否有效、简洁,是否能为客户带来方便,售后服务时间长短、服务人员的态度、响应时间、投诉与咨询的便捷性等都会影响客户满意度。同时,经销商作为中间客户,有其自身的特殊利益与处境。企业通过分销政策、良好服务赢得经销商的信赖,提高其满意度。

2) 间接因素

影响客户满意度的间接因素主要是指企业因素,表现在企业形象、企业与客户的沟通、企业对客户的关怀。

企业是产品与服务的提供者,其规模、效益、形象、品牌和公众舆论等都影响消费者的判断。如果企业给消费者一个很恶劣的形象,很难想象消费者会选择该企业生产的产品。

企业与客户的良好沟通是提高客户满意度的重要因素。很多情况下,客户对产品性能的不了解,造成使用不当,需要企业提供咨询服务。客户因为质量、服务中存在的问题要向企业投诉,与企业联系,如果缺乏必要的渠道或渠道不畅,容易使客户不满意。

客户关怀是指不论客户是否咨询、投诉,企业都主动与客户联系,对产品、服务等方面可能存在的问题主动向客户征求意见,帮助客户解决以前并未提出问题,倾听客户的抱怨、建议。通常客户关怀能大幅度提高客户满意度,增加客户非常满意度。但客户关怀不能太频繁,否则会造成客户反感,适得其反。

了解了这些影响客户满意的因素,就会很好地把握如何激发客户满意,尽力策划和实施让客户满意的项目，才能不断地满足客户要求，增强客户满意，从而促进企业的发展。

4. 如何提升客户满意度

当前市场的竞争相当激烈，企业的经营面临很大压力，迫使企业不得不站在客户的角度来考虑产品和服务的问题，提出以客户为中心，实施客户满意战略的经营理念。然而企业怎样才能正确理解客户的期望和要求，怎样度量企业所提供的产品和服务与客户期望值的距离，怎样与竞争对手相比较，怎样才能明确企业进行持续改进的方向，以提高客户满意度、提高竞争力？进行客户满意度调查、研究和评价是当前国外先进企业普遍采用的一种策略与途径。

企业进行客户满意度调查与研究的一般程序主要有以下方面。

（1）制订客户满意度调研计划。有了周密的计划，才能保证调研的有序、有效进行，避免出现误导或错误的信息。

（2）选择有一定声誉的专业咨询顾问公司来实施调研。专业机构的水平关系到调研结果的正确性、可靠性、有效性。

（3）识别客户。企业应通过访问、面谈和其他方式细分市场，识别过去客户、目前客户和潜在客户以及他们的要求和期望。识别竞争对手的客户，以获得竞争对手的信息也相当重要。

（4）确定绩效指标。客户满意度调研的核心是确定产品和服务在多大程度上满足了客户的期望和要求。这些期望和要求可归纳为一系列的绩效指标。

（5）设计问卷。这是客户满意度调研的关键之一，问卷的好坏直接影响调研的效果。

（6）实施客户满意度调查访问。一般通过问卷的邮寄征询、电话访问、面谈等方式来进行调查，倾听客户的意见与对满意度绩效指标的评价和反应。

（7）调查结果的研究和分析。对调查访问结果信息按要求归纳分析，利用统计方法（如：相关分析、回归分析、判断分析、因素分析等方法进行综合分析）得出调查结果，确定需解决的问题和改进的方向和目标。

因为客户满意度随着时间的变化、竞争对手的变化、产业的变化、人民生活水平的变化而发生变化，客户关注的因素，影响客户满意度的因素也会随之而变。因此，企业需要不间断地对客户满意度指标体系进行研究，确定是否需要调整，如何调整。

这里简单列举几项汽车行业提升客户满意度的具体方式。

（1）有效使用客户信息数据库，细分客户类型，利于营销技术与市场活动策划；通过客户档案的准确记录与录入系统，对成交客户：了解客户年龄段、性别比例，单位购入量、公司、家庭及个人客户比例，客户级别、购车类型、购车原因、职业等；对流失客户：了解客户年龄段、性别比例，公司、家庭及个人客户比例，未成交原因（经济负担、无喜好车型、服务差、对品牌的信任度不足等）等。

（2）公司网站及时更新，内容包括近期市场活动、新车推介测评等；建立车主俱乐部论坛，易于车主给出产品建议、服务建议，市场活动建议，论坛方式的交流过程以客户为中心，使客户感到有主控权；论坛内容的丰富使得注册用户不限于车主客户，也带来大量潜在客户，针对习惯于网络生活的客户群，习惯于在产生购买欲望后在网络收集相关信息与测评数据，有调查显示专业汽车类网站、门户网站的汽车频道以及汽车品牌官方网站是约 40%的网民们主要汽车信息获取的途径。

（3）建立优良的售后服务和客服系统，有效记录与处理客户投诉与抱怨，包含对网站论坛中车主建议的回复与投诉抱怨处理，以及周期总结。4S店的第 4 项 S 为信息反馈（Survey），在提升客户满意度中，此项业务尤为重要。客户回访可以加固客户满意度与忠诚度，使在售后服务与零配件购买市场中获取更广泛的利润，同时引起潜在客户。

（4）进行年度的满意度调研、市场调研，进行预期市场活动前的测试调研等，包含对整体汽车市场的研究，重点在本区域城市，对其他品牌的了解与对策。

（5）建立准确的销售业绩数据库，考察周期销量变动原因，针对客户满意度提升工作后的销量变化、畅销车型、滞销车型等因素分析。

总之，客户满意度经营战略不仅仅是规划和计划，还应是企业实实在在的以客户为中心，以不断提高客户满意度为目标，不断进取、改进不良行为。客户满意也是汽车行业战胜竞争对手的最好手段，是客户关系管理的核心内容，是企业取得长期成功的必要条件。

5.3 汽车售后服务

据中国消费者协会的调查，消费者了解汽车品牌最主要的途径是"通过朋友介绍"，认为它"重要或比较重要"的比例占 73.4 %，比排在第二位的"通过杂志广告"高出近 20%。在对消费者问及"购买家用轿车时主要注意的是什么"时，回答排在第二位的是售后服务(占被调查者总数的六成)。在已购车的消费者被问及对售后服务是否满意时，所列各项服务的满意率均不到 40%。所以，汽车产品的售后服务越来越受到消费者的重视，企业售后服务工作的好坏，直接影响到其产品的市场占有率。

5.3.1 汽车企业的售后服务

售后服务是指销售人员在购买行为完成后所做的服务工作。它具有如下作用。

1. 争取用户，增强企业的竞争力

用户在购买产品时，总希望能给他们带来整体性的满足，不仅包括实体物质产品，而且还包括满意的服务。优质的售后服务可以继产品性能、质量、价格之后，增加用户对产品的好感，让用户对产品产生方便感、安全感以及偏爱心理。这种好的感受又会影响更多的人，增加产品的口碑，从而提高了企业的声誉，迎来更多的用户，增强企业的竞争能力。同时，还可以让用户体验到被重视、被尊重的感觉，给他们以心理上的优越感，因而售后服务也是协调消费者心理平衡的一个重要的过程。如果服务没有做好，消费者损失的不仅是金钱，还有时间、感情。

2. 保证汽车性能的正常发挥

企业为用户提供及时、周到、可靠的服务，可以保证汽车产品的正常使用、可靠运行，最大限度地发挥车辆的使用价值。

3. 收集用户和市场的反馈信息，售后服务的网络建设，为汽车企业正确决策提供依据

不仅可以使企业掌握用户的信息资料，还可以广泛收集用户意见和市场需求信息，为汽车企业经营决策提供依据使企业能按照用户意见和市场需求的变化进行决策或改变策略，从而提高决策的科学性、正确性，减少风险和失误。

4. 售后服务也是企业增加收入的一个途径

除在一定的保证期限内为用户提供免费服务外，其他的有关服务以及为用户提供大量的零配件和总成件，也可以增加企业的收入。在整个汽车产业链中，汽车产品主要的获利并不是整车销售而是来自售后服务。据专家分析，企业出售整车只赚了消费者20%的钱，还有80%的钱滞留在以后的售后服务中。

汽车产品的售后服务，是当今汽车市场激烈竞争的一个重要因素。从产品售后服务的实践可以看出，它是企业产品设计、制造生产、质量管理不可缺少的组成部分。正如许多企业所意识到的，它是工厂产品生产的完善和补充，是企业质量保证体系在企业外部的延伸，是沟通企业与用户之间的"桥梁"，是塑造企业形象最有效的途径，更是企业保持市场和开拓新市场的重要策略。

5.3.2　售后服务工作的内容及机构设置

1. 售后服务工作的内容

20世纪70年代初期，日本汽车曾经冲进美国市场，但是很快就退出了，主要原因并不是美国人不接受它的产品，而是缺乏售后服务的保障，缺少维修网络、使用指导和备品供应。世界各大汽车企业公认的一条规律是：第一辆汽车是由销售人员卖出去的，而从第二辆起就是由优质的售后服务卖出去的。

分析总结汽车企业的成功经验，售后服务工作的开展应该包括以下内容。

1) 建立售后服务网络

由于汽车产品使用的普及性、销售的广泛性以及产品技术的复杂性，单凭汽车厂商自身的力量，是不可能做好售后服务的，必须建立一个覆盖面广，服务功能完善的售后服务网络，实行24小时免费呼叫，才能快捷、高效地满足用户的要求，实现全方位服务。并且经验也表明，用户提出售后服务要求时，制造商不要去直接面对用户，而是推出中间人代理商，由他来协调双方的意见。因此，国外各大汽车公司，都在组织一个十分庞大的服务网，遍布主要汽车市场的城市和乡村，这个网络代表生产厂家完成为用户的全部技术服务工作。

例如，法国的雷诺集团在欧洲有一级销售网点约2 500个，二级网点约1.5万个；雷诺轿车公司在法国约有8 000个售后服务点，4万多名雇员，在国外约有1万多个销售及服务网点，5万名雇员。

2) 建立客户档案，进行跟踪服务

建立客户档案直接关系到售后服务的正确组织和实施。客户的档案管理是对客户的

有关材料以及其他技术资料加以收集整理、鉴定、保管和对变动情况进行记载的一项专门工作。

保持与客户的联络、维持客户关系。应经常查阅一下最近的客户档案，了解用户汽车和配件的使用情况、存在的问题。

3) 满足用户的备品供应

备品供应是售后服务工作的主线。一辆汽车由几千个、上万个零件组装而成，汽车在使用中，都会有对备件的需求。

 应用案例 5-2

日本丰田汽车公司配件供应

丰田公司设有4个零部件中心，负责丰田汽车40万种零部件国内外的供应。中心在接到订单后一天内可将配件送到国内各地，其供货率在95%以上。各个经销商、维修站每天都能订货4次。虽然丰田汽车零部件品种繁多，但维修站的仓库却相当小。配件的货款支付能够在规定的50天内完成，这对资金周转和减少库存都是极为有利的。配件价格全国统一，由厂方和经销商协商确定，避免了相互之间的恶性竞争。

丰田公司的5个零部件中心，半径在30km范围内。除一个物流中心专门负责向全世界100多个国家地区发送出口零部件外，其他4个都按不同品种进行分工，专门从配套的零件生产厂进货，向维修点和销售点发货。中心管理人员根据用户(零件商、修理厂)提出的要求迅速通知仓库备货发货，同时汇总并向有关的零件生产厂家提出订货。生产厂家在接到零件中心订货后向零件中心发货，所有这些活动每天进行数次，选择最佳的批量以最大限度地减少库存，降低资金占用，做到决不让货单滞留。管理人员为使进货入库作业均衡化，编制进货表和送货表标明在墙板上，零件的进货与发货都要看表，每天有数十次专用车进货和发货，进货发货的车都是按表上预定时间、预定地点(货位)到达或发出，包括装卸货时间，精确度在一个小时内。仓库的自动化程度很高，无人驾驶的库内货运车到处可见。整个零件中心像一台自动化程度很高的机器，按照设计好的程序在按部就班、有条不紊地正常运转。

由于国内生产工艺水平和配套零部件技术水平所限，汽车零配件供应就显得格外重要。到目前为止，国内大多数汽车生产企业的零配件销售还未能取得效益。而国外的汽车厂商却非常重视零配件供应，它们的利润1/3以上来自于零配件经营。

4) 汽车产品的质量保证

(1) 受理用户的索赔要求，并向企业反馈用户质量信息。售后服务网络的第一线受理索赔，做出赔偿决定，由售后服务部总部赔偿，鉴定科对赔偿进行复核，然后综合分析，向企业的设计、生产、销售等部门反馈质量动态和市场趋势等信息。

(2) 汽车召回。所谓召回制度(Recall)，就是已经投放市场的汽车，如果发现由于设计或制造方面的原因，存在缺陷或可能导致安全、环保问题，生产厂就必须及时向国家有关部门报告产品存在的问题，并提出申请召回。一些企业为了树立和维护自己的形象，对于因质量缺陷而导致的质量隐患会积极主动地提出召回。

 应用案例 5-3

日本的丰田公司以优良的售后服务在全世界获得广大的市场。当新车型投放市场3个月之内，公司便迅速了解该车的使用及质量情况。在此期间，卖出的车辆如发生故障，则全部免费修理。必要时，在车辆修理期间，可借给用户代用车，费用全部由公司承担，尽可能不损害用户的利益。从1967年起，丰田公司率先在日本将新车型的保证期定为2年或5万km。

5) 进行技术服务

随着科学技术的发展，汽车产品已经成为高、精、尖技术的代言者。汽车企业首先要对技术服务人员和商业人员进行专业培训，内容涉及介绍及讲解汽车的技术性能、维护知识等，然后通过售后服务网络对用户进行技术培训、技术咨询、技术指导、技术示范等。售后服务部门要定期提醒客户进行汽车保养，以改善汽车的使用状况，为用户带来实惠。

6) 塑造企业形象

售后服务部门是企业的一个窗口，是企业形象的直接体现。售后服务部应该建立统一的企业形象标准，如悬挂汽车企业的厂徽、厂标、厂容、厂貌的标准化、统一化，色彩、着装的标准化，厂房、厂区建设的规范化和设备的标准化。

2. 售后服务机构设置

在国际国内的各大汽车企业的机构设置中，售后服务部都隶属于企业的销售部。售后服务部的业务范围很广，所以其内部的机构设置也比较复杂。售后服务机构所包括的部门及职能如下。

1) 计算机中心

计算机中心一般分两个，一个负责用户档案管理和用户质量信息的分析处理，另一个用于对备品库的统一管理。计算中心管理部门同时负责售后服务部的财务、人事等行政事务的计算机化管理。

2) 技术服务部

技术服务部的职能之一是负责企业质量保修政策的实施，为用户提供现场服务、技术咨询、用户赔偿的最后鉴定和最终技术仲裁。另外，技术服务部还要负责质量信息的汇总、分析和处理，向企业的设计、生产制造、采购供应部门提供反馈信息。

3) 技术培训部

企业应该建立培训基地，设立技术培训部，并配备相关的教学设备和教学模型。由技术培训部负责对企业内部有关人员、大用户的技术骨干和代理商的技术培训。培训的主要任务是对新产品的技术性能的宣传讲解，为新产品的推广应用做准备。培训部还要负责培训教材的编写和选择，制作教学课件、模型等。

4) 非技术服务部

非技术服务部负责对代理商的经营指导直至经营介入，以帮助他们提高业绩，还负责代理商的厂房建设、设备配套及外观形象设计的支持、指导，增强他们对企业的凝聚力和荣誉感，最终将他们紧密地团结在企业的周围，永远忠诚地为企业服务。

5) 备品供应部和仓库

备品供应部和仓库是售后服务部的直接经营部门。它像一个经营单位一样，进行市场预测、价格制定、物流管理、计划和采购、接收定单和指示发货、仓储管理和运输的组织、技术设备服务等。备品供应部的备品管理实行统购统销，它与供应商签订供应协议，要求供应商服从企业备品控制的法规，用以保护消费者的利益，同时也保护企业和供应商的利益。

计算机技术发展应用的今天，备品部从接收定单、采购、备品入库到备品出库已经可以实现全程的计算机管理。备品部的供货实行公开的统一价格，以避免恶性竞争和假冒伪劣配件给企业和用户带来损失。

小 结

本项目重点介绍了展厅日常行为、工作管理、展厅信息管理以及客户关系管理的含义、目的和内容，客户分类与管理的技巧，客户满意度分析处理的技巧；同时介绍了汽车企业的售后服务工作的内容、机构设置。

项目 6

汽车销售业务

通过学习汽车整车销售的具体业务,了解汽车整车销售的流程和方法;熟练掌握销售流程各环节规范行为标准,能灵活运用,提高成交率;通过技巧和细节的把握实践,提升品牌形象和销售服务水平,提高经销商客户满意度。

能力目标	知识要点	权重	自测分数
熟悉汽车的销售流程	新车整车销售流程和方法	30%	
熟悉汽车销售过程中的主要任务	汽车销售的主要工作内容	25%	
掌握一定的销售技巧	汽车销售技巧和细节	45%	

项目 6　汽车销售业务

> 引　例

真诚销售

在一个炎热的午后，有位穿着汗衫、满身汗味的老农夫，伸手推开厚重的汽车展示中心玻璃门，他一进门，迎面立刻走来一位笑容可掬的柜台小姐，很客气地询问老农夫："大爷，我能为您做什么吗？"老农夫有点腼腆地说："不用，只是外面天气热，我刚好路过这里，想进来吹吹冷气，马上就走了。"小姐听完后亲切地说："就是啊，今天实在很热，气象局说有32℃呢，您一定热坏了，让我帮您倒杯水吧。"接着便请老农夫坐在柔软豪华的沙发上休息。

"可是，我们种田人衣服不大干净，怕会弄脏你们的沙发。"

小姐边倒水边笑着说。有什么关系，沙发就是给客人坐的，否则，公司买它干什么呢？等喝完冰凉的茶水，老农夫闲着没事便走向展示中心内的新货车东瞧瞧，西看看。

这时，那位柜台小姐又走了过来："大爷，这款车很有力哦，要不要我帮你介绍一下？"

"不要！不要！"老农夫连忙说，"你不要误会了，我可没有钱买，种田人也用不到这种车。"

"不买没关系，以后有机会您还是可以帮我们宣传啊。"然后小姐便详细耐心地将货车的性能逐一解说给老农夫听。

听完后，老农夫突然从口袋中拿出一张皱巴巴的白纸，交给这位柜台小姐，并说："这些是我要订的车型和数量，请你帮我处理一下。"

小姐有点诧异地接过来一看，这位老农夫一次要订 8 辆货车，连忙紧张地说："大爷，您一下订这么多车，我们经理不在，我必须找他回来和您谈，同时也要安排您先试车"。

老农夫这时语气平和地说："小姐，你不用找你们经理了，我本来是种田的，由于和人投资了货运生意，需要买一批货车，但我对汽车外行，买车简单，最担心的是车子的售后服务及维修，因此我儿子教我用这个笨方法来试探每一家汽车公司。这几天我走了好几家，每当我穿着同样的旧汗衫，进到汽车销售公司，同时表明我没有钱买车时，常常会受到冷落，让我有点难过⋯⋯而只有你们公司，只有你们公司知道我不是你们的顾客，还那么热心地接待我，为我服务，对于一个不是你们顾客的人尚且如此、更何况要是成为你们的顾客⋯⋯"

这个案例具有很大的启示作用：销售的成功，不仅体现在汽车商品的介绍上，而且要求销售人员要有良好的专业素养和一颗真诚的心。

6.1　汽车销售工作简介

汽车销售是整个汽车流通领域的关键一环，销售人员通过对消费者需求的把握，准确地传递双方的信息，把消费者、生产者紧密地联结起来，实现产品的交换。

6.1.1　汽车销售工作的特点

汽车是现代工业文明的产物，汽车既有普通商品的销售特点，又有其不同之处，概括而言，有以下 4 点。

1. 汽车购买是一项复杂的购买行为

在整个销售过程中更强调以顾客为中心的销售。汽车与一般的商品不同，是一种高技术含量的昂贵消费品，在整个销售过程中，消费者参与的程度非常高，如果销售人员不能以消费者的需求为关注焦点，就很难了解客户的真实需求，实现销售。

2. 汽车销售所需的专业化知识更多

汽车是一种高技术含量且更新换代特别快的产品，非专业化的人员很难对汽车有全面了解。售前需要销售人员经常性地了解相关汽车信息，以便能够全面准确地向消费者传达汽车方面的有关信息。售后要有专业的技术人员进行维护保养服务，才能保证产品的正常使用。可以说在整个消费过程中都离不开专业化的服务。

3. 汽车销售要树立整体的服务理念

汽车产品的消费形式与一般商品不同，在汽车的整个消费过程中，不仅售前离不开专业人士的服务，在整个消费过程中，同样离不开专业人士的服务。可以说，一旦消费者选定了某款汽车，就需要销售人员不间断地提供服务，才能保证产品的良好使用。

4. 汽车销售更强调团队合作

汽车消费是一项漫长的服务项目，不仅购买决策的时间长，而且在消费过程中，需要提供服务的时间更长。单一的业务人员很难为顾客提供全面化的服务，因此，需要在整个服务链的参与人员都相互协作，才能保证服务的连续性，达到顾客满意。

6.1.2 汽车销售的主要工作内容

汽车产品的销售服务泛指汽车在售前、售中、售后服务的全过程，包括汽车经销企业为顾客提供所有的产品销售服务工作及技术型服务的前期沟通工作。

1. 售前服务

售前服务是指销售人员在客户决定购车前的前期咨询工作。工作内容主要包括如下几项。

（1）寻找和发现潜在顾客，并进行售前跟进。
（2）有选择地走访老顾客，拜访新的潜在顾客，重点顾客要定期拜访。
（3）认真了解客户的真实需求，并听取客户对产品和服务质量的意见。
（4）积极为顾客出谋划策，向客户介绍新产品、新车型和新的销售政策。

2. 售中服务

售中服务是指销售人员在客户购买过程中提供的全方位服务。工作内容主要包括如下几项。

（1）接待和甄别顾客—车辆介绍—产品展示—车辆选购—销售核准—交车。
（2）销售人员要热情接待每一位来访的顾客，对产品的技术特点、使用性能、价格构成、一条龙服务、售前售后服务项目以及质量担保和索赔等情况进行介绍。

(3) 公司要设专门的咨询电话，为不方便上门的顾客提供电话咨询服务。
(4) 协助客户办理汽车保险、汽车上户等一条龙服务。
(5) 销售人员要根据顾客的需求协助顾客完成试乘试驾服务。
(6) 在交车前要完成汽车的售前检查(PDI)。
(7) 交车后销售人员要帮助、提醒客户填写顾客档案卡。
(8) 销售人员要及时向顾客介绍售后服务的范围和优惠条件，并提供售后服务的联系电话。

3. 售后服务

售后服务是指销售人员在购买行为完成后所做的服务工作。工作内容主要包括如下几项。
(1) 销售人员在购车后的第三天和一周内对客户进行售后服务跟踪，了解顾客的车辆使用情况。
(2) 销售人员要定期与顾客保持联系，提醒顾客对车辆进行必要的维护和保养。
(3) 为客户提供代办手续、代办保险、索赔等多项服务。

6.1.3 汽车销售流程简介

汽车消费是一种复杂的购买行为，消费者购买行为持续时间长，参与程度也高。因此，销售人员要以顾客的需求为关注焦点，以顾问的身份围绕消费者的购买决策过程，才能实现销售。整个汽车销售活动是围绕着顾客的购买行为展开的，分为9个环节。汽车销售的工作流程如图6.1所示。

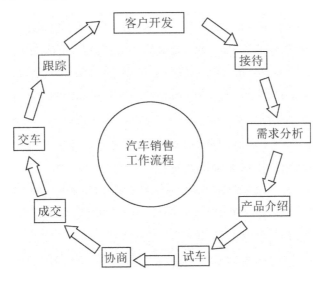

图6.1　汽车销售流程示意图

各环节的关键点如下。

1. 客户开发

(1) 了解潜在客户的购买需求，与潜在客户建立良好关系。

(2) 建立良好关系后,对潜在客户进行邀约。

2. 接待

(1) 客户一旦来时立即以微笑迎接,即使正在忙于帮助其他客户时也如此。如果客户在走进专营店展厅时无人理睬,他会认为没得到重视,会感到心情不畅。

(2) 迎接客户后应立即询问能为客户提供什么帮助,以弄清客户来访目的,以便为客户解决问题。应主动去引导客户交谈,以帮助他进一步消除疑虑不安的情绪。

3. 需求分析

(1) 仔细倾听客户的需求,让其畅所欲言,以创造轻松的氛围。如果销售顾问使客户感觉到有压力。将会使他不能充分表达想法,而且不会对销售顾问产生信任感。

(2) 准确了解客户的需求与愿望,用自己的话重复客户的述说,以使客户相信他的话已被你理解,增加客户对你的信任感。

4. 产品介绍

(1) 介绍所推荐车辆时着重介绍那些能通过直接迎合客户购买(换购)需求的特性。

(2) 让客户确认所介绍的车辆确实符合他的需要和愿望。

5. 试车

(1) 主动邀请客户试车,请客户先乘后驾,给客户全面体验车辆性能的机会。

(2) 在客户试驾过程中,避免过多地和客户谈话,在确保安全的前提下,让客户自由地驾驶和体验车辆。

6. 协商

(1) 详细解释商谈备忘的各项细节,使客户感觉价格公平透明。

(2) 让客户有充分的时间按自己的节奏来考虑商谈结论,避免让客户仓促做决定。客户仓促决定后引起的反悔将抵消销售顾问之前建立的信任感。

7. 成交

(1) 在客户签署协议之前再次使客户相信产品是符合他需求的,而且购买条件是合理的,以增强客户对所选车辆购买决定的信心。

(2) 留给客户充分的时间来评估和确定购车方案的价值。

8. 交车

(1) 在交车区交车,以衬托出交车的重要性。按约定的时间交车,若有延误,必须第一时间和客户联系,避免客户产生负面情绪。

(2) 确保交车时介绍服务人员给客户,以便客户和服务部门之间建立长期关系。

9. 跟踪

(1) 在交车3天之内,销售顾问必须和客户进行联系,询问客户对车辆使用的满意状况,解答客户在使用过程中遇到的问题。

(2) 依照按客户喜欢的方式与客户保持长期联系。

6.2 客户开发

6.2.1 寻找潜在客户的方法

销售人员寻找潜在客户通常有两种途径：客户主动到展厅（含打进电话）；销售顾问主动获取。具体方法如下。

(1) 展厅（来电、来访）。
(2) 介绍（老用户、亲朋等）。
(3) 活动（车展、俱乐部、车友会、调研等）。
(4) 协作（媒体、运管处、保险公司、银行证券业等）。
(5) 随机（黄页、网络、地毯式、聚会、交友等）。

建立客户信息卡，见表6-1，根据客户的主动性、名单的时间性等因素确定客户的优先等级。联系前，准备好该表格。

表6-1 客户信息卡

顾客资料	牌照号码								领牌日	年 月 日	零售商
	领照名称		车主姓名（公司名称）	洪玉	生日（创立日期）	1960年 3月 18日	身份证（公司）编号				永腾汽车公司
	地址	1、领照：				电话：			行动电话：136254312		
		2、住所：				电话：			e-mail: Huangyu@hotmail.com		
		3、服务地点：上海市浦东新区张扬路1235号3F				电话：5853211			FAX:		
	职业或服务单位：			职位：		购车决定者：		职称：	电话：	行动电话：	
车辆资料	车型：无			车色：		付款方式	购买类型		信息来源	介绍人	销售顾问 张五
	VIN No:			安全密码：		现金	新购 本牌换购	开拓 介绍	孙武		
	生产年份：			主钥匙密码：		贷款银行： 期 数：	增购 他牌换购 其他	来店 来电	电话： 行动电话：		
	交车日期：			音响PIN：		分期 月付款： 到期日：	之前使用厂牌：	展示会	136×××8212		
相关信息	适合拜访场所	领照	住所	服务地点		购车相关明细					
	适合拜访时间	白天 晚上	10-16时	分		车辆	新车保险		续保		
	兴趣	1 旅游	2 下棋	3 钓鱼		车辆售价： 实际售价： 牌照价格： 其他：	险种： 金额： 承保公司： 其他：		第二年： 第三年： 第四年： 第五年：		
	家庭状况	姓名	称谓	出生日	职业						
						顾客自费加装配件		销售顾问赠送配件			
						品名 售价 特征		品名 售价 特征			
						1、 2、 3、 4、 5、 6、		1、 2、 3、 4、 5、 6、			
		备注	收入不错，小康家庭，已婚，1位小孩								

6.2.2 电话营销技巧

1. 接电话的4个基本原则

(1) 电话铃响在3声之内接起。

(2) 电话机旁准备好纸笔进行记录。

(3) 确认记录下的时间、地点、对象和事件等重要事项。

(4) 告之对方自己的姓名。

2. 接电话流程

接电话流程及各流程的基本用语、注意事项见表 6-2。

表 6-2 接电话流程及各流程的基本用语、注意事项

顺　　序	基本用语	主要技巧
1. 拿起电话听筒，并告之自己的姓名	"您好，××汽车销售公司"（直线） "您好销售部×××"（内线） 如上午 10 点以前可使用"早上好" 电话铃响 3 声以上时，"让您久等了，我是销售部×××"	• 电话铃响 3 声之内接起 • 在电话机旁准备好记录用的纸笔 • 接电话时，不使用"喂……"回答 • 音量适度，不要过高 • 告知对方自己的姓名
2. 确认对方	"×先生，您好！" "感谢您的关照"等	• 必须对对方进行确认，如是客户要表达感谢之意
3. 听取对方来电用意	"是""好的""清楚""明白"等回答	• 必要时应进行记录 • 谈话时不要离题
4. 进行确认	"请您再重复一遍""那么明天在××，9 点钟见。"等	• 确认时间、地点、对象和事由 • 如留言，需记录下电话时间和留言人
5. 结束语	"清楚了""请放心……""我一定转达""感谢您的来电""谢谢""再见"等	
6. 放回电话听筒		• 等对方放下电话后再轻轻放回电话

3. 接电话的重点总结

(1) 认真做好记录。

(2) 使用礼貌语言。

(3) 电话交流要简洁明了。

(4) 注意听取时间、地点、事由和数字等重要词语。

(5) 电话中，应避免使用对方不能理解的专业术语或简略语。

(6) 注意讲话语速不宜过快。

(7) 打错电话要有礼貌地回答，让对方重新确认电话号码。

4. 拨打电话流程

拨打电话流程及各流程的基本用语、注意事项见表 6-3。

项目 6　汽车销售业务

表 6-3　拨打电话流程及各流程的基本用语、注意事项

顺序	基本用语	主要技巧
1. 准备		• 确认对方姓名、电话，把握其信息情况 • 准备好讲话内容、说话顺序 • 准备可能需要的资料、文件等 • 明确通话目的和对客户的价值
2. 拨打、问候、告知自己的姓名	"您好！我是××公司××经销商销售部的×××"。	• 一定要报出自己的姓名 • 讲话时要有礼貌
3. 确认电话对象	"请问××部的×××先生在吗" "麻烦您，我要找×××先生" "您好！我是××公司的×××"	• 必须要确认电话的对方 • 如与要找的人接通电话后，应重新问候
4. 电话内容	"今天打电话是想向您咨询一下关于××事……"	• 应先将想要说的结果告诉对方 • 如是比较复杂的事情，请对方做记录 • 对时间、地点、数字等进行准确的传达 • 说完后可总结所说要点进行确认
5. 结束语	"谢谢""麻烦您了""那就拜托您了"等	• 语气诚恳、态度和蔼
6. 放回电话听筒		• 等对方放下电话后再轻轻放回电话

5. 拨打电话的重点总结

（1）要考虑打电话的时间（对方此时是否有时间或者方便）。

（2）注意确认对方的电话号码、单位、姓名，以避免打错电话。

（3）准备好所需要用到的资料、文件等。

（4）讲话的内容要有次序，简洁明了。

（5）注意通话时间，不宜过长。

（6）要使用礼貌语言。

（7）外界的杂音或私语不能传入电话内。

（8）避免私人电话。

注：打电话时，如果发生掉线、中断等情况，应由打电话方重新拨打。

6.2.3　潜在客户的判断与跟踪

寻找潜在顾客是一项艰巨的工作，特别是刚刚开始从事这个行业的时候，销售人员只是对汽车产品了解而已，通过一定的方式判别潜在顾客购买车辆的意向程度，从而对症下药，就显得十分重要。

1. 准确判断顾客购买欲望

销售人员判断顾客购买欲望的大小，有 5 个检查要点。

（1）顾客对汽车的关心程度。如顾客对汽车的品牌、动力特性、安全设施、内部装饰等的关心程度。

（2）顾客对购车的关心程度。如顾客对汽车的购买合同是否仔细研读或要求将合同条文增减，主动要求进行试乘试驾等。

（3）是否能符合顾客的各项需求。如顾客小孩上学、大人上班是否方便；是否详细了解售后服务流程等。

（4）顾客对产品是否信赖。顾客对汽车品牌是否满意，耗油是否经济等。

（5）对销售企业是否有良好的印象。顾客对销售人员印象的好坏左右着潜在顾客在该公司的购买欲望。

2. 潜在客户的判断

汽车销售人员在寻找潜在顾客的过程中，要把握"MAN"原则。

M：MONEY，代表"金钱"。所选择的对象必须有一定的购买能力。

A：AUTHORITY，代表购买"决定权"。该对象对购买行为有决定、建议或反对的权力。

N：NEED，代表"需求"。该对象有这方面（产品、服务）的需求。

"潜在顾客"应该具备以上特征，但在实际操作中，应根据具体状况采取具体对策（见表6-4）。

表6-4 购车三要素分类

购买能力	购买决定权	需　　求
M(有)	A(有)	N(大)
m(无)	a(无)	n(无)

- M＋A＋N：有望顾客，理想的销售对象。
- M＋A＋n：可以接触，配上熟练的销售技术，有成功的希望。
- M＋a＋N：可以接触；并设法找到具有A之人（有决定权的人）。
- m＋A＋N：可以接触，但需调查其业务状况、信用条件等给予融资。
- m＋a＋N：可以接触，应长期观察；培养，待之具备另一条件。
- m＋A＋n：可以接触，应长期观察、培养，待之具备另一条件。
- M＋a＋n：可以接触，应长期观察、培养，待之具备另一条件。
- m＋a＋n：非顾客，停止接触。

由此可见，潜在顾客有时欠缺了某一条件（如购买力、需求或购买决定权），仍然可以开发，但要应用适当的策略，便能使其成为企业的新顾客。

3. 准确判断顾客购买能力

判断潜在顾客的购买能力，有两个检查要点。

1）信用状况

可从职业、身份地位等收入来源的状况，判断是否有购买能力。

项目6 汽车销售业务

2) 支付计划

销售人员通过从顾客购买汽车时,是期望一次支付现金,还是要求分期付款,以及支付首期金额的多少等,来判断顾客的购买能力。

经过顾客购买欲望及购买能力的两个因素判断后,销售员就能够大致确定顾客的购买时间并做出下一步计划。

4. 潜在客户的跟踪

1) 客户分类管理

销售人员要对客户进行分级,一是以购买概率作为标准进行分类,则"最有希望购买者"为A类客户,"可能购买者"为B类客户,"购买希望不大者"为C类客户;二是以购买数量作为标准进行分类,则"购买量较大者"为A类客户,"购买量一般者"为B类客户,"购买量较小者"为C类客户。A类客户应为营销人员的重点目标和公关对象,成功率高,成交量大,B类客户次之,C类则再次之。在销售推广过程中优先考虑A类客户,最后考虑C类客户。

2) 跟踪技巧

(1) 客户分类管理,确定优先次序,分批次、有策略地去联系。

(2) 客户联系要持续并有所递进,但不要太功利。

(3) 为每一次跟踪找到合理的理由。

(4) 跟踪、拜访客户之前,一定要打有准备之仗。

(5) 每一次追踪情况都要详细记录在案。

(6) 鼓励客户说出他们的疑虑,但不要轻易向客户许诺。

3) 跟踪与成交的关系

2%的销售是在第一次接洽后完成。

3%的销售是在第二次跟踪后完成。

5%的销售是在第三次跟踪后完成。

10%的销售是在第四次跟踪后完成。

80%的销售是在第4~11次跟踪后完成!

东风标致有关客户分级的说明

1. 级别定义

将潜在客户(尚未签署订购合同)分为4个级别:H,A,B,C;客户所属级别越高,购买可能性越大,预计购买时间越近。

2. 分级标准(具备每个级别所列5条标准中的3条即可判断属于该级别;此外,特约商可以根据自己经验进行综合判断)。

(1) H级(在DMS系统"意向客户统计"中为购车意向很强)

①已谈到交车细节及期限。

②客户已确认车色。

③客户主动告知竞争对手情况。
④主动谈及车辆装饰、旧车处理、付款方式与上牌问题。
⑤主动打电话来或再度来店。
(2) A级(在DMS系统"意向客户统计"中为购车意向一般)
①与客户商谈超过一小时。
②商谈甚欢甚至能开玩笑或主动叫出销售人员的名字。
③约好下次洽谈时间。
④客户有明确感兴趣的车型。
⑤客户详细询问车辆的功能、配置。
(3) B级(在DMS系统"意向客户统计"中为购车意向较差)
①已经知道客户的名字、地址、电话或得到客户的名片。
②有谈及客户公司的情况或聊到客户的学历、背景。
③知道客户的兴趣、爱好。
④了解客户对欲购车辆的基本要求。
⑤提到目前用车的状况。
(4) C级(无明确购车意向,不需要输入到DMS系统)
还没有完整的客户联系方法,或者仅有联系方法但是没有其他有效的信息沟通。
3. 对不同级别客户跟踪处理方法
对于高级别的客户,应保持更密切的跟踪,并优先提供宣传品、促销资料,及在预约试乘试驾时优先安排。
4. 客户分级信息整理和汇报
(1) 动态更新,在每次对客户进行跟踪联系后重新进行级别评估。
(2) 在DMS系统中录入、更新并进行数量统计,根据东风标致要求进行汇报。

6.3 接 待

顾客接待是实现销售的首要环节,销售人员对顾客的接待应专注于建立关系、缩短人与人之间的距离。通过热情的接待,消除顾客的戒备心理,以建立彼此互信的关系,引发顾客对产品、对销售企业的兴趣,为继续商谈奠定良好的基础。

6.3.1 顾客接待的分类

顾客接待泛指销售人员对通过各种渠道造访公司的顾客接待,是实现销售的重要环节,通过销售人员高质量的顾客接待工作,增加顾客来店/电的满意度,进而实现提高成交率的目的。根据接待途径和目的的不同,大致可分为以下三类。

1. 展厅接待

泛指接待来到展厅的顾客,销售人员通过热情主动的欢迎,了解顾客的来意,展开各种服务。

2. 电话咨询

泛指接待通过电话渠道进行业务咨询的顾客,销售人员通过热情解答,吸引顾客来店咨询,从而实现销售目的。

3. 邀约客户接待

泛指接待通过各种促销活动邀约来的顾客。

6.3.2 展厅接待前的准备

1. 展厅接待目标

展厅接待目标是塑造完美的第一印象。第一印象先入为主，决定了后期客户对我们的信任度。客户在选车过程中会挑选一个他喜欢的卖车人。

2. 展厅接待前的准备

售前准备的目的在于建立专业的销售形象、取得顾客的信任。拥有顾客所期望的个人品质，销售人员才可以提高销售业绩。这些品质包括：仪容仪表、专业化、可信赖、真诚、积极的态度。

1）自行准备的标准行为

它包括5个"喜悦一刻"和17个标准行为，如图6.2所示，具体见表6-5。

图 6.2 5个"喜悦一刻"

表 6-5 自行准备的标准行为

5个"喜悦一刻"	26个标准行为
1. 精神面貌	①保持饱满的精神并在工作在展现乐观、积极的风貌； ②生活应有充分的调适，睡眠充足，不要酗酒，在工作中永葆旺盛的斗志
2. 服装礼仪	①销售人员穿着公司统一制服，保证合身、整洁、板整； ②衬衫应干净，熨烫平整，领口、袖口没有污渍； ③统一佩戴公司的名牌，保持平整干净； ④保持头发干净，不可有头皮屑，梳理整齐，男士头发不可过长； ⑤保持手和指甲的清洁，指甲要修剪整齐； ⑥皮鞋擦拭干净明亮，袜子颜色与衣服和肤色协调； ⑦男士不佩戴饰物，女士的饰物应小巧精致； ⑧女士化妆要自然、淡雅，不可浓妆艳抹； ⑨避免让人不快的气味，包括体味、汗味和口臭等； ⑩随身携带笔和文件夹，做好记录准备；随身携带名片
3. 产品知识	①掌握公司各车型的配置、性能和所有技术参数，作为介绍和讲解的依据，随时可以提供给顾客； ②对于与我们的产品构成竞争的厂牌和车型，要有向顾客提供参数分析和比较的能力； ③产品资料充足

续表

5个"喜悦一刻"	26个标准行为
4. 生活素养	为提高自己的综合能力与知识水平,以便在工作中得以顺利地与顾客接触、交谈和成为朋友,建议多涉猎各方信息,如: ①社会新闻; ②经济、工业和商业新闻; ③娱乐新闻; ④子女教育; ⑤旅游休闲; ⑥外资企业消息; ⑦金融、房产投资消息; ⑧体育新闻
5. 汽车界消息	要充分掌握和了解各汽车品牌及车型的发展和新信息,以利于销售人员应对汽车市场的变化,成为最优秀的汽车销售人员。如: ①建议可参阅的书报:《中国汽车报》及地方报纸汽车版; ②建议参阅的杂志有:《中国汽车画报》《汽车杂志》《汽车之友》《汽车导报》《名车志》《汽车族》等; ③建议浏览的网站:中国汽车网、TOM汽车网、sina汽车、太平洋汽车网(PC Auto)等

2)针对顾客准备的标准行为

它包括9个"喜悦一刻"和22个标准行为,如图6.3所示,具体见表6-6。

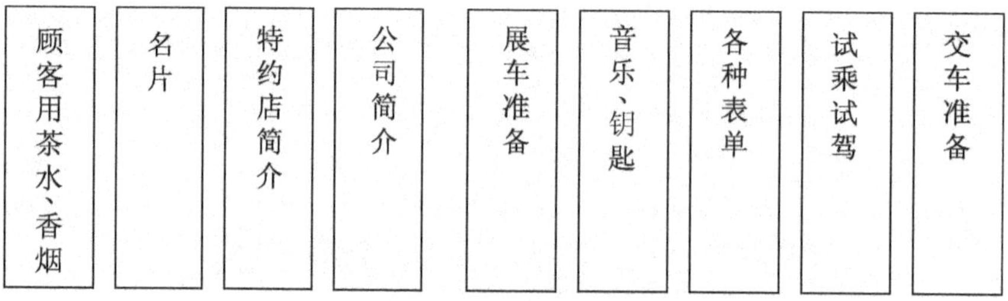

顾客用茶水、香烟 | 名片 | 特约店简介 | 公司简介 | 展车准备 | 音乐、钥匙 | 各种表单 | 试乘试驾 | 交车准备

图6.3 9个"喜悦一刻"

表6-6 针对顾客准备的标准行为

9个"喜悦一刻"	22个标准行为
1. 顾客用茶水、饮料及香烟	展厅内茶水、饮料(咖啡)、香烟应一应俱全,产生热情服务的效果
2. 名片	①按照公司的规范制作和使用; ②销售员应该充分使用名片,数量要准备充足的,不要吝啬于送出名片,因为它将有意想不到的效果

续表

9个"喜悦一刻"	22个标准行为
3. 特约店简介	使用公司的规范标准文本；
4. 公司简介	使用公司的规范标准文本；
5. 展车准备	①展车轮胎下要垫轮胎垫； ②展车功能正常，前座窗户放下，天窗打开； ③展车内不得放置任何宣传物及私人物品； ④展车的座椅要调整至标准位置； ⑤展车内要放置清洁的脚踏垫（不得使用纸制品的）； ⑥展车充分充电，以利展示用电设备； ⑦展车日常清洁由销售人员负责
6. 音乐、CD、DVD、钥匙	①为使顾客能够顺利和完整地了解产品，车内播放的音乐带、CD/VCD 碟片；应随时备取，以便适时为顾客演示，以使顾客能亲自感受配置产品的优良品质和卓越的性能； ②展车的钥匙应放置在适当的位置，以利于需要时能够快速取用
7. 各种表单	①报价单； ②签约合同书； ③保险相关资料； ④按揭（贷款）相关资料
8. 试乘试驾	完善试乘试驾车的准备。包括车的清洁、整理及固定的停放位置，油量加至适当标准（20L）即可；
9. 交车准备	①人：相关的参加人员； ②车：交车前的所有检查与安装、清洁工作； ③文件：所有相关的资料与合法文件

6.3.3 汽车销售人员的仪容仪表

汽车销售人员的仪容仪表不仅表现了销售人员的外部形象，也反映了销售人员的精神风貌。在展厅销售中，销售人员能否赢得顾客的尊重与好感，能否得到顾客的承认与赞许，先入为主的"第一印象"非常关键，而仪容仪表正是构成第一印象的重要因素。

1. 男性销售顾问的仪表规范

汽车展厅销售中，男性销售顾问的仪表规范如图6.4所示，具体要求如下。
1) 头发
每半月剪一次，短发，梳理整齐，无头屑，不染奇特颜色。
2) 面部
胡子每早刮一次；精神饱满、面带微笑。
3) 服装
（1）衬衣：单色浅色、领口合适；每天清洗一次并熨烫平整。

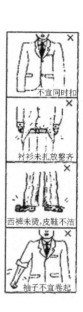

图 6.4 男性销售顾问的仪表规范

（2）领带：紧贴领口、系得美观大方、整洁。

（3）西装：保持整洁、合体、平整；西装口袋不装任何物品。

（4）西裤：清洁、平整、有裤线。

4）鞋袜

深色皮鞋，擦拭干净；鞋跟磨损不严重；黑色或深色袜子。

5）手和指甲

保持清洁，指甲修剪整齐，不染色。

2. 女性销售顾问的仪表规范

汽车展厅销售中，女性销售顾问的仪表规范如图 6.5 所示，具体要求如下。

图 6.5 女性销售顾问的仪表规范

1) 头发

发型文雅、庄重，梳理整齐，不宜披肩散发。

2) 面部

化淡妆、面带微笑。

3) 饰物

应小巧精致，不超过 3 件。

4) 服装

正装、大方、得体；不宜太露。

5) 裙子

长度适宜，不宜过短或过长。

6) 鞋袜

皮鞋与服装搭配，擦拭干净；鞋跟磨损不严重；肤色袜子无破损。

7) 手和指甲

保持清洁，指甲不宜过长，涂指甲油可用透明色。

6.3.4　展厅内接待的肢体语言

1. 面部表情——微笑服务

人际交往中，第一印象往往是在前几秒钟形成的，而要改变它，却需付出很长时间的努力。良好的第一印象来源于人的仪表谈吐，但更重要的是取决于他的表情。微笑则是表情中最能赋予人好感，增加友善和沟通，愉悦心情的表现方式。一个对你微笑的人，必能体现出他的热情、修养和他的魅力，从而得到人的信任和尊重。图 6.6 为训练微笑的方式。

方式1：

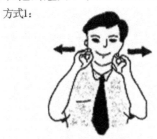 

①把手举到脸前

②双手按箭头方向做"拉"的动作，一边想象笑的形象，一边使嘴角自然上翘

方式2：

①把手指放在嘴角并向脸的上方轻轻上提

②一边上提，一边使嘴角自然上翘

图 6.6　训练微笑的方式

2. 眼睛接触——柔和平视

1）目光注视的区域

在与人交谈时，不要将目光长时间聚焦于对方脸上的某个部位或身体的其他部位。面对不同的场合和交往对象，目光所及之处也有区别，具体如下。

(1) 公事注视：目光所及区域在额头至两眼之间。

(2) 社交注视：目光所及区域在两眼到嘴之间。

(3) 亲密注视：目光所及区域在两眼到胸之间。

2）目光注视时间

(1) 注视时间应占交谈时间的30%～60%，低于30%会被认为你对他的交谈不感兴趣，高于60%则会被认为你对他本人的兴趣高于对谈话内容的兴趣。

(2) 凝视的时间不能超过5s，因为长时间凝视对方，会让对方感到紧张、难堪。如果面对熟人、朋友、同事，可以用从容的眼光来表达问候、征求意见，这时目光可以多停留一些时间，切忌迅速移开，这会给人留下冷漠、傲慢的印象。

3）目光的不良表达方式

(1) 在别人讲话时闭眼，给人的印象是傲慢或没教养。

(2) 盯住对方的某一部位"用力"地看，这是愤怒的最直接的表示，有时也暗含挑衅之意。

(3) 从上到下反复地打量别人，尤其是对陌生人，特别是异性，这种眼神很容易被理解为有意寻衅闹事。

(4) 窥视别人，这是心中有鬼的表现。

(5) 用眼角瞥人，这是一种公认的鄙视他人的表现。

(6) 频繁地眨眼看人，这是心神不定的表现，且失之于稳重，显得轻浮。

(7) 左顾右盼，东张西望，目光游离不定，会让对方觉得你用心不专。

目光注视的方式如图6.7所示。

(a)　　　　　(b)　　　　　(c)

图6.7　目光注视的方式

3. 身体姿势——站、坐、走、蹲、手势、鞠躬

1）站姿

正确的站姿如图6.8所示，站姿的要点如下。

(1) 头正，颈挺直，双肩展开向下沉，人整体有向上的感觉。

(2) 收腹、立腰、提臀。

(3) 两腿并拢,膝盖挺直,小腿往后发力,人体的重心在前脚掌。

(4) 女士四指并拢,虎口张开,双臂自然放松,将右手搭在左手上,拇指交叉,体现女性线条的流畅美。脚跟并拢,脚尖分开呈 V 字形。

(5) 男士可将两脚分开与肩同宽,也可脚跟并拢、脚尖分开呈 V 字形,双手背放到臀部上(亦可与女士一样放置),塑造出男性轮廓的美。

(6) 女士穿旗袍时,可站成"V"状或"Y"状,腹略收,双手交叉置于肚脐位置上。

(7) 站立时,应保持面带微笑。

错误的站姿如图 6.9 所示。抖与晃,抱臂或抱于胸,双手叉腰,皆为错误站姿。

图 6.8　正确的站姿　　　　　　图 6.9　错误的站姿

2) 坐姿

正确的坐姿如图 6.10 所示。

(1) 坐姿规范:入座时要轻,坐满椅子的 2/3,后背轻靠椅背,双膝自然并拢(男性可略分开)。身体稍向前倾,表示尊重和谦虚,如图 6.10(a)所示。

(2) 男销售顾问要点:可将双腿分开略向前伸,如长时间端坐,可双腿交叉重叠,但要注意将上面的腿向回收,脚尖向下,如图 6.10(b)所示。

(a)　　　　　　(b)　　　　　　(c)

图 6.10　正确的坐姿

(3) 女销售顾问要点:入座前应先将裙角向前收拢,两腿并拢,双脚同时向左或向右放,两手叠放于左右腿上。如长时间端坐可将两腿交叉重叠,但要注意上面的腿向回收,脚尖向下,如图 6.10(c)所示。

(4) 坐姿要点。

① 入座时要轻要稳,即走到座位前转身,轻稳地坐下。女士入座时,若是裙装,应用手将裙稍稍拢一下,不要坐下后再站起整理衣服。

② 坐在椅子上,上身保持站姿的基本姿势。双膝并拢,两脚平行,鞋尖方向一致。

③ 根据所坐椅子的高低调整坐姿,双脚可正放或侧放,并拢或交叠,但必须切记:女士的双膝应并拢,任何时候都不能分开。

④ 双手可自然弯曲放在膝盖或大腿上。如果坐的是有扶手的沙发,男士可将双手分别搭在扶手上,而女士最好只搭一边扶手,以显示高雅。

⑤ 坐在椅子上时,一般坐满椅子的2/3。一般情况下不要靠椅背,休息时可轻轻靠背。

⑥ 起立时,双脚往回收半步,用小腿的力量将身体支起,不要用双手撑着腿站起,要保持上身的起立状态。

坐姿也有美与不美之分,图6.11错误的坐姿。

(a)　　　　　　　(b)　　　　　　　(c)　　　　　　　(d)

图6.11　错误的坐姿

3) 走姿

走姿的基本要求如下。

(1) 以站姿为基础,面带微笑,眼睛平视。

(2) 双肩平稳,有节奏地摆动,摆幅以30°～35°为宜,双肩、双臂都不应过于僵硬。

(3) 重心稍前倾,行走时左右脚重心反复地前后交替,使身体向前移。

(4) 行走的线迹应为一条直线。

(5) 步幅要适当。一般应该是前脚的脚跟与后脚的脚尖相距为一脚掌长,但因性别、身高不同会有一些差异。着装不同,步幅也不同。如女士穿裙装(特别是穿旗袍、西服裙、礼服)和穿高跟鞋时步幅应小些,穿长裤时步幅可大些。

(6) 跨出的步子应是脚跟先着地,膝盖不能弯曲,脚腕和膝盖要灵活,富于弹性,不可过于僵直。

(7) 走路时,应有一定的节奏感,走出步韵来。

4) 蹲姿

在展厅销售中,当顾客坐在展车内听取介绍时,为了表示对顾客的尊敬,销售人员应该保持大方、端庄的蹲姿,如图6.12所示。

说明:左脚在前,右脚在后,两腿向下蹲去,前脚全着地,小腿基本垂直于地面,后脚跟提起,脚掌着地,臀部向下。注意,女士着裙装时,下蹲前请事先整理裙摆,下蹲时的高度以双目保持与顾客双目等高为宜。

项目 6　汽车销售业务

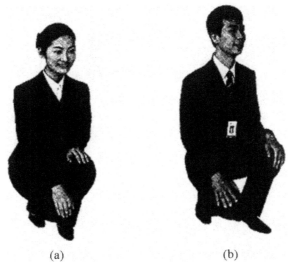

(a)　　　　　　　　　(b)

图 6.12　正确的蹲姿

5）手势

手势礼仪主要用来引导来宾、指示方向、介绍商品。其做法是以右手或左手抬至一定高度，五指并拢，掌心向上，以肘部为轴，朝一定方向伸出手臂，动作时亦可配合身体向指示方向前倾，如图 6.13 所示。

图 6.13　手势礼仪

运用手势礼仪时，应注意手势的上界一般不应超过对方的视线，下界不低于自己的胸区，左右摆的范围不要太宽，应在人的胸前或右方进行。另外，在洽谈桌上与顾客交流时，手势不得出现"一阳指"等不规范手势，且手势不能过快或过急，应温柔平稳，让顾客感受到一种美感。

6）鞠躬

鞠躬也是表达敬意、尊重、感谢的常用礼节。鞠躬时应从心底发出对对方表示感谢、尊重的意念，从而体现于行动，给对方留下诚意、真实的印象。在行鞠躬礼时，我们标准站姿站立或按标准行姿行走时适当减缓速度，面带微笑，头自然下垂，并带动上身前倾 5°，时间要持续 1~3s。鞠躬礼仪如图 6.14 所示。

图 6.14 鞠躬礼仪

鞠躬礼仪的要点如下。
(1) "问候礼"通常是 30°;"告别礼"通常是 45°。
(2) 鞠躬时眼睛直视对方是不礼貌的表现。
(3) 地位低的人要先鞠躬,而且相对深一些。
(4) 男士行礼时,手放在身体的两侧;女士行礼时,双手握于体前。
(5) 当别人向你行鞠躬礼时,你一定要以鞠躬礼相还。
图 6.15 为 6 种不正确的鞠躬方式。

(a) 头部左右晃动的鞠躬　　(b) 只弯头的鞠躬　　(c) 不看对方的鞠躬

(d) 驼背式的鞠躬　　(e) 可以看到后背的鞠躬　　(f) 双腿没有并齐的鞠躬

图 6.15 不正确的鞠躬方式

4. 位置、距离——感性空间、0.7～2m

1) 位置

无论是站、坐、走都不宜在客户身后,也不宜直接面对面,而应站或坐在客户的一侧,既可以看到对方的面部表情,又便于双方沟通。

2）距离

与客户初次见面，距离要适中，一般维持在 0.7～2m 之间，可根据与客户的熟悉情况适当缩短彼此空间距离，但一般至少要保持在伸出手臂不能碰到对方的距离。

5．递交名片、准备、递交和接收

名片是工作过程中重要的社交工具之一。交换名片时也应注重礼节。我们使用的名片通常包含两个方面的意义，一是标明你所在的单位，另一个是表明你的职务、姓名及承担的责任。总之，名片是自己（或公司）的一种表现形式。因此，我们在使用名片时要格外注意。名片的递送与排列如图 6.16 所示。

图 6.16　名片的递送与排列

1）准备

（1）使用名片夹放名片，不要和钱包、笔记本等放在一起；名片也可放在上衣口袋（但不可放在裤兜里）。

（2）保持名片或名片夹的清洁、平整。

（3）会客前检查和确认是否携带有足够的名片。

2）递交

（1）主动递交名片，并将自己的职务、姓名自信而清晰地说出来。

（2）名片递交，双手食指弯曲与大拇指夹住名片左右两端恭敬地送到对方胸前。

（3）名片上的名字反向对己，使对方接过名片就可正读。

3）接收

（1）起身接收名片，用双手接收。

（2）接收名片后，要认真地看一遍，遇到难认字，应主动询问。

（3）如遇到多人交换名片时，可按对方座次排列名片，以便记准对方。

（4）不在名片上作标记、写字或来回摆弄。

（5）避免将对方名片遗忘在座位上，或不小心落在地上。

6．握手——顺序、力度

握手是我们日常工作中最常使用的礼节之一。握手时，伸手的先后顺序是上级在先、主人在先、长者在先、女性在先；握手时间一般在 2～3s 或 4～5s 之间为宜；握手力度不宜过猛或毫无力度；要注视对方并面带微笑；男士与女士握手时，一般只宜轻轻握女士手指部位；拒绝对方主动要求握手的举动都是无礼的。图 6.17 为各种错误的握手方式。

(a) 交叉握手

(b) 与第三者说话(目视别人)

(c) 摆动幅度过大

(d) 戴手套或手不清洁

图 6.17　错误的握手方式

6.3.5　展厅内接待的语言

展厅内接待的语言主要有：打招呼/问候、自我介绍和销售对话几种类型。

1. 打招呼/问候

顾客来时，30s 内必须意识到客户的到来。应面带微笑主动上前打招呼，并致以问候语。可以使用："您好！""早上好！""欢迎光临"等问候语。

如果是熟悉的顾客则在见面时常可采用寒暄方式进行问候，寒暄要点如下。

(1) 自己主动：表现出对顾客的敬意，提高效果。

(2) 常带微笑：没有微笑的寒暄不会产生亲切感。

(3) 明快的声音：比平时声音稍微放高一些，到句子结尾时要发音清楚。

(4) 对客户的称谓，要用尊称，常用"您""贵顾客""贵先生""贵女士"等，最好是先了解对方的姓名和身份后，用姓氏加身份称谓比较好，比如"陈主任""吴处长"等。

2. 自我介绍

自我介绍的内容包括三项基本要素：本人的姓名、供职的单位以及具体部门、担任的职务和所从事的工作。进行自我介绍应先向对方点头致意，得到回应后再向对方介绍自己。

3. 销售对话

(1) 建立一见如故的亲和力。

(2) 解除戒备，如图 6.18 所示。

(3) 引发兴趣乃至依赖。

图 6.18 解除戒备

6.4 需求分析

6.4.1 需求分析的价值

需求分析的价值主要体现在以下三个方面。

1. 有的放矢

找准客户的需求,展示车辆的时候有的放矢。通过需求分析,来评定应该如何接待顾客以满足他的需求,达成销售目标。

2. 体现关心

主动的询问客户需求,是我们主动服务的象征。通过表现乐于助人、诚挚,传达提供其所需服务的意愿以及客户所希望的个人关注,销售人员会赢得客户的信任。这有助于消除客户的疑虑和不安,以使客户相信他所说的话已被销售人员所理解。

3. 谈判支持

客户对销售人员的信任会使他畅所欲言地道出购车动机,这使销售人员更容易确定所要推荐的车型,客户也会更愿意听取销售人员的推荐,这为将来的价格谈判提供更多的信息支持。

6.4.2 需求信息的内容

在进行需求分析时,客户期望"我希望销售人员是诚实可信的,并能听取我的需求和提供给我所需要的信息""我希望销售人员能帮助我选择适合我的车,因为这是我的第一部新车"。那么,如何找到客户的需求,这里涉及一个表面的问题和一个隐藏的问题,在汽车销售流程理论中有这么一种说法,表面的现象称之为显性,也叫显性动机,还有一种是隐藏的问题,叫作隐性的动机,这就是"冰山理论",即显性和隐性问题。

"冰山理论"就是用来解释这个显性和隐性的问题。如图6.19所示,冰山既有露在水面以上的部分,也有潜藏在水面以下的部分。水面以上的部分是显性的,就是顾客自己知道的,能说出来的那一部分;水面以下的是隐藏的那一部分,这一部分比较复杂,可能有的顾客自己都不知道自己的真正需求到底是什么。比如,某顾客可能打算花十万元买车,这个时候销售顾问要解决他的问题,就要首先去了解他。既要了解他的显性问题,也要了解他的隐性问题,甚至隐性的问题更关键,更能体现你的顾问形象,这样才能真正分析顾客的需要。

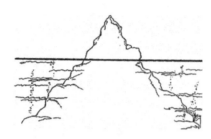

图6.19 冰山一角

如果销售顾问不懂得顾问销售方式,还都像以前那样一锤子买卖,顾客可能当时晕头把车买了,回去以后发现不对,当然他不会怪你,但是顾客最起码不再信任你了,朋友关系没了,花了这么大的工夫把这个车卖出了,结果除了卖一台车以外其他什么收获都没有。所以讲汽车销售流程,讲规范,目的就是要解决这些问题,就是要把握住顾客的满意度,要跟顾客成为朋友,拉近顾客与销售顾问的距离,取得顾客的信任,然后顾客在买车的时候就会主动来找你,而且还会带动他周围的人来找你。我们很快就会像国外经常出现的情形那样,顾客第二年、第三年、第四年,又再次找你进行二次购车,还会不断有朋友的朋友过来。这才是销售顾问所追求、所期望出现的局面。

需求信息的主要内容见表6-7所示。

表6-7 需求信息内容

项 目	了解信息内容	分 析
个人信息	姓名、联系方式 职业、职务 兴趣爱好 家庭成员	— 品牌/车型 品牌/车型 —
购车愿望	对车辆造型颜色配置/预算的要求 主要用途/年行驶里程 谁是使用者 对**品牌车的了解程度 选购车时考虑的主要因素	品牌/车型 品牌/车型 品牌/车型 品牌倾向 购买动机
用车经历	品牌、车型 当初选购的理由 不满意的因素	品牌/车型 — 品牌/车型
购买时间		重要程度

需求信息的主要内容来源于接待环节。我们可以通过客户洽谈卡来总结客户的需求信息。客户洽谈卡见表6-8。

表6-8 客户洽谈卡

建档日期：＿＿＿年＿＿＿月＿＿＿日

销售顾问：

客户姓名		性别		出生年月日		电话	
职业		职务		方便联系时间		E-mail	
住址		兴趣爱好			客户类型	私人/公务	
客户来源	展厅/介绍/活动/协作/随机			信息来源	电视/报纸/广播/杂志/展会/活动/朋友		
曾驾驶过的品牌/车型				新购/二手车置换/增购		意向车型	
预购时间	一个月内/两个月内/六个月内			付款方式		二手车车型	
使用年数		行驶里程	万公里	竞争车型	①		②
公司名称				负责人		电话	
地址				职务		兴趣爱好	
联系人		电话		总保有量		新购二手车置换增购	辆
预购时间	一个月内/两个月内/六个月内			意向车型		竞争车型	① ②

信息已录入CDM系统 □　　录入人签名：　　日期：

6.4.3 需求分析的方法

需求分析的方法主要有观察、询问、倾听、综合和核查。

1. 观察

展厅观察客户的重点主要如下。

（1）对什么车型比较感兴趣。

（2）陪同的几个人是什么关系。

（3）观察他们的外表/衣着。

（4）他们之间的谈吐。

（5）对潜在客户画像，做出预测。

2. 询问

挖掘客户需要最有效的方式就是询问。汽车营销员通过询问可以获得一些信息，包括顾客是否了解你的谈话内容，顾客对你的公司和你销售的产品有什么意见和要求，以及顾客是否有购买欲望。

怎样询问，才能获得最多、最准确的信息呢？这需要把握询问的技巧和方法。

1）询问的方式

汽车营销员在汽车销售过程中常用的询问方法有以下几种。

(1) 开放式提问法。

开放式提问法是指发问者提出一个问题后，回答者围绕这个问题要告诉发问者许多信息，不能简单地以"是"或者"不是"来回答发问者的问题。

开放式问法主要采用"5W1H"的提问方式，即谁（Who）、什么（What）、哪里（Where）、为什么（Why）、怎么样（How）、什么时候（When）的提问方式。例如：

① "我能为您做些什么？"
② "购买汽车您主要考虑的哪些因素？"
③ "您现有的车辆是什么配置？"
④ "您认为您的富康车开起来怎么样？"
⑤ "您大约什么时候需要您的新车？"
⑥ "除了您本人外，还有谁开这辆车？"
⑦ "您认为银灰色的速腾如何？"

销售顾问要想从顾客那里获得较多信息，就需要采取开放式问法。使顾客对你的问题有所思考，然后告诉你相关的信息。以开放式问法询问顾客并且耐心地等待，在顾客说话之前不要插嘴，或者说出鼓励顾客的语言，使顾客大胆地告诉你有关信息，收效会很好。

顾客对于开放式的问法也是乐于接受的。他们能认真思考你的问题，告诉你一些有价值的信息。甚至顾客还会对你的销售工作提出一些建议，这将有利于你更好地进行销售工作。

(2) 封闭式问法。

封闭式提问是指回答者在回答发问者的问题时，用"是"或者"不是"就使发问者了解你的想法的。

封闭式问法主要采用"是否？""是不是？""A 或 B？"的提问方式。例如：

① "您喜欢这辆黑色的迈腾吗？"
② "您购车是自己开吗？"
③ "您以前开过大众品牌车吗？"
④ "我们现在可以签单吗？"

销售顾问以封闭式提问法可以控制谈话的主动权。如果你提出的问题都使顾客以"是"或者"否"来回答，你就可以控制谈话的主题，将主题转移到和销售产品有关的范围里面，而不至于把话题扯远。同时，销售顾问为了节约时间，使顾客做出简短而直截了当的回答，也可以采用封闭式提问法。

另外，需求分析开始时，可以使用各种"观人法""投石问路法""投其所好法""直接环境法"等技巧，以引起对方谈话的兴趣并讲出真正的心里话；谈话开始后，避免特定性问题，并要注意在适当的时候，要会转换话题。

2) 主动询问的技巧

(1) 用开放式的问题鼓励客户表达。
(2) 利用客户的兴趣点、担忧点，好奇点引导谈话方向。
(3) 利用客户的观点、评价、经历来发现客户需求信息。

（4）询问的问题中带有对客户的关心（利益点）。

（5）利用封闭式问题得到确切答案。

（6）一般问题，直接询问；敏感问题，巧妙询问。

3．倾听

通常，人们误以为只有在讲话的时候才会有积极的沟通，而聆听则是消极的。然而，如果沟通是一个双向的过程，那么聆听应当是其中的一个积极的组成部分。

1）听和倾听的区别

"听"是人的感觉器官对声音的本能反应——"听到"。

"倾听"虽以"听到"为前提，但更重要的是"听懂"，即理解所听到声音的过程。

积极地倾听就是聆听者有责任地获得对说话者想要传达信息的完备和正确的理解。如果接受者希望有效的沟通，积极地聆听应该是他的目标。因为这是唯一促进良好沟通的听的形式，他试图理解全面的信息，而不仅仅是正在讲的这些。

为什么人们没能做到更好地倾听？首先，听是一项很难的工作。研究表明，当一个人积极地聆听时，他的新陈代谢过程会有轻度加快，体温会轻度上升，瞳孔轻微放大。这说明真正的听绝不是消极的。一个真正听的人对正在传递的信息给予密切关注，并且向讲话者表示他或她正在关注当前的谈话。

通常人们利用不说话的时间"休息"或只是假装他们在听。他们会看着别人，点头，甚至会发出一些他们听懂了的暗示语，但实际上他们的思维却在考虑下面说的话，想别的问题，或者正在走神。积极地倾听意味着集中注意力，而这是一项很难的工作。

汽车营销员未能很好地倾听的第二个原因——当他们不说话时会感到不舒服。他们通常借口说他们不想"失去对谈话的控制"，他们需要向买主提供尽可能多的信息。他们经常感到如果不讲话就不是在销售。

销售人员未能好好倾听的第三个原因，是因为他们对自己的信息比对目标客户要说的话更感兴趣。这一现象称为"说话紧张状态"。每个人都有一种表达自己想说什么的愿望，这一愿望干扰了我们听的能力。

积极地倾听是给销售人员带来变化的一种重要方式。销售员工作的很大一部分，是改变顾客对产品的观念或发现如何能更好地为顾客提供服务，公司的产品或服务需要作哪些变化，这些都需要积极地聆听。

2）积极倾听三原则

（1）站在对方的立场仔细地聆听。每个人都有自己的立场及价值观，因此必须站在对方的立场仔细地聆听他所说的每一句话，不要用自己的价值观去指责或评判对方的想法，要与对方保持共同理解的态度。

（2）要确认自己所理解的是否就是对方所说的。你必须重点复述对方所讲过的内容，以确认自己所理解的意思和对方一致，如"你刚才所讲的意思是不是指……""我不知道我听得对不对，你的意思是……"。

（3）要以诚恳、专注的态度聆听对方的话语。汽车营销员聆听客户谈话时，最常出现的情况是他只摆出聆听客户谈话的样子，内心却迫不及待地等待机会，想要讲他自己的话，完全将"聆听"这个重要的武器舍弃不用。你听不出客户的意图、听不出客户的期望，你的营销有如失去方向的箭。

3）倾听的技巧

汽车营销员面对客户进行谈话时，如何才能积极地聆听呢？这就要掌握聆听的技巧。

（1）忘掉自己的观点。适时确认顾客的想法，站在客户的立场专注聆听客户的需求、目标，适时地向客户确认你了解的就是他想表达的，这种诚挚专注的态度能激发客户讲出他更多内心的想法。

（2）不急于打断客户，边听边记。让客户把话说完，并记下重点。记住你是来满足客户需求的，你是来带给客户利益的，让你的客户充分表达他的意愿以后，你才能正确地满足他的需求，就如医生要听了病人述说自己的病情后，才开始诊断。

（3）秉持客观、开阔的胸怀。不要心存偏见，只听自己想听的，或以自己的价值观判断客户的想法。

（4）放下戒备。对客户所说的话，不要采取防卫的态度 当客户所说的事情，可能对你的推销造成不利时，不要立刻驳斥，你可先请客户针对事情做更详细的解释。例如，客户说"你公司的上牌服务太慢"，你可请客户详细地说明是什么事情让他有种想法，如果客户证据确凿，应向客户致歉，并答应他了解此事的原委。记住，在还没有听完客户的想法前，不要和客户讨论或争辩一些细节的问题。

（5）了解客户真正的想法。客户有客户的立场，他也许不会把真正的想法告诉你，用借口来搪塞，或为了达到别的目的而声东击西，或另有隐情，不便言明，因此必须尽可能听出客户真正的想法。

掌握客户内心真正的想法，不是一件容易的事情，最好在与客户谈话时，带着下列的问题倾听：客户说的是什么？它代表什么意思？他说的是一件事实还是一个意见？他为什么要这样说？他说的我能相信吗？他这样说的目的是什么？从他的谈话中，我能知道他的需求是什么吗？

4．综合和核查

根据对客户的观察、询问和倾听，总结客户的主要需求，并用提问的方式确认自己所理解的是否正确。

案例分析1

销售顾问：先生，您买车最看重车子的哪方面？

客户：我啊，先看品牌了，德国车还是比较放心些吧。

销售顾问：是呀，一般理性成熟的汽车消费者肯定是首先看品牌。品牌代表了很多内在的东西，其实汽车绝不仅仅是代步的工具，它是一个人品位、形象、个性的象征，有一句话说得好："什么样的人，开什么样的车，办什么样的事。"（理解，迎合并诠释）

分析：客户对车子的品牌较看重，但关注的具体是什么？其比较放心指哪些方面？还需要我们进一步的深问探究。

案例分析 2

销售顾问：先生，您是自己换车呢，还是给妻子或朋友呢？
客户：哦，是给我妻子用。
销售顾问：您真是位好丈夫，真羡慕您的太太。现在越来越多的女性消费者开始喜欢我们的紧凑车型了。（赞扬迎合，并暗示自身品牌优势）
分析：如果客户买车是给家人用，应当多强调车辆的安全性；如果是给女士用，应当多强调车辆的操控和舒适；如果是用做商务用，应当多强调大众带来的稳重诚信形象。

6.4.4 针对性的推荐车型

根据以上需求分析的方法，结合需求分析的主要内容，可以分析提炼出客户主要的需求，有针对性地进行产品的推荐。销售人员在主动了解配置附件需求基础上给予客户建议之前，主要要做以下工作。

（1）主动性地进行需求了解：是否主动了解客户预算水平、车辆用途、客户偏好等方面情况，是否给客户造成反感和压力。

（2）实用性的推荐：是否给客户推荐了最合适的车型；是否给客户推荐了最需要的配置。

（3）配置附件质量保证：是否赠送了不能保证质量的配置、附件；对于说明书上提到的而实际中并没有的配置，是否能够坦诚地向客户解释清楚，还是等到客户自己发现。

这些都是客户购买车辆的关心点，是汽车销售人员作好需求分析，提升客户满意度的关键点。

6.5 产品介绍

汽车销售是整个汽车流通领域的关键一环，销售人员通过对消费者需求的把握，准确地传递双方的信息，把消费者、生产者紧密地联结起来，实现产品的交换。

6.5.1 车辆展示准备

车辆展示的具体准备有以下几项。
（1）方向盘置于最高位置。
（2）所有靠背放直。
（3）车内布置脚垫。
（4）座椅高度调到最低位置。
（5）调节收音机，准备 CD。
（6）车胎标志朝上。
（7）清洁车辆。

6.5.2 "6+1" 绕车讲解

汽车产品的介绍，视顾客情况而定。通常有两种情况。一是顾客有明显的感兴趣点，则从顾客的兴趣点开始介绍车辆；二是销售1年以内的新车，顾客无明显的兴趣点，可用"6+1"步法来展示介绍。六方位无论是从哪个方位，都要讲的有三点：一是配置；二是优势；三是对客户的好处。这三点缺一不可，因为每一点都能和特色有关。

下面具体介绍六方位绕车法，如图6.20所示。

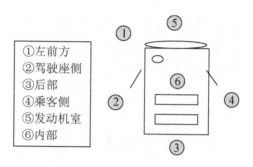

图6.20 六方位绕车介绍程序

1. 展车左前方

销售人员立于车前方45°左右进行介绍，主要是将车辆的外观、风格等逐一阐明，比如前脸、大灯、雨刮、车辆外观等，并且使客户在介绍中对车辆的发展历史和设计理念有个宽泛的了解，如图6.21所示。

图6.21 ①方位

2. 驾驶座侧

销售人员移动到车的侧面，驾驶座侧介绍是客户直观体验车辆的一段过程。客户可以坐在车内，在销售顾问的讲解下对车辆驾控台和乘坐感受作一番"亲历"，对车内的操控设备的位置和操作方法等性能做初步了解。比如座椅、方向盘、腿部空间、仪表、中控台、控制键、空调、换挡、安全带、安全气囊、电动车窗、电动后视镜、电动天窗、隔音、前后车窗除霜、前后方视野、可溃缩制动踏板及转向柱、内饰做工，如图6.22所示。

3. 后部

销售人员移步到车后方，打开行李箱，介绍的是车辆储物空间以及内部设计的连贯性、便利性，如图6.23所示。

图 6.22　②方位

图 6.23　③方位

4. 乘客侧

销售人员移步到乘客席外侧，销售顾问全面地将车辆的细节详述给客户，包括轮胎轮毂，对于车辆的安全性能与安全配置的相关问题也能在这段介绍中得到答案，如高强度乘客仓、A/B/C柱、车门防撞加强梁，如图6.24所示。

图 6.24　④方位

5. 发动机室

发动机舱介绍包括对车辆引擎、悬挂、连动系统、转向系统、发动机——功率和扭矩、平稳性和声音、发动机舱的布置、可溃缩吸能区、百公里油耗、发动机碰撞下沉、ABS+EBD/ASR/ESP、排放标准及保修条款的讲解，如图6.25所示。

6. 内部

后排座椅部分主要是向客户讲解车辆内部空间和内饰装潢。这时客户可以对车辆的一些细节做探究，譬如内饰做工、车内隔音、后排座椅空间、车窗控制等，如图6.26所示。

图6.25　⑤方位

图6.26　⑥方位

这样规范化的汽车产品展示流程首先由奔驰车启用，在启用的初期并不完善，后来被日本丰田公司的凌志汽车采用并发扬光大。经过调研，一个汽车消费者要在车行大约花费90min，销售顾问平均用40min来作汽车展示。所以，这样的一个由6个标准步骤组成的展示应该使用40min的时间，其中每个步骤大约花费7 min(有的步骤时间可以用得短些，有的则要长一些，例如，驾驶座侧就比较耗费时间)。

对于汽车展示的要求是，熟悉在各个不同位置应该阐述的对应的汽车特征带给顾客的利益，即展示汽车独到的设计和领先的技术，并通过展示来印证这些特性满足顾客利益的方法和途径。

在各个环节的展示中，要求销售人员在各个不同的位置应该阐述对应的汽车特征带给顾客的利益，要展示出该款车型的独到之处和领先之处，并通过展示来印证这些特性满足顾客利益的方法与途径，从而让顾客感受一次完美的驾车体验。

6.5.3　展车讲解技巧

车辆静态展示是汽车销售过程中非常重要的一步，也是说服顾客的关键一步。通过调研发现，在展示过程中做出购买决策的占最终购买的70%。通过车辆静态展示，可以充分地向顾客展示你的汽车的特性，尤其是它不同于其他汽车产品的独到之处和它能满足顾客需求的不可替代之处。然而，要完美地展示车辆却不是那么容易的，它需要独特的技巧和销售顾问非凡的慧眼才能做到。

汽车销售顾问在汽车展示过程中,要注意车辆展示讲解技巧,具体表现在以下几点。

(1) 介绍展车应该集中在顾客关心的问题上。

(2) 要让客户听懂,因人而异。

(3) 在介绍展车时要形成与客户的良性互动。

(4) 设法使顾客全面参与——看、听、动。

(5) 照顾所有的人。

(6) 利用FAB法强化客户利益。

FAB法是在进行汽车介绍、销售政策(进货政策)、销售细节等表述的时候,针对客户需求意向,进行有选择、有目的地逐条理由的说服。所以,FAB关注的是客户的"买点"。

特性(F)→转化成优点(A)→转化成利益(B)

① 特性(F):指产品设计上给予的特性及功能,可从各种角度发现产品的特性,例如:从材料、制造工艺、功能、式样等着手。例如:"在功效相同的产品中,它的发动机最轻,只有42kg"。

② 优点(A):解释产品特性和功能带来的优势之处。即自己与竞争对手有何不同。例如:"它足够轻,所以节约燃料。"

③ 特殊利益(B):这种优点可以满足顾客本身的某些需求,带给客户的利益。例如:"您不一定要到维修中心寻求帮助,因为维修服务人员能够使用便携式修理工具。"

FAB的意思是在商品推介中,将商品本身的特点、具有的优势、能够给客户带来的利益有机地结合起来,按照一定的逻辑顺序加以阐述,形成完整而又完善的推销劝说。

FAB法就是这样将一个产品分别从三个层次加以分析、记录,并整理成产品销售的诉求点,向客户进行说服,促进成交。但需要注意的是,客户本身所关心的利益点是什么?然后投其所好,使销售诉求的利益与客户所需要的利益相吻合,这样才能发挥效果,切不可生搬硬套,机械照搬。

优点→特殊利益的表达方式:

这对于您来说意味着……

这给您节省……

这能为您减轻……

短期内这意味着……,长期会给您带来……

这给您带来……

这简化了……

对此您能得到……

……

6.6 试乘试驾

试乘试驾是一种汽车产品的重要展示手段,通过试乘试驾可以使该款车型更全面地得到展示。

6.6.1 试乘试驾目标

试乘试驾的目标包含以下两个方面。

1. 对人

通过试驾中和客户的一系列接触,创造机会,取得顾客对自身服务态度和能力的认可。

2. 对车

促使顾客产生拥有的感觉,提高顾客对产品的高度认可,增强顾客对品牌的信任。

6.6.2 试乘试驾准备

试乘试驾的准备包括试车路线的规划、试驾车辆的准备和驾驶人员的准备等内容,见表 6-9。

表 6-9 试乘试驾的准备

必备资料	车辆行驶证、保险单、试车预约记录单、意见调查表
路线准备	① 提供专门试乘试驾车辆; ② 保证车况良好加油; ③ 车辆整洁清新、无异味;车内不放其他物品;靠椅带座套;车内有脚垫; ④ 车辆调整到规定位置和状态; ⑤ 准备 CD、纸巾、水等
顾客准备	① 确定时间、提醒带驾照、穿运动鞋等; ② 询问有何特殊要求,是否要带家人同来; ③ 证实驾驶者的驾驶性能
陪驾人员	

6.6.3 试乘试驾流程

试乘试驾流程有试驾前→试驾中→试驾后,具体如下。

1. 试乘试驾前的工作

在试乘试驾的各项准备工作就绪后,销售人员就将进入试乘试驾的阶段了,但是,在顾客真正开始驾驶车辆前,还必须重视一些具体事项。

销售人员应在展厅或停车场显眼的位置上,设置"欢迎试乘试驾"的指示牌,以此吸引顾客试乘试驾。销售人员在介绍车辆的特色和卖点之后,可以主动邀请顾客试乘试驾,也可以利用节、假日的时间,专场组织试乘试驾会,集中组织试乘试驾车辆,并举办一些车辆的宣传活动,通过营造营销环境,可以起到更明显的效果。

试乘试驾前,检查顾客的驾驶证并复印存档。如果是没有驾照或缺乏驾驶经验的顾客参加活动,只能安排他们试乘,由销售人员驾驶而让顾客坐在车内进行感受。

参加试乘试驾的顾客应填写"试乘试驾登记表",销售人员根据车辆和人员的多少依次进行安排。"试乘试驾登记表"实际上是一份明确界定双方的权利和义务,以规避不应承担的经济、法律责任的协议书,"试乘试驾登记表"的具体内容由专营店自行设计。

对于具有驾驶执照并有驾驶经验的顾客,也应向顾客说明试乘试驾的流程,即顾客先试乘,然后再试驾。向顾客说明试乘试驾的路线,告知沿途的道路状况和交通管理情况,请顾客严格遵守。每台试乘试驾车上应有"欢迎参加试乘试驾"文件(含路线图、注意事项、登记表、同意书等),便于顾客确认。

在试乘试驾活动中必须遵循"顾客第一""安全第一"的原则。

2. 顾客试乘阶段

销售人员在驾车前,要让客户意识到该车符合他的购买要求。启动车辆后,销售人员根据各车型的特点对车辆进行静态评价说明,同时概述试乘试驾行车路线和进行必要的车辆操作说明。说明转向灯、雨刮器和仪表盘使用方法;说明座椅、方向盘等调整方法;说明自动变速箱、排挡锁等使用方法。顾客试乘中,提示顾客熟悉路况,为接下来的顺利试驾做好准备。销售人员在驾驶的过程中要向顾客讲解此次试驾的主要内容,让顾客了解在什么地方试加速性能、什么地方试刹车性能、什么地方试转向、什么地方体验悬架系统、什么地方感受静谧性等,这样在接下来的顾客自己试驾的过程中,顾客就知道应该试什么内容,在什么时候试。这样一方面提高了试驾的效果,另一方面也提高了试驾的安全性。

销售人员在驾驶的过程中,要注意提醒顾客,体验乘坐的舒适性,并通过自己边驾驶边介绍,让顾客对车辆有进一步的了解。要依据车辆行驶的状态进行车辆说明,全面展示车辆的动态特性,让顾客有更加切身的感受。要尽量将驾驶过程中能涉及的部件功能及使用讲解清楚,不要以为自己懂了,每一位顾客就都懂,宁可先详细地讲,也不要草草说几句就上路。

3. 顾客试驾阶段

试驾的过程对于顾客来说是一个比较紧张和兴奋的阶段,这个阶段,如果准备得充分,可能就可以帮助顾客下定购买的决心。让顾客通过亲身的体验和感受,加上销售人员周全的策划与热情诚恳的服务,必将起到意想不到的积极作用。

换由顾客试驾时,销售人员将试驾车辆停靠在预定停车地点(路线规划时选择和确定的地点),并确认当时的路况等外界环境均比较安全,销售人员与顾客交换位置,由顾客驾驶。

换位后,先提醒顾客安全驾驶的有关事项,并协助顾客调整座椅、后视镜、方向盘、空调的温度,以及音响的选曲和音量等,销售员还要确认顾客乘坐的舒适性后并协助其系好安全带。

在客户驾驶过程中,应有意识地将客户参与和客户的体验融入试乘试驾的活动中去。体验内容主要包括:关车门的声音,应是实实在在的声音,并非空荡荡的感觉;发动机的动力、噪声，请客户感觉起动发动机时的声音与发动机在怠速时的车厢内的宁静；车辆的操控性，各仪表、方向盘、自动恒温空调系统等各功能开关操控简便，触手可及；音响环绕系统保真良好；驾乘的舒适性，即使车辆行驶在不平坦的路段上，由于车辆扎实的底盘、优异的悬挂系统与良好的隔音效果等特性同样让驾驶者和乘坐者舒适无比；直线加速，检验换挡抖动的感觉；车辆的爬坡性能，检验发动机强大扭力在爬坡时的优异表现；体验车辆的制动系统（ABS+EBD+EBA）以及安全系统（各座位的安全带及侧门防撞杆）等的特点。

在顾客驾驶的过程中，销售人员坐在副驾驶位置上，帮助顾客观察道路交通状况，确保行车安全。同时观察顾客的操纵熟练程度和驾驶方式，发现更多的顾客需求，并耐心解答顾客提出的如变速杆操纵、踏板的弹性、制动的效果等方面的问题。在解答顾客提出的问题时，要边说明、边高度注意并保持驾驶的稳定性。当顾客在驾驶过程中有不规范的动作或违反《道路交通安全法》的危险动作时，销售人员要及时、果断地请顾客在安全地点停车，并向顾客解释安全的重要性，获得顾客的谅解，并要求顾客由试驾改为试乘，由销售人员驾车返回经销店。

4．试乘试驾结束后的工作

顾客试车完毕后，引导顾客回到展厅的顾客休息区休息一下。适时地为顾客倒上一杯茶水、咖啡等饮料，舒缓一下顾客驾车时的紧张情绪，回味一下试乘试驾时的美好感受。对于驾驶技术熟练、试乘试驾非常顺利的顾客，通过称赞顾客的驾驶技术，表示出"试驾车非常适合您"的意思，促进顾客对试驾车型的兴趣。

请顾客帮助填写"试乘试驾意见表"，也可以建议由顾客口述意见，由销售人员执笔填写，然后由顾客签字确认。填写的目的在于，趁顾客刚试驾完车辆还处于兴奋状态时，取得顾客对车辆的认同，销售人员用此表诱导顾客给予车辆较高的评价，从而建立信任感，促成交易。

请顾客填写完"试乘试驾意见表"后，销售人员可以适时地赠送一些纪念品，在给顾客一个意外惊喜的同时，也给顾客留下一个深刻的印象，让顾客认同所提供的服务，这样成交的几率也在无形中增加了。在试驾完毕的所有接触过程中，销售人员应主动征求顾客对车辆的感受，并对顾客关心或顾虑的问题给予重点说明。

6.6.4 试乘试驾后问题的处理

试乘试驾结束后，顾客一般会有两种反应：一是对试乘试驾车型的各项性能感到满意，增强了购买欲望；二是对试乘试驾车型还存在一些不太满意的地方。

对于第一种情况，销售人员应该趁热打铁，对客户特别感兴趣的地方再次有重点地强调说明，并结合试乘试驾中的体验加以确认。根据顾客所表现出来的成交意愿，着重强调顾客比较在意的特性和优点，进一步打动顾客，促成交易。对暂时不能成交的客户，要留下相关的信息并及时与客户保持联系。

对于第二种情况，说明顾客还有一些疑问没有得到解决，销售人员应主动询问顾客对试乘试驾车辆不满意具体表现在哪些问题上，根据顾客所提供的信息进行详细的解答。

如果是顾客对汽车的主要性能不满意，解决的办法就不是强调本车型的技术特点能解决的了，可以考虑向顾客介绍其他的车型。

建立规范的"试乘试驾流程"是非常必要的，现在已经成为各个汽车销售企业的基本销售业务。认真地执行好该流程，则是"试乘试驾"活动的有效保证。它不但是汽车销售企业(汽车4S店)整体素质的体现，也是顾客在选车、购车过程的需要。

6.7 协 商

通常在每一次的销售过程中，都会遇到这样或那样的问题，引起客户的疑问，这些都属于顾客的异议，销售人员要妥善处理各种可能发生的异议，与客户进行协商，才能达成最后的销售目标。

6.7.1 正确认识顾客的异议

1. 顾客异议

销售从异议开始。所谓顾客异议是顾客对销售人员或其销售活动所做出的一种在形式上表现为怀疑或反面意见的一种反应。简单地说，被顾客用来作为拒绝购买理由的就是顾客异议。广义的顾客异议不仅指顾客的意见，提出的各种各样的问题，还指在销售过程中顾客对销售人员的任何一个语言或举动的不赞同、质疑的行为。

2. 异议产生的原因

异议产生的原因可能来自顾客，也可能来自销售人员，具体见表6-10。

表6-10

来自顾客原因	来自销售人员原因
汽车的最终售价与顾客的心理价位不符	自身的行为举止和态度是否让顾客反感，夸夸其谈，让顾客怀疑不真实
对车型配置和服务政策等不满意	过多地使用了专业术语，顾客无法理解，碍于面子又不好深究
顾客的预算不足或顾客目前暂时缺乏资金支付能力或遇到按揭付款等方面的麻烦等	说得太多，听得太少，以至于没有搞清楚顾客真实的购买需求
听到了不正确的信息	与顾客发生争论、抬杠
受到了竞争对手的恶意诱导	对顾客没有给予应有的尊重
顾客没有理解销售人员的话造成的	事实调查不正确，引用了不准确的调查资料
	故作姿态，让顾客难堪

事实上，销售人员在与顾客交流的过程中，一旦让顾客感到不愉快，轻者，顾客会马上提出许多主观上的诸如这也不好，那也不喜欢等"虚拟"的异议；重者，则会马上

撤离，终止在你这里的买卖行为。因为顾客担心即使在你这里买了车以后，在以后的售后服务的问题上也会合作不愉快。

因此，如果我们的销售人员自身能够做得很好很到位，避免发生上述情况，实际上可以减少许多顾客异议的产生。

有调查显示，在提出过反对意见的顾客中有60%以上的顾客最终还是采购了销售方的产品。因此，当顾客提出一些反对意见时，他们其实往往是真正关心这个产品的群体，有比较强烈的购买意向，有不弄清楚问题誓不罢休的劲头。同时顾客也不知道自身的一些要求销售方是否能给予满足，需要证实，这时异议就产生了。而那些没有提出异议的顾客，也许他们没有明确的需求，或对销售方的产品根本就不关心，只是出于礼貌做做样子罢了。因此，销售人员要调控好自己的情绪，积极地看待顾客的异议。

实际上，顾客提出异议就表明他有需求。如果顾客沉默不语，销售人员就会头痛，因为不清楚顾客的心事，无从着手解决问题。因此，顾客提出异议是好现象，顾客的异议暗示顾客对产品已开始有兴趣，否则就不会浪费时间徒劳地与销售人员继续讨论了。

6.7.2 异议的化解处理

异议的化解处理一般采用三个步骤：先要发出理解的信号，再使用有效的方法应对，最后要坚决避免典型错误，具体如下。

1. 发出理解的信号

面对顾客提出的异议，先要发出理解的信号：

（1）你提到的这个问题的确很重要。

（2）我以前也经常这么想。

（3）不少人也问到了这样的问题。

（4）你考虑的确实非常细致/专业。

（5）我明白你的想法了。

2. 使用有效的方法应对

应对顾客异议的方法，见表6-11。

表6-11 有效应对顾客异议的方法

类 型	应对方法	举 例
反问法	针对那些你一时不知道如何回答的问题	客户：我朋友刚买了一辆车，比你报价便宜1万多。 我们：买车是应该多比较一下价格。请问您朋友在哪里买的，是什么型号？带6碟CD吗？带……？
抵消法	用优点去抵消缺点	可以从两方面去强化 • 优点远大于缺点 • 缺点也不那么严重

续表

类　型	应对方法	举　例
"转移"法	针对那些我们的确存在的问题	"您说的原则上是对的，不过，在这方面我倒有个新的看法……" "按常规您说的对，只是还有另一个因素需要考虑……"
"实例"法	讲其他顾客、惯例或媒体相同的意见等	"前一阵子，一位顾客跟你提出了同样的看法，但是当他把车买回家后，根本没有出现开始的那些担忧，而且还推荐一些朋友来看车呢"； 我们的速腾车凭借着卓越的驾驶品质、优秀的制造工艺及突出的安全性能一举获得了2007年"驾驶性能奖""制造质量奖"两项大奖
比较法	异议属于同类（级别）车的共性	相比较同级别的凯越和标致307，我们新宝来的油耗还算是省的呢
延期法	针对那些不了解或短时间纠缠不清的问题	客户：听说你说的这个问题，可能存在，这样吧，对于这样专业的问题，我回头请教一下我们的技术专家，我会主动联系并解释的 [也许客户确实专业，也许客户只是问了个外行冷僻的问题——无所谓，正好将此问题的回复作为后续跟踪的理由或后续试驾的解说重点，而且体现出你的真诚和诚信]

3. 坚决避免典型错误

面对异议坚决避免的三种处理方式：直接反驳、教训顾客、诋毁竞品。异议处理中的典型错误见表6-12。

表6-12　异议处理中的典型错误

异议处理中的典型错误	举　例
直接反驳	• "不，……" • "这是不对的" • "这个我还从来没听说过" • "这是您看错了" • "我告诉您吧，什么是对的"
教训顾客	• "我不知道您从哪里得来的这个信息，……" • "您应该仔细读读资料说明书！" • "我和您说过了，您应该知道的" • "这是谁和您讲的?"
诋毁竞品	• "您看，×××车实在很烂" • "在动力性上，那车可比我们差远了" • "我觉得×××车根本是在欺骗顾客"

6.8 成　交

很少有顾客会在第一次光顾展厅后就做出购买的决定。多数情况下，他们通常会找借口离开，然后通过竞争对手或以其他渠道搜集更多的信息。这是因为购买汽车产品决策时间长，顾客关注程度高，同时由于现代汽车产品日趋同质化，使得顾客有了更多的选择。在顾客权衡利弊的过程中，如果销售人员不能积极地抓住成交机会，就会导致销售的最终失败。因此，如何捕捉销售机会，实现成交，成为销售过程中至关重要的环节。

6.8.1 议价前的暗示铺垫

议价前的暗示铺垫对议价成交很重要，销售人员应该掌握以下步骤，见表6-13。

表6-13 议价前的暗示铺垫

步　骤	内　容	举　例
第一步	价格谈判前的车价暗示	• 我们是一家诚信专业、有服务保障的经销商 • 主动透露暗示出最近客户的成交价 • 充分证明现推荐车型是最符合其购车需求的
第二步	重温熟悉感	• 在客户进店的时候就叫出客户的姓（名），并记得客户的关注车型 • 再次总结提示顾客对车的最关注要点与需求 • 提示前几次来访时的情景（第一次的天气、陪同人员、试驾插曲、特殊情况灯等）
第三步	简单提示一下这些日子的变化	• 车市的变化：货源与价格——最近货源情况、车价变化 • 4S店的变化：销量与活动——您看上的那款车又卖出去三台/最近的厂家活动 • 个人的变化：业绩——我的这个月销售业绩不错 • 客户的变化：行业变化、个人精气神等——行业景气程度/越来越精神了/换发型了/苗条了等

议价前的暗示铺垫具体工作内容如下。
（1）确认顾客所购车型，以及保险、装饰、按揭、上牌等代办意向。
（2）销售顾问应适当提醒顾客加装配置或精品，并讲解其带来的好处。
（3）根据顾客需求填写报价单，并给予讲解。

6.8.2 成交的信号

消费者的成交信号有可能发生在销售的任何一个阶段。成交信号是指顾客在销售洽谈过程中，通过语言、行为、情感表露出来的购买意图信息，有些是有意表示的，有些是无意流露的，后者更需销售人员及时发现。善于感知他人态度变化的销售人员，能及时根据这些变化和信号，来判断"火候"和"时机"。一般情况下，顾客的购买兴趣是"逐渐高涨"的，且在购买时机成熟时，顾客心理活动趋向明朗化，并通过各种方式表露出来，也就是向营销人员发出各种成交的信号。顾客成交信号，可分为语言信号、行为信号和表情信号三种。

1. 语言信号

当顾客有购买意向时，从他的语言可以得到判定。语言信号的种类很多，顾客常常会通过一些话外话、反话、疑问话来表达他想购买产品的意思。有表示赞叹的，有表示惊奇的，有表示询问的，也有以反对意见形式表示的。应当注意的是，反对意见比较复杂，在反对意见中，有些是成交信号，必须具体情况具体分析。以下可能就是成交信号。

（1）顾客问及使用方法及售后服务。
（2）顾客询问货款支付方式。
（3）顾客询问提车时间及应办的手续。
（4）请教你买车后的相关事宜。
（5）保养车、使用注意事项。
（6）询问车内装饰、上牌照需要的时间。
（7）要求看新车（而不是展车）。
（8）要求找经理谈谈。

2. 行为信号

细致观察顾客行为，并根据其变化的趋势，采用相应的策略、技巧，加以诱导等，在成交阶段十分重要。通常行为信号表现如下。

（1）再次坐在驾驶座位，握住方向盘，设想驾驶的感觉。
（2）再次观看车辆，查看车的一些细节部位。
（3）向后仰，靠在椅背上舒展身体。
（4）多次来展厅，后又带亲属、朋友一起来。
（5）关注新车的里程。
（6）表现焦虑不安，不断吸烟，不断开关车门。
（7）对车的细微部分比较关注。
（8）打手机。

3. 表情信号

从顾客的面部表情可以辨别其购买意向。眼睛注视、嘴角微翘或点头赞许等都与顾客心理感受有关，均可以视为成交信号。当营销人员将商品的有关细节以及各种交易条件说明之后，顾客显示出认真的表情，并将你所提出的交易条件与竞争对手的条件相比较时，就可以提出成交的要求了。当顾客有以下表情时，也可以判断对方是否注意在听销售人员解说。

（1）紧锁的双眉舒展分开并上扬。
（2）眼睛转动加快，好像在想什么问题。
（3）眼睛好像要闭起来一样，或是不眨眼。
（4）嘴唇开始抿紧，好像在品味什么东西。

(5) 神色活跃起来。
(6) 随着说话者话题的改变而改变表情。
(7) 态度更加友好。
(8) 顾客的视线随着你的动作或所指的物品而移动。
(9) 原先做作的微笑让位于自然的微笑。

由此可见，顾客的语言、面部表情和一举一动，都在表明他（她）在想什么。从顾客明显的行为上，完全可以判断出他是急于购买，还是抵制购买。及时发现、理解和利用顾客表露出来的成交信号并不十分困难，其中大部分能靠常识解决，既要靠耐心体验，又要靠销售人员的积极诱导。

6.8.3 成交技巧与原则

与顾客成交，得到订单并签下合同，是一个要经过诸多努力之后才能达到的目标。因此在顾客开发过程中，掌握引导顾客成交的方法是很重要的。常见的几种方法如下。

1. 直接请求成交法

销售人员在有些情况下可以直接提出成交的建议。直接要求适用于以下几种情况。
（1）顾客的购买欲望已经非常强烈时。
（2）和顾客是老关系。
（3）当顾客想把话题转到其他方面去，销售人员可通过直接要求把话题转移到销售的轨道上来。

2. 假定成交法

假设成交法是假定顾客会购买产品的一种方法。顾客没有表示肯定买产品，但是通过观察顾客的成交信号判断出顾客已经对产品感兴趣了，这时候就可假设顾客想买产品，运用某种技巧和手段去诱导顾客多购买产品。假设成交法的诀窍在于能够抓住顾客的心理，牢牢抓住顾客说过的话，步步紧逼顾客成交。这种方法多适应于亲切型的顾客。

汽车加油站的服务员在见了司机之后就说："先生，您加多少油？"司机说："加个10L、20L吧。"这样服务员只能卖出10L、20L的油。营销专家认为，这句话说错了，正确的说法是："先生，我把您的油箱加满吧？"如果顾客说可以，你就可能卖出30L、40L的油。

3. 保证成交法

当顾客对产品还有些担心和顾虑的时候，营销人员可以用保证来减轻或消除顾客的担心和顾虑，如"产品在试用期内出现质量问题我们保证免费为您提供零配件甚至换车""我们保证为您的车做好售后服务"等，通过保证消除产品在对方心目中的风险，从而使顾客下决心购买产品。

4. 选择成交法

选择成交法指销售人员直接向顾客提供一些购买决策方案，并且要求顾客立即购买的一种成交方法。选择成交法具有减轻顾客成交心理压力、创造良好成交气氛、有效促成交易、留有一定成交余地的优点。

采用本方法时，可以这样询问顾客：

"您是用现金购买，还是要刷卡呢？怎么做都可以。"

"您的车内装潢准备选用A套餐还是B套餐？"

选择法使用得当能让顾客及营销人员皆大欢喜，但要掌握住适当的时机，要在能判断出顾客同意购买的状况下，使用起来才不着痕迹。

使用此法时，必须注意下述问题：针对顾客的购买动机和购买意向，假定顾客已经决定购买，先假定成交，后选择成交；看准成交信号，向顾客提供成交选择方案；把握成交选择主动权，积极促成交易；主动当好顾客的购买参谋，帮助顾客做出正确的成交选择。

5. 利益汇总法

利益总结成交法是把先前向顾客介绍的各项产品利益，特别是获得顾客认同的地方，一起汇总，扼要地再提醒顾客，在加重顾客对利益的感受中，同时向顾客要求签约。利益汇总法是营销人员经常使用的技巧，特别是在做完产品介绍时。

总之，在引导顾客成交时，应注意以下几点：

（1）不可讲多余的话——言多必有失。

（2）不可给予顾客"自己很激动"的感觉——靠专业实力自然不会激动。

（3）不同其争辩，否定对方的观点——"占争论的便宜越多，吃销售的亏越大"。

（4）对于交易条件没有软弱的必要——充满自信。

6.8.4 感谢您的顾客

无论交易的结果如何，对于和我们打交道的顾客，销售人员都应该表示感谢。我们要知道以下几点。

（1）买卖不成仁义在——"谢谢""欢迎再次光临"。

（2）一次交易失败不等于销售失败——销售中真正推销的是个人而不仅是产品。

（3）"不"代表新的开始——新的尝试努力；寻找新的顾客。

（4）反省和提高、收获与成长——每次拒绝都是一种经历、一次收获。

6.9 交 车

6.9.1 交车的重要性

交车是与顾客保持良好关系的开始，也是在购车过程中洋溢着喜悦气氛的时刻。交车时顾客的心理会发生很大的改变，一方面顾客会希望自己的新车能按时、按要求交货；另一方面，顾客也会对自己新车的一些操作和维修问题特别感兴趣，因此销售人员必须留有充分的时间来帮助顾客了解这些内容。这个过程中，销售人员可以通过标准的交车流程和车辆与服务的高品质让顾客对汽车销售公司的服务体制及商品保证有高度的认同，进而提升顾客满意度。

交车过程中，顾客的心理防线会相对松弛下来，但此时销售人员的精神状态则要高度集中，销售人员应当拿出最专业的水准来帮助顾客完成整个交车仪式，并让顾客在整个过程中都能感受到销售人员的热情和愉悦的心情，将顾客的喜悦心情带到极点。

6.9.2 交车前的准备

正所谓"机会都是给予有准备的人"，一个准备充分的销售人员势必能帮助顾客完成最完美的交车仪式。交车准备流程见表6-14。

表6-14 交车准备流程表

步　　骤	执行要点	预备物品
收款	收款后出具新车交车通知单	新车交车通知单
PDI检查	按PDI检查单检查，防止漏检任何项目	PDI检查单
联系交车日期	① 即使是在交车日期不能预定的情况下，也定期与顾客保持联络； ② 如果出现向顾客说明的预定交车日期发生延迟的情况，向顾客说明其原因及解决方案	—
确认车辆 准备交车	① 确保举行交车仪式的场地(交车场所)，并做好清扫； ② 交车日、交车时间决定之后，通知顾客并确认； ③ 确认是否有车牌板、登记材料、保证书、保险证书、行驶证、其他材料等，提前检查妥当； ④ 确认顾客所要求的装备并检查此装备是否正常运作； ⑤ 销售人员在交车前，应对照"交车验收单"，对交付车辆进行验收、确认	登记材料 保证书 保险证书 行驶证 交车验收单 —

1. 收款

1) 收款方式

(1) 现金支付。对中低档车，有很多客户会用现金支付，这是最方便快捷的付款方式，但如果款项过大，这可能给企业的安保带来很大压力。

(2) 存折转账支付。当地购车用户可以选用存折进行转账付款。这种方法简单安全，但需要去银行转账，而且交易受银行工作时间的制约。

(3) 银行卡支付。这种付款方式简洁方便，但应该确认款项到账后再允许客户提车，以防意外。

(4) 支票支付。支票分为现金支票、转账支票和汇票。这种付款方式相对麻烦，支票转账到账后或当天去开户行反提支票后方可提车。

(5) 承兑汇票支付。承兑汇票是银行汇票的一种，但与一般汇票不同，通常要求按照该银行的汇率进行贴息后方可按一般支票处理。

(6) 分期付款。开展分期付款业务的汽车公司，根据汽车金融公司或银行的相关贷款规定对满足车辆贷款条件的顾客办理分期付款，在相关手续齐全、顾客交完首付款后，第二天可提车并按规定办理相关手续。

2）新车交车通知单

收款后为买方出具新车交车通知单，转售后部门。新车交车通知单见表6-15。

表6-15 新车交车通知单

客户资料	客户		委托交车人	
	联系地址			
	联系电话		身份证	
车辆资料	交车车型		车色	
	VIN号码		发动机号	
PDI检查	车辆停放处			
	预定交车时间			
审批	销售主管		财务主管	
	合同编号			
	交款单			
	报告书原件			
	销售顾问		车辆管理员	

2. PDI检查

PDI(Pre Delivery Inspection)是新车送交顾客之前进行的一种检查。PDI是交车体系的一部分，该体系包括一系列在新车交货前需要完成的工作，目的是在新车投入正常使用前及时发现问题，并按新车出厂标准进行修复。PDI检查的大部分项目是由服务部门来完成的。

1）PDI服务的基本要求

我国汽车服务行业从2002年7月23日起实施的《汽车售后服务规范》，提出了PDI服务、技术咨询的基本要求，具体如下。

(1) 供方在将汽车交给顾客前，应保证汽车完好。

(2) 供方应仔细检查汽车的外观，确保外观无划伤及外部装备齐全。

(3) 供方应仔细检查汽车内饰及装备，确保内饰清洁和装备完好。

(4) 供方应对汽车性能进行测试，确保汽车的安全性和动力性良好。

(5) 供方应保证汽车的辅助设备功能齐全。

(6) 供方应向顾客介绍汽车的使用常识。

(7) 供方有责任向顾客介绍汽车的装备、使用常识、保养常识、保修规定、保险常识、出险后的处理程序和应注意的问题。

(8) 供方应向顾客提供24小时服务热线及求援电话。

(9) 供方应随时解答顾客在使用中所遇到的问题。

2）PDI 的内容

PDI 检查流程如图 6.27 所示。

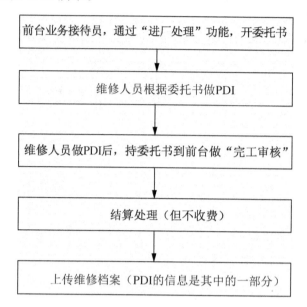

图 6.27 汽车 PDI 检查工作流程

PDI 的许多项目是由汽车维修检验技师完成，他们的技能水平、经验和责任心关系到 PDI 的品质。PDI 检查要注意如下事项。

（1）检查前，应先将车辆清洗干净。

（2）检查时，应按 PDI 检查单进行检查，防止漏检任何项目。

（3）根据车型以及车款的不同，PDI 项目表（见表 6-16）所列项目与实际车型检查内容可能有所不同，应结合实际车型进行检查（PDI 应该检查的项目，请参照轿车厂家服务部印制的新车交车前整备检查表）。

表 6-16 PDI 项目表

全车检查				
特约维修站		销售商		
车辆明细	车型	车架号		
检查员		检查日期		
	车辆外观	是否已检	是否合格	是否处理	备注
01	除蜡或清除保护膜	□	□	□	
02	外观	□	□	□	
03	外部车身辅件	□	□	□	
04	车门、发动机盖、行李箱和油箱	□	□	□	

续表

		电气系统/辅助设备			
	车辆外观	是否已检	是否合格	是否处理	备注
01	安装室内灯熔丝（DOMN）	☐	☐	☐	
02	门锁系统、照明系统	☐	☐	☐	
03	点火开关	☐	☐	☐	
04	前照灯、雾灯	☐	☐	☐	
05	远光灯、近光灯	☐	☐	☐	
06	驻车灯、尾灯、牌照灯	☐	☐	☐	
07	转向信号灯、紧急信号灯	☐	☐	☐	
08	制动灯、倒车灯	☐	☐	☐	
09	仪表灯、照明控制	☐	☐	☐	
10	警告灯、指示灯和警告音响	☐	☐	☐	
11	驾驶室内灯	☐	☐	☐	
12	座椅、安全带、记忆功能	☐	☐	☐	
13	转向盘倾斜和伸缩调整	☐	☐	☐	
14	后窗除雾	☐	☐	☐	
15	电动顶窗	☐	☐	☐	
16	数字时钟（调整到适当时间）	☐	☐	☐	
17	外侧、内侧后视镜	☐	☐	☐	
18	电动窗	☐	☐	☐	
19	点烟器、烟灰盒	☐	☐	☐	
20	杯架	☐	☐	☐	
21	喇叭	☐	☐	☐	
22	仪表板诊断系统批示	☐	☐	☐	
23	遥控车门锁装置	☐	☐	☐	
		车辆内部			
01	发动机油	☐	☐	☐	
02	漏水	☐	☐	☐	
03	制动踏板	☐	☐	☐	
		发动机罩下部			
01	发动机油	☐	☐	☐	
02	制动液	☐	☐	☐	
03	动力转向液	☐	☐	☐	

续表

	车辆外观	是否已检	是否合格	是否处理	备注
04	冷却液、清洗液	☐	☐	☐	
05	蓄电池	☐	☐	☐	
06	发动机冷机状态	☐	☐	☐	
07	发动机暖机状态	☐	☐	☐	
08	发动机冷却风扇运转状态	☐	☐	☐	
09	变速器油	☐	☐	☐	
10	液体渗漏(燃油、冷却液等)		☐	☐	
车辆下部（使用举升器）					
01	车轮螺母力矩	☐	☐	☐	
02	轮胎（包括备胎）气压	☐	☐	☐	
03	渗漏及损伤	☐	☐	☐	
04	排气系统	☐	☐	☐	
05	除去制动器防锈盖	☐	☐	☐	
06	安装橡胶塞（车身）	☐	☐	☐	
07	安装车轮盖	☐	☐	☐	
试验					
01	刮水器和清洗器	☐	☐	☐	
02	暖风和空调	☐	☐	☐	
03	音响设备	☐	☐	☐	
04	计量表和仪表	☐	☐	☐	
05	自动变速器	☐	☐	☐	
06	制动和驻车制动	☐	☐	☐	
07	转向和转向盘偏置	☐	☐	☐	
08	发动机怠速	☐	☐	☐	
最终检验					
01	行李箱灯	☐	☐	☐	
02	备胎、千斤顶和工具等	☐	☐	☐	
03	行李箱装饰物、地毯	☐	☐	☐	
04	使用手册及资料	☐	☐	☐	
05	钥匙	☐	☐	☐	
06	除去车内保护罩、不需要的标签等	☐	☐	☐	
07	清洗车辆	☐	☐	☐	

（4）如果检查有一个或几个项目不合格，检查人员把所有需修理项目填写在 B 单上，修理完毕并确认后填写上"已修复"，同时重新填写一份全部合格的 A 单。

（5）检查完成后，检查员必须在检查单上签字，并在《保修手册》交车前检查栏中签字。

（6）检查一般不允许顾客在场，以避免顾客见到有缺陷的车辆而影响整车销售或引起纠纷。

（7）车辆销售时，顾客在确认车辆完好后，必须请顾客在全部检查项目合格的 A 单上签字，以明确车辆在交付顾客时处于完好的状态，避免以后发生问题时因责任不清而产生纠纷。

（8）车辆在销售给顾客时，必须填写《保修手册》中保修登记表内的用户车辆详细资料。

（9）相关手续根据不同车型厂家要求进行处理。

（10）新车检查完毕以后还应根据《用户使用手册》和《保修手册》向顾客介绍新车使用常识、装备情况、保养维修知识和解答顾客提出的使用中各种临时性的问题。

3. 联系交车日期

车辆达到公司后，销售人员应在第一时间将信息告知顾客，并跟顾客商定交车时间。通常采用的方式都是电话预约，电话预约的内容包括以下几点。

（1）销售人员应告诉顾客交车所需要的时间较长。

（2）询问顾客最方便的交车时间和地点。

（3）询问顾客交车时，将与谁同来（销售人员可以事先做准备）。

（4）销售人员应询问顾客是否需要安排车辆进行接送。

（5）销售人员应对顾客表示祝贺。

电话预约过程中，销售人员一定要注意礼貌问题，要注意语言措辞，要让顾客感觉到自身的被重视。此外，电话预约过程中，销售人员一定要注意跟顾客之间的确认并作记录，对一些重要内容（例如交车的时间和随行人员等），销售人员在通话过程中应跟顾客再次确认，并及时记录。在交车前一天，销售人员应再次跟顾客进行电话确认，防止顾客忘记。

4. 进行场地布置

销售人员应事先布置好交车的场地；要确保场地没有其他用途，并打扫干净；要在交车区域内最明显的位置设立标示牌及标准作业流程的看板和告示牌，并要在展厅入门处设置好恭贺牌。

6.9.3 规范的交车流程

交车流程规范见表 6-17。

表 6-17 交车流程规范

步骤	执行要点	预备物品
展厅外迎接顾客	1. 注意仪表外貌的整洁,面带微笑,并以响亮的问候声出迎	安全注意事项 车主手册 保险证 行驶证 保证书 钥匙（包括备用钥匙） 实车说明清单 照相机 交车验收单
介绍交车流程	2. 各项费用的清算	
介绍服务顾问	3. 依照"安全注意事项",进行安全乘坐的说明	
讲解随车文件	4. 递交分发物品（车主手册、保险证、行驶证、钥匙）	
一起检查车况	5. 关于保修及售后服务的说明	
签署 PDI 清单	6. 关于免费检修时期（5000km、10000km）的说明	
介绍操作方法	7. 务必邀请服务顾问（或维修人员）出席	
提醒注意事项	8. 服务顾问与销售人员使用"实车说明清单",用简单易懂的语言对顾客进行说明。说明完了以后,核对"交车验收单"	
客户满意度现场调查	9. 做一些为顾客留下美好纪念的策划（拍摄纪念照片、递交小纪念品等）	
再次递交名片,提醒加油,并送别顾客	10. 请顾客在"交车验收单"上签名,把原件交给顾客,复印件交由经理保管 11. 目送顾客到车辆看不见为止 12. 向经理报告交车活动 13. 使用 CRM 系统完成"交车完成输入" 14. 在一周内与顾客联系,感谢购买车辆并询问车辆使用情况	

6.10 跟　　踪

所谓跟踪访问,就是销售顾问或其他工作人员为了达成交易或为了提高顾客的忠诚度,运用客户跟踪服务和访问技巧,主动在售前或售后跟进客户,获取信息、促成交易、提供服务和确保客户满意,使之成为忠实客户。

1. 售后回访流程

售后回访流程见表 6-18。

表 6-18 售后回访流程

流程	支持工具	责任部门
交车当天现场满意度调查	现场满意度调查表 现场满意度调查计算卡	客户服务部
销售顾问一周内回访	销售顾问回访模板	销售部

续表

流　　程	支持工具	责任部门
一个月内客户服务部回访	CRM 系统 客户回访模板	客户服务部
每月满意度分析与总结	CRM 系统 销售回访结果统计报表	客户服务部

2. 售后服务的工作内容

1）建立顾客档案

顾客的信息是动态的，销售人员在与顾客初次接触之后，就要开始收集顾客的信息，每一次接触都会有新的信息补充进来，在顾客交车后，还要将顾客车辆的信息收录其中，形成完整的顾客档案，并在今后的售后服务中不断地丰富和修改档案中的信息。

2）采取多种方式提供服务

汽车销售需要对顾客持续的关怀与跟进，让顾客感觉到你没有忘记他们。有的时候，一张小小的卡片，一个祝福的电话，一个联络的邮件，都可能帮助维系顾客关系，使你的顾客成为永续的资源。

（1）电话方式同顾客进行联系。销售人员在向客户交车的 24h 内，代表个人致电或发送短信，对顾客能够信任自己并提高了自己的销售业绩表示感谢，并提醒如果有操作或使用方面的问题，可以随时联系自己或售后顾问。

在交车后的 24h 内，汽车销售公司或专营店的销售经理也应该给顾客打一个电话或发送一个短信，代表公司感谢客户选择了本公司和所经营的汽车品牌，同时询问客户对新车的感受，有无不明白、不会用的地方，并调查客户对专营店和销售人员的服务感受，了解销售人员和公司其他员工的工作情况等。应对顾客提出的建议表示感谢，并及时处理客户的不满和投诉。

在交车后的一周内由销售人员负责打出第二个电话，内容包括：询问客户对新车的感受、新车首次保养的提醒、新车牌照号码、参保的保险公司情况等。

以后要定期地，如每周都电话或短信联系顾客，询问车辆使用状况，提醒磨合期结束前的"拉高速"、首次保养时间、安全驾驶等问题。每一次电话沟通后，都要将谈话情况或顾客来电情况进行整理，记录到"顾客联系登记表"中。

（2）走访客户。可以找一个合适的时机，如客户生日、购车周年、工作顺道等去看望客户，了解车辆的使用情况，介绍公司最新的活动以及其他相关的信息。最后将走访结果记录到"调查表"里。

（3）组织会员活动。每一个顾客都应成为公司所经营品牌车辆的"车友会"成员，公司可以选择节假日或其他时机，组织客户互动和参与活动，如举办汽车文化讲座，组织一些有共同兴趣的顾客进行自驾游、健身或体育项目比赛、客户联谊会等。通过组织这些活动，既可以增进顾客同公司的感情，也为客户们提供了交流的机会。

（4）经常性的关怀。遇到天气冷热等突发事件时向顾客致电或发送一个短信，体现对顾客的关怀。档案资料里如果反映出客户的生日或客户家人的生日的，应及时发出祝贺；客户的购车周年纪念日也不要忘记适时地给予祝贺。

3）技术培训

售后服务本身属于技术服务的范畴。由于汽车产品的高度技术密集、知识密集，汽车产品的售后服务工作必然包含着对用户的技术指导、技术咨询、技术示范，也包含着对厂商售后服务网络的技术培训、技术示范、技术指导和技术咨询。通常的做法是，汽车厂商的售后服务部门面对售后服务网络，售后服务网络再对广大用户实施上述工作。

4）质量保修

质量保修，又称质量保证、质量担保、质量赔偿等，我国俗称"三包"，其基本含义是指处理用户的质量索赔要求，进行质量鉴定，决定和实施赔偿行为，并向厂商反馈用户质量信息。

5）备件供应

备件供应在售后服务中具有决定性作用，没有良好的备件供应就没有优质的售后服务。备件供应还是售后服务工作的重要利润来源。

6）组织和管理售后服务网络

汽车厂商为了圆满完成售后服务的全部工作，在全社会组织一个庞大的服务网络，广泛利用社会资源，在合适的地点选择合适的经销商和服务商，以此构建自己的营销及服务网络。

7）企业形象建设

汽车厂商售后服务网络是用户经常"打交道"的窗口，对汽车厂商的企业形象建设方面负有重要责任。

新车销售跟踪调查示例

×先生/女士：您好！我是××公司的销售顾问×××，您的车已经提了一段时间了，现在我要对您的XX轿车做跟踪回访，需要打搅您几分钟的时间，您现在方便吗？

1. 您对购买的车辆是否满意？□是　□否

否的原因：

2. 车辆的基本操作是否熟悉？□是　□否

3. 您还有什么问题需要我们帮助解决？□是　□否

4. 我们的交车流程您是否满意？□是　□否

5. 还有什么意见和建议意见：

3. 客户抱怨和投诉的处理

无论多么努力，销售人员无法避免遇到不满意的顾客。每一个销售人员都必须要意识到，顾客的投诉是必然会存在的，这对于销售人员来说是一件好事情，对于顾客的投诉要抱着接纳和欢迎的态度。如果销售人员没有一个正确的认识，在处理顾客投诉时就容易与顾客对立。所以，成熟的销售人员应懂得怎样正确对待和处理顾客的投诉和抱怨。

顾客投诉如果处理得当，不但不会影响到顾客的满意度，反而会大大提高顾客的满意度。

处理顾客投诉的流程如图6.28所示。

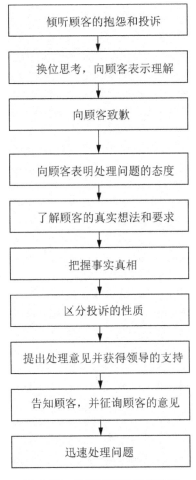

图 6.28　处理顾客投诉的流程

投诉处理后，要及时了解顾客对于处理结果的满意程度，以便销售人员及时跟进。销售人员还需要对顾客的投诉进行细致地分析和总结，找出工作中存在的问题，及时调整工作流程和工作标准，防止此类事件的再次发生。

每一次顾客投诉都要详细记录处理的过程和结果，以此作为日常工作的经验积累。销售人员要在事件处理后，认真填写用户投诉处理报告，并将报告存档，见表6-19。

表6-19 投诉处理报告表

投诉处理报告	年　月　日 报告人：				
投诉受理日					
投诉方式	来函 □	传真 □	电话 □	来访 □	展示厅 □
投诉内容					
投诉见证人					
地址及联系方式					
处理紧急度		特急 □	急 □	普通 □	
承办人					
处理日					
处理内容					
费用					
顾客意见					
原因调查					
调查会议记录					
原因					
记载事项					
检讨					

小 结

本项目对汽车销售工作和汽车销售流程作了较详细的阐述,包括汽车销售的主要工作内容,客户开发、接待、需求分析、产品介绍、试乘试驾、协商、成交、交车和跟踪九个环节。

客户开发的环节有寻找潜在客户的方法、电话营销技巧和潜在客户的判断与跟踪。

接待的环节有展厅接待前的准备、汽车销售人员的仪容仪表、肢体语言和语言。

产品介绍的环节有车辆展示准备、"6+1"绕车讲解和展车讲解技巧。

试乘试驾的环节有试乘试驾准备、试乘试驾流程和试乘试驾后问题的处理。

协商的环节有正确认识顾客的异议和异议的化解处理。

成交的环节有议价前的暗示铺垫、成交的信号、成交技巧与原则。

交车的环节有交车前的准备和规范的交车流程。

跟踪的环节有维护客户关系的技巧和方法及客户抱怨和投诉的处理。

本项目的教学目标是使学生懂汽车销售工作的内容和学会汽车销售流程的技巧。本项目通过案例对营销技巧的一些细节进行了讲解。

项目 7

汽车营销综合实务

通过本项目学习,要求掌握汽车销售谈判的步骤和方法;掌握汽车销售合同的签订内容;了解汽车网络营销和电子商务的应用。

能力目标	知识要点	权重	自测分数
掌握汽车销售谈判的技巧	汽车销售谈判的原则和要点	45%	
会拟定汽车销售合同	汽车销售合同的形式、内容和风险防范	25%	
了解汽车网络营销和电子商务的应用	汽车网络营销的基本策略和电子商务的发展模式	30%	

7.1 汽车销售谈判实务

> **引 例**
>
> 顾客:"这款车型太贵了。"
> 顾客:"你们公司的报价太高了。"
> 顾客:"你介绍的这个车呀,我觉得我女儿应该喜欢,可是,她说还是喜欢甲车。"
> 顾客:"我觉得三菱的越野车才是真正的越野车。"
> ……
> 在每一次销售过程中,都会遇到这样或那样的问题,面对这些问题,销售人员该怎样进行销售谈判呢?

谈判是说服对方的艺术,谈判是营销展示活动。商务谈判是交易双方为了各自的目的,就一项或数项涉及双方利益的生意进行洽商,通过听取各方意见,调整各自提出的条件,最后达成双方满意的一种经济活动。

商务谈判具有以下特点。

(1) 谈判参加者各自代表所在的工商企业,谈判总是围绕着交易对象(汽车交易或劳务)展开的,谈判双方以达成双方满意、并对双方具有法律约束力的协议或合同为最终目的。

(2) 谈判一般遵循的方针是平等互利,协商一致;智力较量,以智取胜;谋求合作,使双方各有所得。

(3) 谈判的目标是取得自己一方的利益,但绝不是意味着必须伤害别人的利益。谈判高手在争取自己一方利益时,经常试图以理服人去影响另一方对事物的评价方法,求得双方满意;企业利益不仅仅是用利润来衡量的,企业形象往往是企业的根本利益。从长远考虑,对有战略意义的客户适当让利或给予关注是明智的。

汽车营销企业的谈判,包括围绕企业物流链展开的谈判和汽车商务服务人员的谈判任务。汽车销售谈判属于后者。

做销售不可能不谈判,但销售人员经常为此感到痛苦,他们担心谈判时被别人说服,担心一个优秀的方案没有被人采纳,担心自己的地位不高无法平等对话,担心与客户谈判遭到拒绝,担心自己对谈判内容缺乏信心,担心上级并不授权却要自己解决问题,担心谈得很好的事情突然发生变化,担心想得很好但一谈判就谈不好,担心平时能说但谈判时讲不到点子上来。

销售谈判如同长途跋涉,因为我们的谈判对象是客户,因而应该"像家人一样对待朋友,像朋友一样对待客户,像客户一样思考利益",与此同时,还应该掌握一系列技巧。

7.1.1 销售谈判的基础和原则

1. 销售谈判的基础

什么是谈判?理论上有许多解释,而且并不统一。归纳起来大概有以下一些表述:

谈判就是说话，谈判就是会谈，谈判就是劝说，谈判就是说服，谈判就是沟通，谈判就是信息传播，谈判就是交换意见，谈判就是公关，谈判就是相互让步达成一致。不管怎么说，有一点是可以肯定的，谈判从本质上来讲是一种营销展示活动，而销售谈判的基础是说话。

2. 销售谈判的原则

1) 双赢原则

销售谈判是双方都获得经济利益的双赢谈判，应尽量扩大总体利益。销售人员与客户之间既是对手，又是合作者，双方要保持融洽的关系，不宜对立。

2) 对事原则

销售谈判以业务或经济利益为目的，不是为了战胜对方，而是为了寻求"最终解决方案"，因此要对事不对人。

3) 目标原则

谈判是为了达成双方的目标，必须首先弄清对谈判的目标，正确理解目标。

4) 市场原则

销售谈判的基础力量是市场，没有对市场情况的充分了解，谈判会失去标准，因此必须对市场情况做到胸中有数。

5) 差别原则

谈判双方的文化、习俗、宗教、观念等非经济性背景会有很大差别，这些差别使得谈判难以遵循一定的模式，因而应当对谈判的客户有所了解。

6) 一致原则

谈判双方对谈判方式、法律约束、事后执行等条款合同事先应有统一的认识，这样做才可能在一个平台上开展对话。

7) 公平原则

销售谈判应当是阳光下的商谈，不应夹带欺诈成分，应当公平、公正。威胁恐吓在销售谈判中毫无作用，应当坚决摒弃。同时，谈判双方应在谈判中明确仲裁的方式。

8) 妥协原则

谈判的最终结果，是双方善于妥协的结果，没有让步就没有谈判，应在谈判前设定好让步的尺度。

7.1.2 销售谈判的要点和前提

1. 销售谈判的要点

1) 双方得利

销售谈判的最终结果应该是双赢，不要令对方屈服，更不要企图战胜对方，要双方都觉得有利益。

2) 解决问题

销售谈判切忌一开始就讨价还价，要先解决问题，再讨价还价，因为讨价还价的目的还是解决问题。

3）势在必行

销售谈判要造势，势在才能吸引客户，推动客户产生意向，决定行动。势是一种优势，造势是种艺术。没有优势的造势只是故弄玄虚，装腔作势，没有艺术的安排，优势不能凸现。

4）心理沟通

销售谈判是科学，是理论、心理学、艺术的综合影响，许多难以预计的变数都可以改变谈判趋势，因而必须研究人的心理，打破双方的心理定势。

5）掌握标准

销售谈判涉及双方的预期、双方的焦点和目标，双方的提案和选项应当是有规律可循的。关键在于必须了解客户的预期，了解客户的焦点与目标，了解客户的提案和选项，并在"盈利性的顾客满意"的原则下，寻求解决方案。

6）了解背景

销售谈判不仅是销售人员与客户之间的相互影响，而且可能涉及其他因素影响。例如：时间、形势、个性、习惯、作风、他人、交情等因素的干扰，因此不能简单了事。

7）精于分析

销售谈判有许多成功要素，必须从建立长久合作关系的愿望出发，敢于提出要求、精于分析、懂得协商、知道进退、勤于练习，并灵活应对。

2. 销售谈判的前提

（1）双方互有所求，都有能满足对方需求的东西或能力。

（2）双方都能本着公平、公正、公开的原则，真心相待，希望赢得对方的赞同，面对结果双方都感到高兴。

（3）谈判前应有双方认同的目的、内容、时间、地点、参与人，以及遵守共同的前提条件，包括法律、合同、仲裁的依据标准，并有合理的市场或道德规范制约。

（4）挽救局面，双方不想关系破灭，任何一方不能受到不合理的威胁或恐吓。

（5）承认有共同的威胁，失败对双方都不利，因此双方都能理解冲突，谅解不可抗拒的因素。

（6）谈妥的事双方应当无疑义地确认，并履行合同规定的权利和义务。

7.1.3 销售谈判前的准备工作

1. 确立谈判目标

包括必须达成的目标、希望达成的目标和乐于达成的目标。

2. 搜集与谈判主题有关资料

例如：车辆知识、产品分析、市场趋势、购车流程、买卖条款、服务内容、所需手续等。

3. 评估自己的实力

例如：行业的竞争状态、知识力量、风险能力、双方关系、供求关系、时间压力、需要压力、信任程度、其他选择、抗压能力等。

4. 规划策略

事先分析，知己知彼，确定策略，认真规划，并进行事先的谈判演练，避免发生错误。

7.1.4 销售谈判实力的来源

销售谈判需要实力支撑。这些实力包括：良好的资源基础；行业权威性；准确的情报；良好的影响力或朋友背景；能力资源；市场判断力；了解对方的需求和弱点；较多的选择；较大的适应性；舒适的环境；较少的时间压力；更强的临场决断力；更大的决策权力；更强的取胜决心；更敢于冒风险；更冷静的头脑；良好的谈判经验和技巧等。

7.1.5 销售谈判的技巧

喊价与还价是销售谈判不可避免的环节。喊价还价过程一般分为以下4个阶段。

1. 摸底阶段

主要任务是建立谈判气氛，进行开场陈述，沟通交换意见。

2. 喊价阶段

主要任务是产品示范及讲解，喊价还价。在这一过程中，卖方一般以上限标价，买方一般以下限出价。销售人员在喊价的过程中要做到明确、果断、合理、诚恳、可信。因为影响价格的因素很多，包括产品成本、供求关系、行情利润、品质特性、时间季节、品牌流行、市场变化、分销渠道、汇率变化、竞争因素、突发危机等，必须全面衡量确定喊价。在喊价过程中，销售人员应当更多地宣传产品的价值，以保证合理喊价目标的达成。

3. 磋商阶段

销售人员应持的态度是尊重对方、尊重事实、合情合理、理解还价、灵活妥协。当客户过度还价时，应当告之客户自己面临的客观的压力以及这种情况可能对企业造成的伤害。

4. 交易达成阶段

这一阶段双方立场接近，距离缩小，气氛缓和，障碍逐渐克服，双方现出诚意，对立情绪逐渐消失，开始探讨付款和服务交车条件，签订书面合同。这时，要多研究合同的履行，不要继续谈论价格，以免节外生枝。

商谈价格可以采取许多技巧，见表7-1。

项目 7 汽车营销综合实务

表 7-1 商谈价格采取的技巧方法

使用方法	优　　点
竞争方法	凸现价格的合理性
分期付款法	减轻客户的价格压力
产品价值提升法	弱化顾客的价格思考
行情预测法	强调价格的合理性
转移时空法	模糊价格比较
客户口碑	传递人员价值和企业品牌
分项报价	减轻数字刺激
耐心说服	保持合理价格
博取同情	获得客户谅解
赞扬顾客	淡化价格争论
赠送礼品	提升顾客价值
身价提升	平衡价格疑虑
专业形象	提升产品与服务价值
加深友谊	获得价格认同
拖延战术	钝化价格思考

 知识链接

顾客："这款车型太贵了。"

销售人员："我非常理解您对价格问题的看法，（理解）其他一些已经购买的顾客也提出过相同的看法，（铺垫）不过在我们给顾客进行产品分析后，他们都觉得我们的产品是经济实惠的。"（价格原因分析）

顾客："你们公司的报价太高了。"

销售员："正是因为这个问题，我才专门来拜访您的。"（反复）顾客："是吗？"（吃惊）

销售员："我们这款车型虽然首次购买的成本较高，但油耗低，维修成本低，二手车交易价格高（传递）"。

顾客："你介绍的这个车呀我觉得我女儿应该喜欢，可是，她说还是喜欢甲车。"

销售人员："您提到了甲车，那是一款比较受城市白领喜欢的车款。不同的车有不同的顾客群。比如您女儿喜欢的甲车，就是这样的车。由于它是针对城市白领的，因此，也就围绕白领使用汽车的特点来配置。比如甲车就不太适合跑长途，也不太适应路况比较差的道路。而且，由于车型小，只能在加油站比较密集的地区行驶，不然会发现还没有找到加油站就没有油了。总之，对城市白领来说，这些都不是问题，但对于您的女儿将来要在广州和上海之间跑，我觉得甲车的定位恐怕不太适合。"

顾客："也是，你说的有道理，其实我也是这样理解的。不过就是不知道应该怎么向她解释，所以我还是看中这款车的。多花点钱是值得的。"

销售人员："您的认同其实就说明这款车的定位是非常清晰的，像您这样给女儿买车的人，一般关注女儿开车时的安全，关注她们用车时的方便等，这就是定位在起作用。"

7.1.6 销售谈判常见障碍及解除方法

销售谈判不会每次一帆风顺,发生障碍是经常遇到的情况。在销售谈判中产生障碍的主要原因是:采取对抗及争辩的态度而不能真正进入谈判过程;主要问题没有得到清楚的界定;谈判人员情绪化,不愿妥协;过去有过不愉快合作;第一次接触就感到差距太大,感到希望不大;一方没有谈判的压力。

要扫除谈判障碍,首先要解除紧张气氛,放松情绪,清楚地分析自己的实力和能力。最好在谈判前先认真思考一番,这样有利于控制紧张情绪。其次要掌握行动的原则:保持沉着,因为沉着永远是消除障碍的第一步;避免争吵,这样可以避免障碍加深;寻找障碍产生的根源;多用正面的词语,因为正面的词语能令人产生好感,对破除障碍大有帮助;多为对方着想,双方差距缩小了,障碍自然会减少;倾听对方,多了解对方;如果障碍来自自身,那就要检讨修正自己。

7.2 汽车营销与合同法

引 例

简要案情:原、被告双方于2012年9月5日就购买一辆中型轿车签订《汽车销售合同》,约定:标配单价为215 000元,以上价格含入户、购置税、代办牌照,交车方式为汽车经销店提车,交车时间为2012年9月22日。双方还就付款方式、时间进行了约定,并特别约定了违约责任:供方于2012年9月20日前将需方所购车辆、购置税、入户牌照代理完毕。如有不可抗力因素可延期至2012年9月30日,否则,供方逾期承担每天300元滞纳金。合同签订后,原告依约履行完付款义务,但被告却直至2012年10月15日才向原告交付车辆。为此,原告诉求被告延迟交车的行为构成严重违约。

请思考:该案例中被告是否违反了合同法,应该如何进行风险防范?

合同是平等主体的自然人、法人及其他组织设立或变更终止民事权利义务关系的协议。合同的订立是设立合同法律关系的第一步,只有订立了合同,而后才存在合同的履行问题,才能产生合同预期的经济目的和法律后果。合同一经合法成立即产生法律效力,在双方(或多方)当事人之间产生权利义务关系。

目前汽车销售、置换、租赁、维修以及相关的借贷、保险等市场所发生的法律关系中,当事人的权利义务均以合同(或协议)的方式体现,因而,《合同法》在规范汽车消费市场行为、保护经营者和消费者的合法权益、促进汽车产业健康有序发展等方面发挥了重要作用。

7.2.1 《合同法》在汽车消费市场合同中的适用

《合同法》在汽车消费市场合同的适用方面,比较重要的有合同法律关系主体资格、合同的形式和合同的内容。

项目 7　汽车营销综合实务

1. 合同法律关系主体资格

我国《合同法》及有关法律规定，合同订立的主体资格要符合法律的规定。

合同主体是指参加合同法律关系、享有权利并承担义务的当事人，包括具有民事主体资格的自然人、法人和其他组织。《合同法》规定，订立合同的主体应具备相应的民事权利能力和民事行为能力。《合同法》还规定：订立合同的民事主体可以委托他人代理订立合同。因此，汽车消费市场合同法律关系主体资格涉及以下方面。

1）民事权利能力和民事行为能力

民事权利能力是法律赋予民事主体享有民事权利和承担民事义务的资格。民事权利能力是民事主体生存和进行民事活动的基础，是进行市场交易的法律基础。

自然人的民事权利能力始于自然人出生，终于自然人死亡；法人的民事权利能力始于法人成立，终于法人消灭。

民事行为能力是指民事主体以自己的行为享有民事权利和承担民事义务的能力。

根据我国法律，年满 18 周岁的成年人为完全民事行为能力人（16 周岁以上不满 18 周岁的公民，以自己的劳动收入为主要生活来源的，视为完全民事行为能力人），10 周岁以上的未成年人或不能完全辨认自己行为的精神病人为限制民事行为能力人，不满 10 周岁或不能辨认自己行为的精神病人为无民事行为能力人。参与汽车消费市场合同法律关系的自然人必须具有民事权利能力和民事行为能力。

法人的民事行为能力的范围不能超出其民事权利能力允许的范围，也就是法人必须在法律、行政法规规定的，或者核准、登记的业务范围内开展业务活动，法人的民事行为能力的范围和它的民事权利能力范围是一致的。

目前我国汽车消费市场正日趋规范，通过法律、法规来规范市场主体（主要是经营者）资格十分重要，在 20 世纪 80 年代，国家计委和国家工商行政管理局就对汽车消费市场经营者的资质条件、交易形式、销售价格等都作了严格的规定。国家工商行政管理局曾近十次分批公布全国准许小轿车经营的单位的名单。

2）民事代理

民事主体可依法通过代理人来实施某项法律行为。所谓代理是指代理人在代理权限范围内，以被代理人的名义实施民事法律行为，法律责任由被代理人承担的法律制度。代理包括法定代理、指定代理和委托代理，其中委托代理被广泛运用于汽车消费市场的销售、置换、租赁、贷款等方面。

2. 合同的主要形式

合同的形式指缔约当事人达成协议所采用的形式，包括书面、口头和其他形式。汽车消费市场的经营活动大多采用格式合同。

1）格式合同的含义

格式合同是指使用格式条款的合同。格式条款是当事人为了重复使用而预先拟订，并在订立合同时未与对方协商的条款。由于格式条款是一方预先拟订的条款，为订立合同而向对方出示时只是其单方意思表示，因此只有在合同成立时才能成为合同条款。

2)《合同法》对提供格式合同一方的特别限制

《合同法》规定：采用格式条款订立合同的，提供格式条款的一方应遵循公平原则确定当事人之间的权利义务，并采取合理的方式提请对方注意免除或限制其责任的条款，按照对方的要求，对该条款予以说明。

3)《合同法》规定了格式条款的解释规则

《合同法》规定：对格式条款的理解发生争议的，应当按照通常的理解予以解释。对格式条款有两种以上解释的应当做出不利于提供格式条款一方的解释。格式条款和非格式条款不一致的，应当采用非格式条款。上述两项规定从维护公平交易、保护弱者出发对参与汽车消费市场活动的消费者有利。

3. 合同的主要内容

《合同法》规定，合同内容由当事人约定，一般包括以下条款：当事人的名称或者姓名和住址；标的；数量；质量；价款或者报酬；履行期限、地点和方式；违约责任；解决争议的方式。

汽车消费市场合同主体双方在合同订立前应仔细斟酌，特别是消费者要对对方提供的格式条款加以研究推敲，因为合同条款是否准确、完备，决定了合同能否成立、生效以及能否顺利履行和产生纠纷能否有依据解决等重要问题。汽车销售合同主要内容中的最基础的条款为汽车商品名称和品质具体介绍如下。

1) 汽车销售的商品名称

汽车商品的名称、品质、数量和包装是交易双方当事人权利、义务指向的标的，也是汽车商品交易合同的首要条款。在汽车销售中，每笔交易都有其具体的内容，买卖双方必须就商品的名称、品质、数量及其包装进行商洽并在合同中具体订明。

2) 汽车商品名称的作用

根据有关的法律和国际惯例，对交易标的物的描述，是构成汽车商品说明的一个主要组成部分，是买卖双方交接货物(汽车)的基本依据，它关系到买卖双方的权利和义务。如果卖方交付的货物不符合约定的品名或说明，买方有权提出损害赔偿要求，直至拒收货物或撤销合同。因此，描述合同标的物的具体名称具有重要的法律和实际意义。在一般汽车销售合同中，对于品名条款并无统一的规定，具体内容由交易双方酌情商定。

3) 注意事项

在具体的汽车销售合同中，一般是在"商品名称"或"品名"的标题下，列明交易双方成交贸易商品的具体名称，同时还要注明其性能、生产日期、型号等。规定此项条款时，应当注意以下几点。

(1) 品名必须明确具体。在表达品名条款内容时，要能确切反映交易标的物的特点，避免空泛、笼统地规定，以减少合同履行时的纠纷。

(2) 对汽车商品的实际情况做出实事求是的规定。合同条款中规定的品名，必须是卖方能够供应、买方需要的商品，凡做不到或不必要的描述性词句不应列入，以免给履行合同带来不必要的麻烦。

(3) 尽可能使用国际上通用的名称。对国内行话与国际统一名称有区别的商品要使用国际上通用的名称。对于某些新技术、新商品的定名及其译名，应力求准确、易懂，并符合国际上的习惯称呼，避免交易双方误解。

（4）选用合适的品名。汽车贸易的商品品名不同，所受进出口限制不同，存在着交付关税和运费的差别。在确定商品的品名时，应选择对己方有利的名称，能够方便进出口、降低关税和节省运费开支。

4）汽车商品的品质

汽车商品的品质指的是内在性能和外观形态的综合。前者包括物理性能、机械性能、动力性、经济性、通过性、舒适性、安全性等；后者包括外形、结构、色泽、款式等。

在汽车销售合同中，品质条款是卖方交货和买方收货最基本的依据。有关品质条款的内容，必然会涉及表示品质的方法。表示品质的方法很多，一般是单独使用，有时也可酌情混合使用，要视具体商品而定，如整车、零部件、整套设备等合理选择。普通汽车商品，可以凭说明书和图样买卖；著名汽车商品，可凭商标或牌号买卖。

在汽车商品的生产、制造、安装过程中，质量指标出现一定的误差是难以避免的。特别是整车产品的经济性、动力性、平顺性、通过性、最大爬坡度等，常存在一定误差；汽车配件的尺寸、表面粗糙度以及机械性能如硬度、强度等，也不可避免地有误差。在汽车销售合同中，应规定品质机动幅度与品质公差。

在汽车销售中，订立品质条款时，要注意以下问题。

（1）要注意科学性和灵活性。科学性是指主要品质指标要科学，灵活性是指品质指标订得留有余地。

（2）在引进汽车整车及生产线或生产设备时，要把零、配件的供应办法及生产技术附件写入合同条款中，以保证配件的正常和及时供应，确保生产的正常进行。

（3）汽车商品的主要品质项目指标要规定得具体、详细，必要时要订明制造时所使用的材料。

（4）要从生产实际出发，合理确定品质标准。品质条款必须根据销售的要求并结合生产的可能来确定。即不应订得过高，造成生产和履约上的困难；也不能订得过低，影响商品的售价和销售，甚至降低汽车商品的信誉。

（5）要贯彻我国对外贸易的各项方针政策，体现平等互利的原则，防止签订在政治上及经济上对我方不利的条款。

7.2.2 汽车消费市场的主要合同

1. 汽车销售合同（或协议）

汽车销售包括新车的批发和零售、二手车交易。汽车经销商必须经国家工商行政管理局核准、登记取得经营汽车业务的资格。汽车经销商应根据合法、平等互利、协商一致、等价有偿的原则与消费者签订合同。

参照我国《合同法》关于合同主要条款的规定，汽车销售合同的主要内容如下。

（1）购销双方信息：如名称、地址、邮编、联系电话等。

（2）产品信息：如制造商名称、车种、型号、颜色、价格。其中价格构成包括：车价、购置费用、保险费等。

(3) 履行的日期、地点、方式：如按约定的日期交车、交车的地点及交车方式。交车方式是指购方自行提车还是销方送车上门(购方委托他人提车应提供代理人的个人信息资料)。

(4) 质量和数量：质量一般按交付时符合原产地的出厂标准履行；但由于购方人为损坏，则由购方自行承担责任。数量是指所购车辆数。

(5) 价款支付方式：签约时可使用现金、支票或信用卡交易；也可先缴预付款，待交货时缴清余款。销方应开具收据。

(6) 违约责任：违约责任条款由双方依法在合同中约定。

(7) 合同争议的解决方法：合同争议可通过和解、调解、仲裁和诉讼等方式解决。

(8) 售后服务条款。

知识链接

购车合同样本

签约地点：　　　　　　签约时间：　　　　　　合同编号：

供车方（以下简称甲方）：××企业

购车方（以下简称乙方）：

甲乙双方本着自愿的原则，经协商同意签订本协议，以资双方共同遵守执行。

第一条　甲方根据乙方的要求，同意将_____汽车壹辆；发动机号_____；车架号_____，计价人民币___拾___万___千___百___拾___元（¥_____），销售给乙方。

第二条　因资金短缺原因，乙方需向银行申请汽车消费信贷专项资金贷款，并请求甲方为其贷款的担保人。

第三条　乙方在签订此合同时，首先在银行开立个人存款账户、申办信用卡，并按不低于所购车辆总价的_____%的款项，计人民币_____万元存入该账户。剩余款项_____元向银行申请贷款，并按期向该银行归还贷款本息。

第四条　作为乙方贷款担保人，甲方接受银行委托，对乙方进行贷款购车的资信审查，乙方必须按甲方要求提供翔实证明资料配合甲方工作，并在贷款未偿清之前，必须由甲方指定的保险公司办妥所购车辆信用或保证保险以及贷款银行为第一受益人的车辆损失险、第三者责任险、车辆盗抢险、不计免赔险及其相关的附加险。在此前提下，乙方按甲方指定场所对所购车辆进行交接验收，并签署《车辆验收交接单》。

第五条　乙方在未付清车款及相关款项前，同意将所购车辆作为欠款的抵押担保物，此抵押物在乙方发生意外且无力偿还时，按最多不超过三折比例作价给甲方。并将购车发票、合各证及车辆购置附加费凭证交甲方保存，期间不得将所购车辆转让、变卖、出租、重复抵押或做出其他损害甲方权益的行为。

第六条　在乙方提供停车泊位证明及其他入户所需证明条件下，甲方可协助乙方办理车辆的牌、证、保险手续，实际费用由乙方承担。

第七条　在三保期限内，乙方所购车辆如出现质量问题，自行到厂家特约维修服务中心进行交涉处理。此期间，乙方不得以此为借口停止或拖延支付每期应向银行偿还的欠款。

第八条　如乙方发生下列情况，按本合同规定处理。

1. 乙方逾期还款，乙方经甲方二次书面催讨，在第二次催讨期限截止日仍不还款的（逾期5天后，

即发出书面催讨,二次催讨间隔为7天,第二次催讨期限截止日为文书发出日第7天);

2. 乙方借口车辆质量问题,拒不按期偿还欠款;

3. 发生乙方财产被申请执行,诉讼保全,被申请破产或其他方面原因致使乙方不能按期还款的。贷款未偿清之前,不在指定的保险公司办理本合同第四条所指各类车辆保险;

4. 其他情况乙方不能按期向银行还款;

5. 乙方违反本合同第五条的规定,未经甲方同意,擅自将车辆转让、变卖、抵押。

第九条　乙方承诺,不论任何原因发生第八条的事由之一时:

1. 甲方有权要求乙方立即偿还全部贷款及利息,并承担赔偿责任;甲方有权持合同就乙方未偿还的全部欠款,向有管辖权限的人民法院申请强制执行。乙方自愿接受人民法院的强制执行。

2. 甲方有权按合同规定行使抵押权拍卖变卖乙方所购车辆,拍卖所得价款偿还全部债款和其他欠款。如果出售所得的价值(扣作必要费用外)不足偿还全部欠款和费用总和的,甲方有权向乙方继续追偿,如果出售所得超过欠款和费用总和的,甲方应将超过部分的钱款返还给乙方。

3. 甲方有权要求乙方除支付逾期款额的利息外,并按逾期总额的5‰/日计付滞纳金。

第十条　在分期还款过程中,乙方所购车辆发生机动车辆保险责任范围内的灾害事故,致使车辆报废、灭失,保险公司赔款应保证首先偿还尚欠银行的贷款及利息部分。

第十一条　除车款外,乙方尚须向甲方交纳担保费,金额以借款额为基数,随贷款年限一次性交付(一年1%;二年2%;三年3%)。乙方如提前还清车款,从还清日起,甲方自动终止担保人义务。

第十二条　乙方配偶或直系亲属,作为共同购车人,须就此合同内容签署同意书,作为本合同附件。

第十三条　乙方担保人自愿为乙方分期付款购置汽车担保,须就此合同的内容签署担保书,作为本合同附件。

第十四条　本合同按合同条款履行完毕时,合同即自行终止。

第十五条　本合同需经公证处公证后生效。

第十六条　本合同一式五份,甲、乙双方及贷款银行、保险公司、公证处各执一份。

2. 与汽车销售合同有关的委托代理合同或委托代理条款

(1) 代理汽车消费贷款购车合同(或协议),购销双方可订立销方受购方委托代理汽车消费抵押贷款和上牌一条龙事宜的合同。经银行审定、抵押贷款手续完备后,购方将除车价外的有关费用缴入对方账户后,销方可按要求发车。

此外尚可根据双方意见签订其他委托代理条款。

(2) 在汽车销售合同中专列委托代理条款,大致有以下项目:代办保险;代缴车船税和购置税;上牌;代缴养路费;改装和装潢;其他。

知识链接

担保书样本

　　　　　自愿作为汽车消费贷款购车人　　　　　的担保人,承认并遵守以下条款:

一、当购车人未按期偿付欠款时,承担连带担保责任。

二、对由于购车人未按期偿付欠款而引起的一切相关损失及经济赔偿责任,承担连带担保责任。

三、在购车人所签署《购车合同书》终止前,不得自行退出担保人地位,或解除担保条款。

四、本人已详细阅读过了《购车合同书》，充分理解合同经公证后具有强制执行效力。我同意放弃起诉权和抗辩权。

五、本担保书一经本人签字盖章后即对本人具有法律约束力。

担保人情况

姓名		性别		身份证号	
户口所在地				家庭住址	
通信地址				邮政编码	
联系电话				呼机/手机	
工作单位				职务	

本人承诺上述情况均为事实。

担保人：（签字盖章）

签署时间： 年 月 日

3．汽车租赁合同（或协议）

汽车租赁合同（或协议）根据租期的长短分短租合同和长租合同。

1）短期租赁合同

短期汽车租赁合同（或协议）具体有如下内容。

（1）双方信息。

① 出租方信息：名称、地址、联系方式。

② 承租方信息：姓名、出生年月、地址、联系电话、驾照号码（驾龄要求）、外籍人士护照号码等。

（2）租车费率。

① 按不同车型计算日租金（从租车起按24小时计）。超时费率另计。

② 每天限制公里数。超公里另计。

（3）发车时车况。

① 发车时公里数。

② 发车时存油数。

③ 发车时有关出租车辆的其他情况。

（4）保险。

① 基本险（由出租方承担，计入租金）：包括车损险和第三者责任险。

② 盗抢险：该险由承租方自愿投保。如发生被保事件，一般车全赔，高级别的车由承租方承担一部分。不保则由承租方赔偿。

（5）付费方式：可使用信用卡、现金、支票付费。租车尚需交付一定押金。

（6）客户注册手续规定（本项不是合同必须体现的部分）。

① 凭身份证、户口簿、驾驶证租车。

② 承租人是独身还须提供担保人（不能是直系亲属）及其信息。

③ 其他事项。

(7) 替代车情况：租车后如发生坏车、故障等情况的应急措施。

(8) 收车情况：包括还车时间、公里数、存油数、车况等。

2) 长期汽车租赁合同(或协议)

长租汽车租赁合同(或协议)大多属单位用车，该合同有两种基本形式：承租方自备驾驶员(自驾)；出租方随车配备驾驶员(带驾，也称包车)。具体有如下内容。

(1) 双方信息。

① 出租方信息：名称、地址、联系方式。

② 承租方信息：单位名称或姓名、地址、联系电话，单位经办人联系方式。

(2) 租期：租车期为某年某月某日至某年某月某日。

(3) 租金：使用月租金方式。出租方也可根据客户指定的要求购买新车，采购过程约需一个月左右，在此之前可给客户提供一辆替代车，其租金可由客户选择使用月租金或日租金。

(4) 维修保养：承租方所租车辆行驶达到规定里程可联系出租方相关部门请求保养。保养期间由出租方向承租方提供一辆替代车。（事故车替代由客户自行承担替代车费用）。

(5) 保险。

① 基本险：由出租方承担，计入租金，包括车损险和第三者责任险。

② 盗抢险：承租方自愿投保。如发生被保事件，一般车全赔，高级别车由承租方承担一部分。不保则由承租方赔偿。

③ 事故险：发生车祸，客户先垫付车祸损失费用，保险公司理赔后再由公司返还客户。

(6) 费用支付方式：出租方每月发出付款通知后，承租方租金应按规定的期限到账。

(7) 违约责任(具体规定略)。

(8) 除上述合同条款外，还有合同不体现部分如下。

① 关于续借：合同到期，如需继续租车，在新的合同签订前，以日租金租车。

② 其他规定。如未经协商一致，双方均不能提前结束合同，否则，要承担违约责任。又如，承租方需出租方配备驾驶员，必须承担驾驶员工资、餐饮津贴、通信费补贴和加班费等费用。

知识链接

汽车租赁合同范本

出租方：_____

地址：_____邮码：_____电话：_____

法定代表人：_____职务：_____

承租方：_____

地址：_____邮码：_____电话：_____

法定代表人：_____职务：_____

一、出租方根据承租方需要，同意将_____吨载重量_____牌汽车_____辆租给承租方使用，经双方协商订立如下条款。

二、承租方租用的汽车只限于工地运载_____、_____、_____、_____。承租方只有调度权，行车安全、技术操作由出租方司机负责。

三、承租主要负责对所租车辆进行维护保养，在退租时如给车辆设备造成损坏，承租方应负责修复原状或赔偿，修复期照收租费。因出租方所派司机驾驶不当造成损坏的由出租方自负，如果致使承租方不能按合同规定正常使用租赁车辆，承租方不但不付给出租方不能使用期间的租费，而且出租方每天还要偿付承租方_____元的违约金。

四、租用期定为_____，自_____年_____月_____日起至_____年_____月_____日止。承租方如果继续使用或停用应在5日前向出租方提出协商，否则按合同规定照收租费或按合同期限将车调回。

五、租金每月为_____元，从合同生效日起计，每月结算一次，按月租用，不足一个月按一个月收费。

六、所用燃料由承租方负责。

七、违约责任。出租方不得擅自将车调回，否则将按租金的双倍赔偿承租方。承租方必须按合同规定的时间和租金付款，否则，每逾期一天，加罚一天的租金。

八、其他未尽事项，由双方协商，另订附件。

九、本合同一式_____份，双方各执正本一份。

出租方：_____（签章）　　　　承租方：_____（签章）

代表人：_____　　　　　　　　代表人：_____

_____年_____月_____日　　　　_____年_____月_____日

7.2.3　合同的法律责任及其风险防范

1. 合同无效的法定情形

我国《合同法》第五十二条规定，有下列情形之一的，合同无效。
（1）一方以欺诈、胁迫的手段订立合同，损害国家利益。
（2）恶意串通，损害国家、集体或者第三人利益。
（3）以合法形式掩盖非法目的。
（4）损害社会公共利益。
（5）违反法律、行政法规的强制性规定。

2. 可变更或撤销的合同

我国《合同法》第五十四条规定：下列合同，当事人一方有权请求人民法院或者仲裁机构变更或者撤销：因重大误解订立的；在订立合同时显失公平的。

一方以欺诈、胁迫的手段或者乘人之危，使对方在违背真实意思的情况下订立的合同，受损害方有权请求人民法院或者仲裁机构变更或者撤销。

3. 合同的违约责任

合同的违约责任是当事人一方不履行合同义务或者履行合同义务不符合约定的，应当承担继续履行、采取补救措施或者赔偿损失的民事责任。

1）合同违约行为的类型

根据我国《合同法》的规定，须承担违约责任的行为可分以下四种类型。
（1）履行不能：指归因于债务人的事由不能履行或拒绝履行合同义务。

项目7 汽车营销综合实务

(2) 履行迟延：指履行期已经届满而能够履行的债务，因可归于债务人的事由未为给付所发生的迟延。

(3) 履行不当：指债务人没有完全按照合同的内容所为的履行。

(4) 履行拒绝：指债务人在债务成立之后履行期限届满前，能够履行而拒绝履行的意思表示。

2) 承担违约责任的方式

承担违约责任的方式有三种：强制实际履行、支付违约金、损害赔偿。

3) 合同的风险防范

为降低因合同违约引发的风险，保护当事人的合法权益，应当注意合同的风险防范。

(1) 认真审查对方资信。

(2) 区分合同成立和合同生效的概念。

(3) 防止无效代理。

(4) 掌握合同订立的形式。

(5) 注意合同无效的五种情形。

(6) 当事人可以在合同中约定违约金。

(7) 当事人可以依照《中华人民共和国担保法》在订立合同时选择合同的担保方式，并签订担保合同（或协议）。

(8) 注意所有权转移和标的物的风险转移。

7.3 网络营销与电子商务

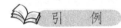

全面投入电子商务的通用汽车公司

1. 建立网络采购系统

早在1996年，通用公司就将电子数据公司分离出去，将原有系统转至互联网之上，并在电子商务应用方面投入16亿美元，短短几年内就成功转型成为一个dot corp公司（而非dot com公司），一个将传统工业与现代信息技术结合的公司。

1999年，通用公司与Commerce One合作，建立了名为TradeXchange的网络采购系统，将本公司的零部件采购放在TradeXchange上进行，其目的是为了加速零部件采购过程和降低采购成本，当年TradeXchange的交易额就达到100万美元。

2000年初，为了使不同的用户能够使用同一系统，以及实现标准化采购，在美国汽车采购委员会的要求下，通用、福特与克莱斯勒三大汽车公司利用各自的电子商务资源，联合组建了一个全球最大的汽车零部件采购网络Covisint，并将TradeXchange和AutoXchange（福特汽车公司）的业务转至Covisint系统，同年年底TradeXchange和AutoXchange停止使用。

作为全球最大的汽车零部件采购系统，Covinsint进一步拓宽了服务范围，面向全球汽车制造商和供应商，不仅是一个零部件交易的平台，还提供供应链管理、产品的合作开发等增值服务。企业无论规模大小，都可以注册成为 Covisint 的会员，并通过 Covisint 网络进行以下内容：①零部件交易；②企业间资金的流动以及信息交流；③企业内部的供应链管理，包括库存管理、运输管理、发布及获得相关信息等；④企业之间的合作开发，从而达到降低采购、经销、管理成本，缩短产品开发与生产的周期，提高企业效益和消费者对最终产品——汽车的满意度的目的。总之，Covisint 的使用，可使用户在采购过程中节约费用 3%～9%，库存减少 30%～70%，运输费用降低 50%～90%，管理费用降低 40%～80%。

2. 体现巨大力量的"购买力量（GM Buy power）"网

通用汽车 1997 年在美国引入了 GM Buy power 系统，建立了自己的销售网站（http：//gmbuy power.com），该系统与零售商的库存记录相连接。消费者可以在网上浏览通用生产的各种型号的汽车；通过颜色、组件选择或可得性进行搜索；找到一个可能提供自己所满意的汽车当销售商。

1999 年 8 月通用公司宣布成立一个名为"e-GM"的业务中心，其职能是充分利用飞速发展的互联网技术，使公司在全球的产品和服务更加贴近其各自的目标顾客，真正实现企业与顾客之间的实时交流和互动。公司时在传统业务中建立的分散电子商务应用进行整合，建立全新的电子商务系统，以实时、互动、用户定制等方式，把阵容强大的通用汽车产品系列和集成服务，更加快捷地提供给目标顾客；所有业务部门都实施电子商务，以增加企业与客户之间的沟通，提高响应速度。

2000 年通用公司在"e-GM"成立一周年之际，宣布了这一年来互联网业务的成果。据介绍该公司网上售车网站"http：//gm buy power.com"一个月的访问量超过 100 万人，居汽车制造商之首。特别是在 2000 年 4 月网站更新以后，使用检索功能的顾客增加了 130%，向销售商咨询的人数增加了 85%，1999 年 3 月到 2000 年 3 月一年之间便从网上售出了 20 000 台汽车。GM Buy power 更被 Gomez Advisors 评为 2000 年"最佳综合汽车制造站点"。据统计，自 1999 年 8 月购买力量网投入运行以来，用户访问十分频繁，而在 2000 年度，该网站直接促成了 400 000 辆汽车的交易，其中 66 000 辆汽车的销售被电子商务部的霍根称为"战利品"式销售，如果没有网站，这些交易不可能发生。

通用公司的电子商务部曾在明尼阿波利斯（网络发展最好的乡村地区之一）做了一次试验，以观察电子商务的实际效果。第一步是让当地的八家老爷车销售商（老爷车在明尼阿波利斯依然很流行），达成共享阿勒若跑车的"实质库存"的协议。实质库存指的是不同的销售商拥有的阿勒若跑车存货的总和。消费者可以从购买力量网上选择要购买的汽车，定下规格、选定销售商。如果消费者所选的销售商手中没有存货，他可以求助于实质库存，这样汽车在当天就可以供应。

GM Buy power 业务拓展完成后，其业务范围将覆盖亚太市场的 90%。通用汽车互联网部门 e-GM 的负责人 Mark Hogan，在底特律的电子汽车世界会议上称："当项目完成时，Buy-power 的全球网站将能让全球 60 亿人中有 35 亿接入我们的网站。"

通用汽车公司同时还通过 Smart Auction 网站销售汽车租赁业淘汰的二手汽车。Smart-Auction 通过使每辆旧机动车在库房中存放时间减少 30～40 天的方式来达到成本控制的目的。通用汽车同时发现，通过应用 Smart Auction 网站，汽车销售的价格也有进一步的提升。

请思考通用汽车公司应用汽车电子商务的意义是什么？

7.3.1 网络营销与电子商务的概念

1. 网络营销的概念及特点

1) 网络营销的概念

网络营销是利用网络资源展开营销活动,是目标营销、直接营销、分散营销、顾客导向营销、双向互动营销、远程或全球营销、虚拟营销、无纸化交易、顾客参与式营销的综合。

2) 网络营销的特点

(1) 营销成本低:所有商品信息在网上发布,既可以主动散发,又可以随时接受需求者的查询,无须再负担广告促销费用。同时,可以很好地实现"零库存",什么时候卖出货,什么时候才进货。没有店面租金成本和商品库存就可满足市场需求,节省了潜在开支。

(2) 经营规模不受限制:电子商务为企业提供了虚拟的全球化贸易环境,大大提高了商务活动的水平和质量,赋予了企业一种全新的经营方式。企业可以轻易地把产品和服务推向市场,实现跨区域、跨国界经营。

(3) 支付手段的高度电子化:随着 SET 标准的推出,各银行金融机构、信用卡发放者、软件厂商纷纷提出了在网上购物后的货款支付办法,有信用卡、电子现金、智能卡、储蓄卡等,电子货币的持有人可用它方便地购物和从事其他交易活动。引入 CA 认证体系,使支付手段在高度电子化的同时,具有很好的安全性、可靠性,使得信用度大大提高,同时增强了国家对市场的调控能力。

(4) 便于收集和管理客户信息:在收到客户订单后,服务器可自动汇集客户信息到数据库中,可对收到的订单和意见进行分析,寻找突破点,引导新商品的生产、销售和消费,即提供交互式的销售渠道,商家能及时得到市场反馈,改进自身工作,减少流通环节,增加了客户和供货方的联系,使得双方均可获得最新数据,加强彼此间合作,提高服务质量。

(5) 特别适合信息商品的销售:对于计算机软件、电子报刊、图书等电子信息商品,电子商务是最佳选择,用户可以网上付款,可在网上下载所购商品。其实质是利用互联网的技术和功能,通过信息的交互式流动,在虚拟的市场中实现交易。上网企业可以利用互联网,以很低的成本进行国内外商品信息的查询;对网上目标顾客进行产品测试与满意调查,让顾客自行设计产品,满足个性化需求;可在网上发布有关信息,进行广告、促销活动;可利用网络渠道进行直接的网上交易(主要是诸如电脑软件、电子图书、电子资料库等电子化产品,有的可使用电子货币),或配合传统的送货上门、结算完成交易过程;也可通过网络提供各种售后服务,建立顾客档案,与顾客进行一对一的双向互动沟通。由于渠道缩短,业务人员及管理人员的减少,企业内外部虚拟组织(如虚拟橱窗布置、虚拟商品、虚拟经销商、虚拟业务代表)的采用而导致的经理、代理及分店、门市数量的减少或消失,"按单制造,及时送货"所带来的库存成本及风险的减少,交易过程简化所带来的高交易效率与低交易成本,势必会大大降低营销成本,提高营销效率、质量和效益。

2. 电子商务

电子商务是利用现有的计算机硬件设备、软件和网络(包括互联网、内联网、局域网)等基础设施,在按一定的协议连接起来的电子网络环境下,从事各种各样商务活动的方式。

国际商会所作的定义是:电子商务是指实现整个贸易过程中各阶段的电子化,交易各方以电子交易方式而不是通过当面交换或直接面谈方式进行的任何形式的商务交易。很明显,它所强调的是网络环境下实现的贸易过程的电子化,是计算机技术、网络通信技术与现代商业有机结合的产物,而非纯粹技术问题。"电子"只是手段,"商务"才是根本。

3. 网络营销与电子商务之间的区别和联系

网络营销和电子商务是一对紧密相关又具有明显区别的概念,许多人对此的认识还存在一定的误区。

1) 网络营销和电子商务的区别

网络营销是企业整体营销战略的一个组成部分,无论传统企业,还是互联网企业都需要网络营销,但网络营销本身并不是一个完整的商业交易过程,而只是促进商业交易的一种手段。电子商务主要是指交易方式的电子化,它是利用互联网进行的各种商务活动的总和,我们可以将电子商务简单地理解为电子交易,电子商务强调的是交易行为和方式。

2) 网络营销和电子商务的联系

网络营销是电子商务的基础,电子商务是网络营销发展的高级阶段,开展电子商务离不开网络营销,但网络营销并不等于电子商务。

7.3.2 网络营销常用工具和方法

开展网络营销需要一定的网络营销工具和方法,基本的网络营销工具包括企业网站、搜索引擎、电子邮件、即时信息、电子书等,了解这些基本工具及其特性,是认识网络营销的基础。网络营销方法是对网络营销工具和各种网络资源的合理应用。网络营销工具与网络营销方法是相辅相成的,只有工具而没有应用,网络营销的价值不会自动发挥出来,离开了网络营销工具,网络营销方法也将无所依托。

1. 网络营销常用工具

1) 企业网站

企业网站是一个综合性网络营销工具,也是开展网络营销的基础,网站建设是网络营销策略的重要组成部分,有效地开展网络营销离不开企业网站功能的支持,网站建设的专业水平同时也直接影响着网络营销的效果。企业网站有两种基本形式:信息发布型和在线销售型。前者是企业网站的基本形态,后者是企业网站发展到一定阶段的产物。只有充分理解企业网站的功能,才能把握企业网站与网络营销关系的本质,从而掌握这种内在关系的一般规律,建造适合网络营销需要的企业网站,为有效开展网络营销奠定基础。

项目7 汽车营销综合实务

案例：汽车行业网站是寻找二手车信息的首要渠道

知名的汽车市场信息服务商 J. D. Power and Associates 的报告显示，人们购买二手车时，通过互联网寻找二手汽车的人数是通过报纸和杂志分类广告寻找旧车人数的两倍。在过去5年间，汽车购买者通过传统报纸和杂志分类广告寻找二手车信息的人数从2002年到2006年以来减少了一半，从14%下降到7%，而通过互联网分类广告寻找二手车的人数则从8%上升到16%，增加了一倍。

并且，随着越来越多的年轻人成为汽车购买的主力军，互联网在二手汽车的销售方面将发挥更大的作用。35岁以下的年轻人在网上购买二手车的人数比35岁以上通过互联网买车的人数多出4倍。

分析师说，在线购物者现在发现汽车网站可以提供质量更高、更详细的二手车信息。一些搜索工具和在线应用系统等互动工具还可以根据购买者的具体需求反馈更适合他们的二手汽车。调查结果表明，第三方汽车行业网站是用户寻找二手车的首要渠道。购买者去汽车行业网站了解价格、产品目录及性能方面的信息，以便为进行购买汽车决策提供足够的支持。

在用户购买决策阶段，除了通过第三方汽车行业网站获取信息之外，用户也会来到汽车经销商网站寻求二手车信息。而且，大部分二手车购买者在访问汽车经销商网站的同时也访问汽车制造商网站。但很多制造商网站并没有提供更多的关于几年前生产的汽车的信息。

用户之所以获取二手车信息的主要渠道是第三方汽车行业网站，新竞争力网络营销管理顾问分析认为，这仍然是电子商务网站的基本特点所决定的。提供丰富的产品信息才能为用户提供最大的价值，在这方面，汽车行业网站无疑更受用户青睐。调查发现，汽车制造商网站在对新车和二手车进行对比方面做得不够。这些问题对汽车厂商的启发在于，汽车制造商应该在网站上展示他们在几年前生产的汽车的性能依然不错，这样做的价值是：一方面表示他们有更好的新车来替代这个已经表现很好的汽车，从而支持新车销售；另一方面让二手车购买者全面了解他们将要购买的旧车特点。

资料来源：新竞争力网络营销管理顾问，2006年6月6日

2) 搜索引擎

基于万维网的搜索引擎自1993年出现之后得到了迅速发展，已经成为网络用户获取信息和企业网站推广的重要手段之一。从工作原理来分，常见的搜索引擎有两类：一类是纯技术型的全文检索搜索引擎，其原理是通过机械手（即 Spider 程序）到各个网站收集、存储信息，并建立索引数据库供用户查询；另一类称为分类目录，利用各网站登录信息时填写的关键词和网站描述等资料，经过人工审核编辑后，输入数据库以供查询。搜索引擎无论从技术上，还是在服务方式上都在不断发展变化，这种变化也将直接影响搜索引擎营销的基本思想和操作方法。

3) 电子邮件

电子邮件是互联网上最常用的服务之一，几乎应用于网络营销中的各个方面，主要功能在于信息收集、传递和交流。电子邮件是最有效、最直接、成本最低的信息传递工具，拥有用户的 E-mail 地址对企业开展网络营销具有至关重要的意义。电子邮件在网络营销中的作用主要表现在八个方面：企业品牌形象、在线顾客服务、会员通信与电子刊物、电子邮件广告、网站推广、产品及服务推广、收集市场信息和在线市场调查。

4) 其他工具

网络实名和通用网址在网络营销中的作用主要表现在三个方面：有助于网址推广、增加了网站被用户发现的机会、同一网站可以拥有多个网络实名或通用网址。电子书在网络营销中发挥了积极的作用，主要用于网站推广、产品推广、顾客服务等。即时信息在网络营销中的应用主要有五个方面：实时交流增进顾客关系、在线顾客服务、在线销售中的导购服务、网络广告媒体和病毒性营销信息传播工具。

2. 网络营销的方法

根据企业是否建立网站，可将网络营销方法分为无站点网络营销和基于企业网站的网络营销。一般来说，凡是未建立企业网站即可采用的网络营销方法，对于已经建立网站的企业同样可以采用，并且营销效果会更好。无站点网络营销常用的方法包括：通过供求信息平台、分类广告、黄页服务、网络社区等渠道的信息发布，以及利用网上商店与网上拍卖等方式开展网上销售。基于企业网站的网络营销方法主要包括：搜索引擎营销、网站资源合作、病毒性营销、网络广告、许可 E-mail 营销、网络会员制营销等。这些基本的网络营销方法成为实现网络营销职能的基础，网络营销的开展就是对各种网络营销工具和方法分别或者相互组合的应用。网络营销是一个综合体，不仅网络营销各项职能之间存在密切的联系，各种网络营销方法之间也是相互关联的。

无线网络营销与网络营销之间存在着必然的联系，不过并不是常规网络营销在无线领域的复制，两者所采用的方法也不相同。无线营销具有一定的独特性，可以被看作是网络营销工具的一种延伸和补充。目前无线网络营销还没有形成系统的理论和方法，也没有成为网络营销内容体系中的常规策略。无线营销的方式以无线广告为主，尤其基于 GSM 的短信息发送更为成熟。目前无线网络营销应用主要面临的具体问题包括：无线网络营销中的用户许可问题、无线网络营销方法问题、无线网络营销的服务质量问题、用户个人信息保护问题等。

7.3.3 企业网络营销站点

1. 建立一个出色的网站

企业进行网络营销，产品、价格、销售方式及售后服务等，都需要在网站上表现出来，所以一个企业要实行网络营销，就必须建立一个出色的网络站点。建设一个出色的网站，根本目的就是为了造就高的访问率。只有大量的网民访问，才可能有突破性的销售量。商场最独特的在于，每周提供一次特别超值商品列表，而顾客也不需要像往常那样抢购，轻轻松松地点几下就可以挑选到自己满意的商品。

2. 网络促销

随着人们生活方式的改变，网络购物已经普及。典型的网上促销活动是网上有奖问答、抽奖活动、申请优惠卡或贵宾卡、建立网上销创俱乐部等。更深入的活动可以让顾客了解公司和产品的情况，包括公司的历史、发展和未来预测，还可以征求顾客对企业的管理体制及产品的意见。

项目 7　汽车营销综合实务

消费者最大的乐趣在于能买到自己满意而且价格便宜质量也好的商品，这也就是为什么每次百货公司减价的时候，总是人潮汹涌。网络营销也可以采取这一手段，定期推出每周一物，每月一物的活动，以相当优惠的价格营造购物气氛，刺激消费者的购买欲望。

网站就是为了吸引顾客来看，但是因特网的网站成千上万，而且每天都有无数的新网页的出现，把网页放在互联网上并不表示一定有人来看，实际上许多网页长期少有人问津，造成网页投资的浪费。一个网站正如一家企业，必须要有一定的宣传，才会让人知晓，才可能有顾客的到来。

有些企业是采用借助主要的搜索器或是借助传统的传播媒介之手来宣传，但这两种手段都有其弱点所在，在搜索器里登记虽然重要，可是搜索器里的网站太多了，而人们一般都只看前几页的网址。如果你的网站是被排到了第 10 页，第 20 页，甚至是第 100 页，那你的网站就很可能被淹没在茫茫网海中了。

传统的宣传虽然很有作用，但是价格的昂贵也不是一般企业，尤其是那些"虚拟商场"所能承受的。出资在网络服务商上做旗帜广告，价格相对来说就便宜多了。而且使用旗帜广告交换服务网络除了上网费用和主页的制作费用之外，几乎没有其他费用。交换服务网络不是一个单独的网页，而是由数千页联合而成的综合网页，成员除了各地的网络服务商(ISP)，还有网上的报纸杂志，各类消息网、搜索器及各公司的网页，接触面相当广。同时，交换服务网络为所有成员和赞助商准确报告广告出现的次数及浏览的次数，提供即时统计的服务。当然，使用这种交换服务网络如果要好的效果，那就一定要有出色的主页，因为旗帜广告交换服务网络是以等量交换为原则的，只有提高自身主页的被访率，才能更多地放到别人的网站上，你的图标被人看到的次数才能成倍增加。

7.3.4　电子商务的分类

电子商务是利用现有的计算机硬件设备、软件和网络(包括互联网、内联网、局域网)等基础设施，在按一定的协议连接起来的电子网络环境下，从事各种各样商务活动的方式。国际商会所作的定义是：电子商务是指实现整个贸易过程中各阶段的电子化，交易各方以电子交易方式而不是通过当面交换或直接面谈方式进行的任何形式的商务交易。很明显，它所强调的是网络环境下实现的贸易过程的电子化，是计算机技术、网络通信技术与现代商业有机结合的产物，而非纯粹技术问题。"电子"只是手段，"商务"才是根本。

1. 企业与企业之间的电子商务(B to B)

生产企业之间的商务以电子数据交换 EDI(俗称无纸贸易)的应用最为典型。其应用主要是对信息链的管理。在产品制造商和其供应商之间存在着供与销的信息链，企业就可以和其合作伙伴建立更为紧密的合作关系，从而提高企业的工作效率和管理效率。EDI是在这方面应用最早的系统之一。同时，电子商务的应用也使得个性化的生产与定制成为可能。处于下游的需求厂商通过电子商务体系，告知生产厂商其所需产品的特殊要求，使得生产商能够根据要求进行生产，提高自身经营的产销率和市场竞争力。商业企业使用电子商务以信息的收集、合约的协商以及网上的支付为主。这种模式每次交易量很大、交易次数较少，并且购买方比较集中，因此网上销售渠道的关键是建设好订货系统，以方便购买方进行选择。由于企业一般信用较好，通过网上结算实现比较简单。另外，由于量大次数少，配送时可以进行专门运送，既可以保证速度也可以保证质量，减少中间环节造成的损失。

目前，商业行业中的各企业之间，采用计算机网络方式进行的商务活动越来越多。由于商贸企业处在流通领域，没有生产环节，所以电子商务活动几乎覆盖了企业所有的经营管理活动。通过电子商务，商业企业可以更及时、准确地获取信息，从而准确订货，减少库存，并通过网络促进销售，以提高效率、降低成本，获取更大的商业利润。

2. 企业与消费者之间的电子商务（B to C）

企业与消费者之间的电子商务主要是指商业企业和消费者之间的电子商务模式。该模式可以方便企业销售和消费者购物，如网上购物，主要是借助互联网开展在线销售活动，实现对公众提供消费、服务，并保证与其相关的付款方式的电子化。企业通过互联网为消费者提供一个新型的购物环境——网上商店；消费者通过网络在网上购物、在网上支付。

企业与消费者之间电子商务的业务主要包括有形商品的电子订货和付款、无形商品和服务产品的销售，如汽车整车、零部件等各种消费商品和服务。采用此模式可以节省消费者与企业双方的时间和空间，提高交易的效率，节省不必要的开支。模式特点是每次交易量小、交易次数多，且购买者非常分散。

3. 政府与企业之间的电子商务

企业与政府之间的电子商务是指企业与政府之间通过网络进行的交易活动，如电子通关、电子纳税、管理条例的发布等。

这类电子商务主要分为两种类型：一是政府利用网络来满足自身的运行需求，政府机构通过互联网发布产品、服务的招标和采购清单，通过网上竞价方式招标，企业通过电子方式进行投标报价。

另一种是政府利用网络技术实施对企业的行政事务管理，如政府用电子商务方式发放进出口许可证、开展统计工作；通过计算机网络核实企业的营业额和利润，通知企业税额和纳税期限，并用电子资金转账的方式来完成税款的收缴等。我国的"金关"工程就是企业与政府之间的电子商务。

4. 企业内部的电子商务

企业通过防火墙等安全措施将企业内联网与因特网隔离，从而将企业内联网作为一种安全、有效的商务工具，用来自动处理商务操作及工作流程，实现企业内部数据库信息的共享，并为企业内部通信和联系提供快捷的通道。企业内联网的商务应用，可以增强企业商务活动处理的敏捷性，及时掌握市场的变化情况，为顾客提供更加全面、优质、高效的服务。

7.3.5 汽车电子商务的基本功能

汽车企业利用电子商务所获得的效益突出表现在两个方向：一是提高对顾客的服务水平；二是降低企业的经营成本。实施供应链管理的第一步，就是实现供应商与零售商、企业内各部门之间的信息沟通与共享，这样就可以将顾客的需求信息迅速地传递到制造商手中，使供应链上的各个环节都能对顾客的需求变化迅速做出反应，从而最大限度地满足顾客的需求。由于信息沟通方式的变化，导致了交易方式及交易流程的变化，从而大大缩短了交易周期，降低了供应链上每个环节的库存，避免了浪费，降低了企业经营成本。虽然汽车电子商务的关键环节对所有的汽车企业来说都是相同的，但每个企业应以不同的方法来实现各自的供应链管理。这种变化的多样性是由买卖双方根据市场及顾客需求所确定的各自的供求关系决定的。

根据我国国情和汽车业的特点，应用任何汽车行业的电子商务解决方案，除了具备企业形象及产品信息的宣传功能外，还必须实现以下基本功能。

1. 灵活的商品目录管理功能

作为零售商，在商品目录管理系统上，能够创建包括任何厂商、任何商品类别、任意数量的自建商品目录。这些目录里的商品信息的任何更改，都可以实时反映在系统中。而对于供应商来说，不仅可以通过建立包含了任意商品类别的公开商品目录向零售商发布产品信息，也可以创建只供指定零售商查看的商品目录。在这些目录中，甚至可以提供特殊的优惠而不用担心被其他供应商或者未被指定的零售商看到。

2. 网上洽谈功能

当零售商发现一个感兴趣的商品，或者供应商寻找到零售商发布的采购目录后，网上洽谈功能可以帮助零售商、供应商进行实时交流，而且所有的洽谈记录都将存放到数据库中，以备查询。

3. 订单管理功能

根据用户的实际需要，自动将发生在供应商、零售商之间的订单草稿以及洽谈形成的采购意向集合到一起，并且组合成一个订单发送给供应商。另外，对于经常交易的双方来说，由于相互之间比较信任，也可以不经过任何洽谈就直接发送订单。这样就极大地提高了采购、供应的效率。

4. 基于角色的权限和个性化页面功能

规定各种角色之间的权限和安全的继承性，如：一个系统管理员的账号可以创建和管理销售、采购经理的账号；而销售、采购经理的账号可以创建许多属于他领导的业务员，这些业务员的权限也各不相同。同时，基于这些用户定制并提供的个性化功能，对于不同角色，其操作是不一样的，同一个角色不同账号之间的内容也可以完全不一样。

7.3.6 汽车电子商务的模式

1. 电子商务的运行模式

1) 支付系统无安全措施的模式

顾客从商家订货，信用卡信息可通过电话、传真等非网上传送手段进行传输，也可在网上传送信用卡信息，但无安全措施。商家与银行之间使用各自现有的授权来检查网络，风险由商家承担。

2) 支付系统使用简单加密的模式

使用这种模式付费时，顾客信用卡号码被加密。这种加密的信息只有业务提供商或第三方付费处理系统能够识别。由于顾客进行在线购物时只需一个信用卡号，所以这种付费方式给顾客带来方便。这种方式需要一系列的加密、授权、认证及相关信息传送，交易成本较高，所以对小额交易而言是不适用的。其特点是部分或全部信息加密；使用对称和非对称加密技术；采用防伪造的数字签名。

3) 电子现金(E-CASH)支付模式

顾客用现金服务器账号中预先存的现金来购买电子货币证书，这些电子货币就有了价值，可以在商业领域中进行流通，电子货币的主要优点是匿名性，缺点是需要一个大型的数据库存储顾客完成的交易和 E-CASH 序列号，以防止重复消费。这种模式适用于小额交易，其特点是银行和商家之间应有协议和授权关系；顾客、商家和 E-CASH 银行都须使用 E-CASH 软件；适用于交易量较小的交易；身份验证是由 E-CASH 本身完成的，E-CASH 银行在发放 E-CASH 时使用了数字签名，商家在每次交易中，将 E-CASH 传送给 E-CASH 银行，由 E-CASH 银行验证顾客的 E-CASH 是否有效(伪造或使用过等)；E-CASH 银行负责顾客和商家之间资金的转移；有现金特点，可以存、取、转让。

4) SET 模式

安全电子交易简称 SET，是一个在开放网上实现安全电子交易的协议标准。商务活动的基本要求是保证交易的保密性、数据的完整性、安全的认证机制和可交互操作性。相应的电子商务的安全措施有：数据加密——保证数据安全传输；认证——确定发送者的真实身份；交易防抵赖——确保发方不能否认曾向收方发过信息，收方不能在收到信息后否认已经收到信息；授权——决定顾客是否有权执行某一项特殊的操作。

SET 协议规定了交易各方进行安全交易的具体流程。SET 协议主要使用的技术包括对称密钥加密、公共密钥加密、哈希算法、数字签名技术以及公共密钥权机制等。SET 通过使用公共密钥和对称密钥方式加密保证了数据的保密性，通过使用数字签名来确定数据是否被篡改，保证数据的一致性和完整性，并可以完成交易防抵赖。

5) 通过第三方经纪人支付的模式

顾客在第三方付费系统服务器上开一个账号，顾客使用账号付费，交易成本很低，很适用小额交易。顾客在网上经纪人处开账号，网上经纪人持有顾客账号和信用卡号，顾客用账号从商家订货。商家将顾客账号提供给经纪人，经纪人验证商家身份，给顾客发送 E-mail 要求顾客确认购买和支付后，将信用卡信息传给银行，完成支付过程。该模式的特点是：顾客账号的开设不通过网络；信用卡信息不在开放的网络上传送；使用 Email来确认顾客身份,防止伪造;商家自由度大,无风险;支付是通过双方都信任的第三方(经纪人)完成的。

2. 汽车电子商务的模式

汽车工业按照本身的生产与市场的发展规律,其行业的体系结构具有一个基本模式,即汽车工业形成了从原材料供应、汽车零件加工、零部件配套、整车装配到汽车分销乃至售后服务的一整套"供应—制造—销售—服务"的供应链体系结构,该体系结构如图7.1所示。

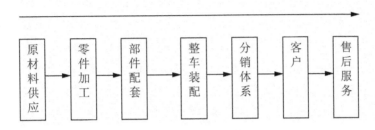

图7.1 汽车行业供应链体系结构

在当前的网络经济中,汽车制造企业的管理已突破了单一企业的范围,将客户、营销网络和供应商等相关资源纳入管理的范围,利用Internet/Intranet/Extranet建立虚拟公司的扩展供应链,进行全球网络供应链的集成管理,以信息的形态及时反映物流活动和相应的资金状况,真正实现物流、资金流、信息流的实时、集成、同步控制,从而保证"增值"的实现。基于供应链的电子商务模式能够满足以上需求,成为汽车行业的电子商务发展模式如图7.2所示,该模式有如下特点。

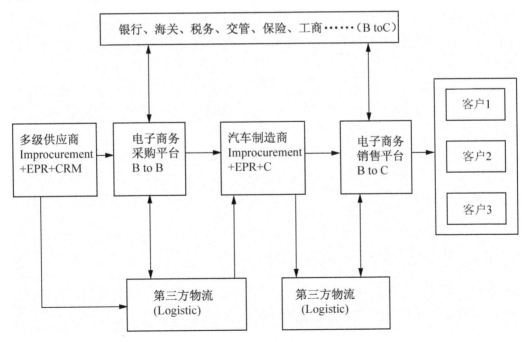

图7.2 汽车行业的电子商务发展模式

（1）汽车制造商为了实现全球的广域网络采购(iProcurement)，要分离许多零部件生产协作配套厂，使其成为供应商，从而减少低利润的企业，精简公司的投资。通过电子商务平台，汽车制造商与上游供应商(汽车部件供应商、零件供应商、原材料供应商)将组成一个有效的上游零部件产品供应链。汽车制造商将致力于汽车的设计和研发，但几乎不生产汽车部件，而是将供应商送来的汽车部件进行最后组装，然后打上自己的品牌。在这方面，福特汽车公司已经走在其他汽车公司的前面。

（2）当网上支付体系、安全保密以及认证体系非常完善时，大量网络用户的个性化需求就可以通过汽车制造商的 CRM 系统快速形成"批量定制"，已形成的"批量定制"订单将触发汽车制造商的 ERP 系统，拉动其"批量生产"。CRM 对产品的整个营销过程进行管理，包括市场活动、汽车电子商务发展模式管理及售后服务三大环节的管理。

（3）原材料及汽车零部件供应商、汽车制造商的物流配送体系与其主业剥离，社会化、专业化的物流体系逐步完善，第三方物流配送中心完成汽车产品供应链物流配送功能。信息流为：上游供应商的 CRM 第三方物流系统—汽车制造商的 iProcurement；汽车制造商的 CRM 第三方物流系统—客户需求。第三方物流配送中心通过先进的管理、技术和信息交流网络，对商品的采购、进货、储存、分拣、加工和配送等业务过程进行科学、统一、规范的管理，使整个商品运作过程高效、协调、有序，从而减少损失，节省费用，实现最佳的经济效益和社会效益。

（4）汽车制造商的 ERP 系统定位于企业内部资金流与物流的全程一体化管理，即实现从原材料采购到产品完成整个过程的各种资源的计划与控制，主要目标仍是以产品生产为导向的成本控制。企业各种资源的计划与控制通过信息系统集成，形成企业内部各业务系统间通畅的信息流，通过 iProcurement 与上游供应商连接，通过 CRM 与下游分销商和客户连接，形成供应链中各企业的信息集成，提高整个供应链的效率，基于 Internet 技术，企业在应用 ERP 系统实现内部资金流、物流与信息流一体化管理的基础上，借助 iProcurement、ERP 与 CRM 集成一体化运行，便可以帮助企业实现对整个供应链的管理。

（5）随着网络经济不断发展，分销商经销渠道逐步萎缩，其汽车销售功能由电子商务销售平台替代，信息收集、反馈和处理由汽车制造商的 CRM 完成，物流配送功能由专业化的第三方物流公司完成。

图 7.2 所示的汽车行业电子商务发展模式，是在整个社会信息化建设和网络经济发展水平非常成熟情况下的一种理想模式，在我国汽车行业现有发展水平上，要开展电子商务，不可能一开始就追求实现理想模式，也不可能一蹴而就，而是要随着我国信息化发展和汽车行业管理水平的提高而逐步展开。

7.3.7　汽车企业电子商务发展策略

汽车电子商务的发展是一项复杂的社会系统工程，要充分考虑与国际接轨，特别是零部件全球化采购趋势，要求我们融入国际零部件交易网络，以开放性的网络精神进入网络和电子商务时代，进而促进我国汽车业的良性发展。

1. 汽车企业应加速企业信息化建设

汽车企业要发展电子商务，必须有良好的信息化体系的支撑。企业的信息化是电子商务的基础平台，因此，发展电子商务首先要加速企业的信息化建设。目前，多数汽车企业普遍存在信息化基础落后的情况，与网络和电子商务技术的现代化形成了巨大反差，企业很难快速灵活地响应顾客的个性化需求。

作为汽车销售商，在商品信息管理系统上，要能够创建包括任何厂商、任何商品类别、任意数量的自建商品目录。在这些目录里的商品信息的任何更改，都可以实时反映在这些目录中。对于汽车生产商，不仅可以通过建立包含了任意商品类别的公开商品目录向销售商发布产品信息，也可以创建只供指定销售商查看的商品目录。在这些目录中，甚至于可以提供特殊的优惠，而不用担心被其他供应商或未被指定的销售商浏览到。因此，汽车企业要把信息作为战略资源加以开发和利用，进而把诸多现代科学管理方法和手段进行有机结合，实现系统的信息优化管理。

2. 汽车企业应设计一个开放的交互的汽车电子商务方案

构建一个能够满足顾客需求的信息资讯平台，是发展汽车电子商务至关重要的一步。实现商务或说促成商务是汽车专业网站的最终目的，但传统汽车产业、网络业二者自身发展的完善程度需要一个培育过程。网络的技术优势和时空优势是实现商务目的的基础。要想真正实现商务目的，网络应该按不同需求对信息进行深加工，向消费者、商家、厂家提供全方位、系统化、个性化的资讯服务。提供的信息资讯应是有效而且实用的。在信息资讯的实用性、有效性及技术实现方式上，应满足信息需求双方的对接性、交互性，因为网络资讯平台的最终目的还是要促成汽车商务的达成。

业内人士都希望有一个好的电子商务解决方案来应用到汽车采购、生产和销售的各个环节中，以提高效率。但目前能适用于汽车业的电子商务相关产品少而且不完善。许多汽车电子商务网站信息内容短缺，更新速度慢，不能为顾客提供众多有效的汽车商务信息，这是值得引起注意的。对于汽车业，完善的电子商务解决方案应包括以下几点。

（1）全面收集并分析顾客需求信息。
（2）自动完成采购预测。
（3）协同汽车生产与组装。
（4）实现销售商与供应商之间的信息交流。
（5）实现物流的跟踪与库存控制。
（6）进行自动补货监测。
（7）网络营销与高质量的服务。

3. 汽车企业应提高网站宣传水平

整个汽车交易过程中，网站对汽车品牌宣传、产品导购以及服务功能的桥梁作用越来越重要。网站不仅能够提供详细的展示和导购功能，还应该做到人机对话、在线沟通交流等，做到与现场购车无差别的环境和条件。在形象宣传上，汽车企业要运用网络的虚拟环境，突出汽车的品牌文化、技术文化和服务文化，用有品位的文化特色宣传自己的汽车企业形象。

汽车公司和营销商在拓展网上交易市场时，不应过分看重网上销售额的多少，而应更多地考虑如何提升产品品牌的影响力。目前，大多数汽车消费者都会在最终选择用离线方式购买汽车，因此，汽车制造商可能很难看到网上销售额在短时间之内显著增加。在这种情况下，Internet 应该成为汽车制造商宣传其商品品牌的场所，可以在网上加大对重点产品性能及品牌的宣传，提高顾客对自己产品的认知程度，提高产品在国际贸易市场上的知名度。

4. 汽车企业应努力提高服务质量

汽车电子商务及汽车商业网站的前景，就是网络技术和传统汽车经济的结合。一方面，在企业面向最终用户进行产品推广时，企业网站应该用来帮助企业拓展新的商业模式，通过在企业网站上进行直接市场推广、营销和服务活动，加强企业对市场需求的响应能力。企业网站以最终顾客为导向，并为他们提供更多的电子化服务。这些服务内容包括提供详尽的产品目录和服务介绍；提供产品和服务的预订服务；提供技术咨询、培训及其他动态的服务查询，使顾客更好地利用已经购买的产品和服务；建立完整的网上营销业务等。另一方面，在企业业务流程和运作方面，企业网站应是沟通供应商、销售商以及合作伙伴的有力工具，更加有效地组织起企业的各种资源，减少采购、生产、库存、销售和服务之间的环节，降低企业的生产成本和流通成本，提高企业的运营效率。通过建立企业网站，供应商、销售商以及合作伙伴都能被有效地纳入企业的工作流程。

小　　结

本项目对汽车销售谈判的实务内容作了较详细的阐述，包括销售谈判的基础和要点和前提、准备工作、谈判的技巧和常见障碍及解除方法。

本项目对汽车营销与合同法作了较详细的阐述，包括《合同法》在汽车消费市场合同中的适用和合同的法律责任及其风险防范。

本项目对汽车网络营销与电子商务内容作了较详细的阐述，包括网络营销常用工具和方法、企业网络营销站点、电子商务的模式和汽车企业电子商务发展策略。

参 考 文 献

[1] 苏耀能. 汽车及配件营销实务[M]. 北京：北京理工大学出版社，2009.
[2] 陈永革. 汽车市场营销[M]. 北京：高等教育出版社，2008.
[3] 彭志源. 汽车专卖店创新经营模式与规范化管理及规章制度全书[M]. 北京：中国科技出版社，2005.
[4] 魏玉芝. 市场营销[M]. 北京：清华大学出版社，2008.
[5] 栾志强. 汽车营销师[M]. 北京：北京理工大学出版社，2007.
[6] 杨勇. 市场营销：理论、案例与实训[M]. 北京：中国人民大学出版社，2007.
[7] 刘雅杰. 汽车营销[M]. 北京：中国人民大学出版社，2009.
[8] 劳动和社会保障部教材办公室. 汽车营销师[M]. 北京：中国劳动社会保障出版社，2008.
[9] 徐淼. 汽车营销一书通[M]. 广州：广东科技出版社，2008.
[10] 宋润生. 汽车营销基础与实务[M]. 广州：华南理工大学出版社，2007.
[11] Motorlink 网站.

北京大学出版社高职高专机电系列规划教材

序号	书号	书名	编著者	定价	印次	出版日期
	"十二五"职业教育国家规划教材					
1	978-7-301-24455-5	电力系统自动装置(第2版)	王 伟	26.00	1	2014.8
2	978-7-301-24506-4	电子技术项目教程(第2版)	徐超明	42.00	1	2014.7
3	978-7-301-24475-3	零件加工信息分析(第2版)	谢 蕾	52.00	1	2015.1
4	978-7-301-24227-8	汽车电气系统检修(第2版)	宋作军	30.00	1	2014.8
5	978-7-301-24507-1	电工技术与技能	王 平	42.00	1	2014.8
6	978-7-301-24648-1	数控加工技术项目教程(第2版)	李东君	64.00	1	2015.5
7	978-7-301-25341-0	汽车构造(上册)——发动机构造(第2版)	罗灯明	35.00	1	2015.5
8	978-7-301-25529-2	汽车构造(下册)——底盘构造(第2版)	鲍远通	36.00	1	2015.5
9	978-7-301-25650-3	光伏发电技术简明教程	静国梁	29.00	1	2015.6
10	978-7-301-24589-7	光伏发电系统的运行与维护	付新春	33.00	1	2015.6
11	978-7-301-24587-3	制冷与空调技术工学结合教程	李文森等	28.00	1	2015.5
12		电子EDA技术(Multisim)(第2版)	刘训非			2015.5
	机械类基础课					
1	978-7-301-13653-9	工程力学	武昭晖	25.00	3	2011.2
2	978-7-301-13574-7	机械制造基础	徐从清	32.00	3	2012.7
3	978-7-301-13656-0	机械设计基础	时忠明	25.00	3	2012.7
4	978-7-301-13662-1	机械制造技术	宁广庆	42.00	2	2010.11
5	978-7-301-19848-3	机械制造综合设计及实训	裘俊彦	37.00	1	2013.4
6	978-7-301-19297-9	机械制造工艺及夹具设计	徐 勇	28.00	1	2011.8
7	978-7-301-18357-1	机械制图	徐连孝	27.00	1	2012.9
8	978-7-301-25479-0	机械制图——基于工作过程(第2版)	徐连孝	62.00	1	2015.5
9	978-7-301-18143-0	机械制图习题集	徐连孝	20.00	2	2013.4
10	978-7-301-15692-6	机械制图	吴百中	26.00	1	2012.7
11	978-7-301-22916-3	机械图样的识读与绘制	刘永强	36.00	1	2013.8
12	978-7-301-23354-2	AutoCAD应用项目化实训教程	王利华	42.00	1	2014.1
13	978-7-301-17122-6	AutoCAD机械绘图项目教程	张海鹏	36.00	3	2013.8
14	978-7-301-17573-6	AutoCAD机械绘图基础教程	王长忠	32.00	2	2013.8
15	978-7-301-19010-4	AutoCAD机械绘图基础教程与实训(第2版)	欧阳全会	36.00	3	2014.1
16	978-7-301-24536-1	三维机械设计项目教程(UG版)	龚肖新	45.00	1	2014.9
17	978-7-301-17609-2	液压传动	龚肖新	22.00	1	2010.8
18	978-7-301-20752-9	液压传动与气动技术(第2版)	曹建东	40.00	2	2014.1
19	978-7-301-13582-2	液压与气压传动技术	袁 广	24.00	5	2013.8
20	978-7-301-24381-7	液压与气动技术项目教程	武 威	30.00	1	2014.8
21	978-7-301-19436-2	公差与测量技术	余 键	25.00	1	2011.9
22	978-7-5038-4861-2	公差配合与测量技术	南秀蓉	23.00	4	2011.12
23	978-7-301-19374-7	公差配合与技术测量	庄佃霞	26.00	2	2013.8
24	978-7-301-25614-5	公差配合与测量技术项目教程	王丽丽	26.00	1	2015.4
25	978-7-301-13652-2	金工实训	柴增田	22.00	4	2013.1
26	978-7-301-13651-5	金属工艺学	柴增田	27.00	2	2011.6
27	978-7-301-17608-5	机械加工工艺编制	于爱武	45.00	2	2012.2
28	978-7-301-23868-4	机械加工工艺编制与实施(上册)	于爱武	42.00	1	2014.3
29	978-7-301-24546-0	机械加工工艺编制与实施(下册)	于爱武	42.00	1	2014.7
30	978-7-301-21988-1	普通机床的检修与维护	宋亚林	33.00	1	2013.1
31	978-7-5038-4869-8	设备状态监测与故障诊断技术	林英志	22.00	3	2011.8

序号	书号	书名	编著者	定价	印次	出版日期
32	978-7-301-22116-7	机械工程专业英语图解教程(第2版)	朱派龙	48.00	2	2015.5
33	978-7-301-23198-2	生产现场管理	金建华	38.00	1	2013.9
34	978-7-301-24788-4	机械CAD绘图基础及实训	杜洁	30.00	1	2014.9
		数控技术类				
1	978-7-301-17148-6	普通机床零件加工	杨雪青	26.00	2	2013.8
2	978-7-301-17679-5	机械零件数控加工	李文	38.00	1	2010.8
3	978-7-301-13659-1	CAD/CAM实体造型教程与实训(Pro/ENGINEER版)	诸小丽	38.00	4	2014.7
4	978-7-301-24647-6	CAD/CAM数控编程项目教程(UG版)(第2版)	慕灿	48.00	1	2014.8
5	978-7-5038-4865-0	CAD/CAM数控编程与实训(CAXA版)	刘玉春	27.00	3	2011.2
6	978-7-301-21873-0	CAD/CAM数控编程项目教程(CAXA版)	刘玉春	42.00	1	2013.3
7	978-7-5038-4866-7	数控技术应用基础	宋建武	22.00	2	2010.7
8	978-7-301-13262-3	实用数控编程与操作	钱东东	32.00	4	2013.8
9	978-7-301-14470-1	数控编程与操作	刘瑞已	29.00	2	2011.2
10	978-7-301-20312-5	数控编程与加工项目教程	周晓宏	42.00	1	2012.3
11	978-7-301-23898-1	数控加工编程与操作实训教程(数控车分册)	王忠斌	36.00	1	2014.6
12	978-7-301-20945-5	数控铣削技术	陈晓罗	42.00	1	2012.7
13	978-7-301-21053-6	数控车削技术	王军红	28.00	1	2012.8
14	978-7-301-17398-5	数控加工技术项目教程	李东君	48.00	1	2010.8
15	978-7-301-21119-9	数控机床及其维护	黄应勇	38.00	1	2012.8
16	978-7-301-20002-5	数控机床故障诊断与维修	陈学军	38.00	1	2012.1
		模具设计与制造类				
1	978-7-301-23892-9	注射模设计方法与技巧实例精讲	邹继强	54.00	1	2014.2
2	978-7-301-24432-6	注射模典型结构设计实例图集	邹继强	54.00	1	2014.6
3	978-7-301-18471-4	冲压工艺与模具设计	张芳	39.00	1	2011.3
4	978-7-301-19933-6	冷冲压工艺与模具设计	刘洪贤	32.00	1	2012.1
5	978-7-301-20414-6	Pro/ENGINEER Wildfire产品设计项目教程	罗武	31.00	1	2012.5
6	978-7-301-16448-8	Pro/ENGINEER Wildfire设计实训教程	吴志清	38.00	1	2012.8
7	978-7-301-22678-0	模具专业英语图解教程	李东君	22.00	1	2013.7
		电气自动化类				
1	978-7-301-18519-3	电工技术应用	孙建领	26.00	1	2011.3
2	978-7-301-17569-9	电工电子技术项目教程	杨德明	32.00	3	2014.8
3	978-7-301-22546-2	电工技能实训教程	韩亚军	22.00	1	2013.6
4	978-7-301-22923-1	电工技术项目教程	徐超明	38.00	1	2013.8
5	978-7-301-12390-4	电力电子技术	梁南丁	29.00	3	2013.5
6	978-7-301-17730-3	电力电子技术	崔红	23.00	1	2010.9
7	978-7-301-19525-3	电工电子技术	倪涛	38.00	1	2011.9
8	978-7-301-24765-5	电子电路分析与调试	毛玉青	35.00	1	2015.3
9	978-7-301-16830-1	维修电工技能与实训	陈学平	37.00	1	2010.7
10	978-7-301-12180-1	单片机开发应用技术	李国兴	21.00	2	2010.9
11	978-7-301-20000-1	单片机应用技术教程	罗国荣	40.00	1	2012.2
12	978-7-301-21055-0	单片机应用项目化教程	顾亚文	32.00	1	2012.8
13	978-7-301-17489-0	单片机原理及应用	陈高锋	32.00	1	2012.9
14	978-7-301-24281-0	单片机技术及应用	黄贻培	30.00	1	2014.7
15	978-7-301-22390-1	单片机开发与实践教程	宋玲玲	24.00	1	2013.6
16	978-7-301-17958-1	单片机开发入门及应用实例	熊华波	30.00	1	2011.1

序号	书号	书名	编著者	定价	印次	出版日期
17	978-7-301-16898-1	单片机设计应用与仿真	陆旭明	26.00	2	2012.4
18	978-7-301-19302-0	基于汇编语言的单片机仿真教程与实训	张秀国	32.00	1	2011.8
19	978-7-301-12181-8	自动控制原理与应用	梁南丁	23.00	3	2012.1
20	978-7-301-19638-0	电气控制与PLC应用技术	郭 燕	24.00	1	2012.1
21	978-7-301-18622-0	PLC与变频器控制系统设计与调试	姜永华	34.00	1	2011.6
22	978-7-301-19272-6	电气控制与PLC程序设计(松下系列)	姜秀玲	36.00	1	2011.8
23	978-7-301-12383-6	电气控制与PLC(西门子系列)	李 伟	26.00	2	2012.3
24	978-7-301-18188-1	可编程控制器应用技术项目教程(西门子)	崔维群	38.00	2	2013.6
25	978-7-301-23432-7	机电传动控制项目教程	杨德明	40.00	1	2014.1
26	978-7-301-12382-9	电气控制及PLC应用(三菱系列)	华满香	24.00	2	2012.5
27	978-7-301-22315-4	低压电气控制安装与调试实训教程	张 郭	24.00	1	2013.4
28	978-7-301-24433-3	低压电器控制技术	肖朋生	34.00	1	2014.7
29	978-7-301-22672-8	机电设备控制基础	王本轶	32.00	1	2013.7
30	978-7-301-18770-8	电机应用技术	郭宝宁	33.00	1	2011.5
31	978-7-301-23822-6	电机与电气控制	郭夕琴	34.00	1	2014.8
32	978-7-301-17324-4	电机控制与应用	魏润仙	34.00	1	2010.8
33	978-7-301-21269-1	电机控制与实践	徐 锋	34.00	1	2012.9
34	978-7-301-12389-8	电机与拖动	梁南丁	32.00	2	2011.12
35	978-7-301-18630-5	电机与电力拖动	孙英伟	33.00	1	2011.3
36	978-7-301-16770-0	电机拖动与应用实训教程	任娟平	36.00	1	2012.11
37	978-7-301-22632-2	机床电气控制与维修	崔兴艳	28.00	1	2013.7
38	978-7-301-22917-0	机床电气控制与PLC技术	林盛昌	36.00	1	2013.8
39	978-7-301-18470-7	传感器检测技术及应用	王晓敏	35.00	2	2012.7
40	978-7-301-20654-6	自动生产线调试与维护	吴有明	28.00	1	2013.1
41	978-7-301-21239-4	自动生产线安装与调试实训教程	周 洋	30.00	1	2012.9
42	978-7-301-18852-1	机电专业英语	戴正阳	28.00	2	2013.8
43	978-7-301-24589-7	光伏发电系统的运行与维护	付新春	30.00	1	2014.8
44	978-7-301-24764-8	FPGA应用技术教程(VHDL版)	王真富	38.00	1	2015.2
汽车类						
1	978-7-301-17694-8	汽车电工电子技术	郑广军	33.00	1	2011.1
2	978-7-301-19504-8	汽车机械基础	张本升	34.00	1	2011.10
3	978-7-301-19652-6	汽车机械基础教程(第2版)	吴笑伟	28.00	2	2012.8
4	978-7-301-17821-8	汽车机械基础项目化教学标准教程	傅华娟	40.00	2	2014.8
5	978-7-301-19646-5	汽车构造	刘智婷	42.00	1	2012.1
6	978-7-301-25341-0	汽车构造(上册)——发动机构造(第2版)	罗灯明	35.00	1	2015.5
7	978-7-301-25529-2	汽车构造(下册)——底盘构造(第2版)	鲍远通	36.00	1	2015.5
8	978-7-301-13661-4	汽车电控技术	祁翠琴	39.00	6	2015.2
9	978-7-301-19147-7	电控发动机原理与维修实务	杨洪庆	27.00	1	2011.7
10	978-7-301-13658-4	汽车发动机电控系统原理与维修	张吉国	25.00	2	2012.4
11	978-7-301-18494-3	汽车发动机电控技术	张 俊	46.00	2	2013.8
12	978-7-301-21989-8	汽车发动机构造与维修(第2版)	蔡兴旺	40.00	1	2013.1
14	978-7-301-18948-1	汽车底盘电控原理与维修实务	刘映凯	26.00	1	2012.1
15	978-7-301-19334-1	汽车电气系统检修	宋作军	25.00	2	2014.1
16	978-7-301-23512-6	汽车车身电控系统检修	温立全	30.00	1	2014.1
17	978-7-301-18850-7	汽车电器设备原理与维修实务	明光星	38.00	2	2013.9
18	978-7-301-20011-7	汽车电器实训	高照亮	38.00	1	2012.1
19	978-7-301-22363-5	汽车车载网络技术与检修	闫炳强	30.00	1	2013.6
20	978-7-301-14139-7	汽车空调原理及维修	林 钢	26.00	3	2013.8

序号	书号	书名	编著者	定价	印次	出版日期
21	978-7-301-16919-3	汽车检测与诊断技术	娄 云	35.00	2	2011.7
22	978-7-301-22988-0	汽车拆装实训	詹远武	44.00	1	2013.8
23	978-7-301-18477-6	汽车维修管理实务	毛 峰	23.00	1	2011.3
24	978-7-301-19027-2	汽车故障诊断技术	明光星	25.00	1	2011.6
25	978-7-301-17894-2	汽车养护技术	隋礼辉	24.00	1	2011.3
26	978-7-301-22746-6	汽车装饰与美容	金守玲	34.00	1	2013.7
27	978-7-301-25833-0	汽车营销实务(第2版)	夏志华	32.00	1	2015.6
28	978-7-301-19350-1	汽车营销服务礼仪	夏志华	30.00	3	2013.8
29	978-7-301-15578-3	汽车文化	刘 锐	28.00	4	2013.2
30	978-7-301-20753-6	二手车鉴定与评估	李玉柱	28.00	1	2012.6
31	978-7-301-17711-2	汽车专业英语图解教程	侯锁军	22.00	5	2015.2
电子信息、应用电子类						
1	978-7-301-19639-7	电路分析基础(第2版)	张丽萍	25.00	1	2012.9
2	978-7-301-19310-5	PCB板的设计与制作	夏淑丽	33.00	1	2011.8
3	978-7-301-21147-2	Protel 99 SE 印制电路板设计案例教程	王 静	35.00	1	2012.8
4	978-7-301-18520-9	电子线路分析与应用	梁玉国	34.00	1	2011.7
5	978-7-301-12387-4	电子线路CAD	殷庆纵	28.00	4	2012.7
6	978-7-301-12390-4	电力电子技术	梁南丁	29.00	2	2010.7
7	978-7-301-17730-3	电力电子技术	崔 红	23.00	1	2010.9
8	978-7-301-19525-3	电工电子技术	倪 涛	38.00	1	2011.9
9	978-7-301-18519-3	电工技术应用	孙建领	26.00	1	2011.3
10	978-7-301-22546-2	电工技能实训教程	韩亚军	22.00	1	2013.6
11	978-7-301-22923-1	电工技术项目教程	徐超明	38.00	1	2013.8
12	978-7-301-17569-9	电工电子技术项目教程	杨德明	32.00	3	2014.8
14	978-7-301-17712-9	电子技术应用项目式教程	王志伟	32.00	2	2012.7
15	978-7-301-22959-0	电子焊接技术实训教程	梅琼珍	24.00	1	2013.8
16	978-7-301-17696-2	模拟电子技术	蒋 然	35.00	1	2010.8
17	978-7-301-13572-3	模拟电子技术及应用	刁修睦	28.00	3	2012.8
18	978-7-301-18144-7	数字电子技术项目教程	冯泽虎	28.00	1	2011.1
19	978-7-301-19153-8	数字电子技术与应用	宋雪臣	33.00	1	2011.9
20	978-7-301-20009-4	数字逻辑与微机原理	宋振辉	49.00	1	2012.1
21	978-7-301-12386-7	高频电子线路	李福勤	20.00	3	2013.8
22	978-7-301-20706-2	高频电子技术	朱小祥	32.00	1	2012.6
23	978-7-301-18322-9	电子EDA技术(Multisim)	刘训非	30.00	2	2012.7
24	978-7-301-14453-4	EDA技术与VHDL	宋振辉	28.00	2	2013.8
25	978-7-301-22362-8	电子产品组装与调试实训教程	何 杰	28.00	1	2013.6
26	978-7-301-19326-6	综合电子设计与实践	钱卫钧	25.00	2	2013.8
27	978-7-301-17877-5	电子信息专业英语	高金玉	26.00	2	2011.11
28	978-7-301-23895-0	电子电路工程训练与设计、仿真	孙晓艳	39.00	1	2014.3
29	978-7-301-24624-5	可编程逻辑器件应用技术	魏 欣	26.00	1	2014.8

如您需要更多教学资源如电子课件、电子样章、习题答案等，请登录北京大学出版社第六事业部官网 www.pup6.cn 搜索下载。
如您需要浏览更多专业教材，请扫下面的二维码，关注北京大学出版社第六事业部官方微信（微信号：pup6book），随时查询专业教材、浏览教材目录、内容简介等信息，并可在线申请纸质样书用于教学。

感谢您使用我们的教材，欢迎您随时与我们联系，我们将及时做好全方位的服务。联系方式：010-62750667，329056787@qq.com，pup_6@163.com，lihu80@163.com，欢迎来电来信。客户服务QQ号：1292552107，欢迎随时咨询。